美国网络空间防御力量建设运用研究

郭　海　王天宇　李明超　著

国防工业出版社

·北京·

内 容 简 介

本书全面剖析了美国网络空间防御力量的建设及运用,涵盖美军网络空间防御作战相关概念、作战力量建设情况、防御作战指挥控制体制解析和演习及战例综合情况等多方面内容。

本书适合网络安全领域专业人士、军事战略研究者及政策制定者阅读,并为相关领域人员提供参考与借鉴。

图书在版编目(CIP)数据

美国网络空间防御力量建设运用研究／郭海,王天宇,李明超著. —北京:国防工业出版社,2025. 重印
ISBN 978-7-118-13702-6

I. E866

中国国家版本馆 CIP 数据核字第 2025XB4239 号

※

国防工业出版社出版发行
(北京市海淀区紫竹院南路 23 号 邮政编码 100048)
北京凌奇印刷有限责任公司印刷
新华书店经售

*

开本 710×1000 1/16 印张 11½ 字数 204 千字
2025 年 7 月第 2 版第 2 次印刷 印数 1501—2000 册 定价 128.00 元

(本书如有印装错误,我社负责调换)

国防书店:(010)88540777   发行邮购:(010)88540776
发行传真:(010)88540755   发行业务:(010)88540717

前　言

　　当前,在网络信息技术飞速发展的驱动下,网络空间已成为各主要国家间战略博弈的新领域和军事斗争的新战场。一个显而易见的重要趋势是,未来战场上在网络空间域的攻防对抗必将愈演愈烈,对制网络权的争夺也将深刻影响其他作战空间的制权行动,并可能左右战争进程与结局。因而,对包括防御力量在内的网络空间作战力量建设运用相关问题开展全方位探索,是一项十分必要且意义重大的研究课题。对美军网络空间防御力量建设情况进行深入细致剖析并力求有所启示和借鉴,则是开展此项研究、强固网络国防的重要基础前提。

　　从 20 世纪 80 年代以来至今,美国为维持其网络霸权地位,尤其是为了扩大在该领域的军事优势,从未中断对网络空间军事实践的图谋与动作,并伴随对相关作战概念的深入认识,同步调整网络空间作战力量的建设发展模式和组织运用机制。从 1998 年建立第一支担负防御任务的网络战力量,到 2009 年成立网络司令部,再到 2018 年将网络司令部升级为一级联合作战司令部,美军在 20 余年时间内打造了一支强大的网络战力量,不仅通过开展经常性演训持续提升作战能力,还利用其在西方集团的主导地位不断扩大网络空间的"盟友阵营",力图对其战略竞争对手形成绝对优势。

　　本书通过对大量资料的细致梳理和科学分析,从美军网络空间防御作战相关概念演进入手,以美国战略视角下各时期网络作战力量的建设思路为经,以美军组织结构中网络空间防御作战力量的发展布局为纬,完整清晰地勾勒出美军在该领域力量建设和运用的全貌图景及演化脉络。与此同时,以美军网络空间演习发展轨迹为主线,深入思考与归纳美军网络空间作战力量建设与运用特点,使本书的内容更加立体丰满,启迪读者掩卷深思。

作者

2024 年 12 月

目　　录

第一章　美军网络空间防御作战相关概念

美军网络空间防御作战力量的整体建设伴随着美军对网络空间作战认识的不断深入而动态变化,想要全面、客观、准确地了解和认识美军网络空间防御作战力量建设与组织运用等相关问题,首先需要厘清美军关于网络空间、网络空间作战、网络空间防御作战力量等相关概念和内涵的发展变化。

第一节　美军网络空间概念

捍卫美国国土和美国利益不受攻击(包括网络空间中可能发生的攻击)是美国国防部的重要职责。20 世纪 80 年代以来,美军对网络空间的认识随着网络空间实践的开展逐渐深入,先是计算机网络,再到与陆、海、空、天等物理空间并列的虚拟信息空间,总体上,美军网络空间概念经历了"产生→发展→成熟"三个演进阶段。与此对应,美军网络空间作战力量的组成及组织运用也在不断调整。

一、美军网络空间概念的演进

(一) 网络空间概念的产生(1984 年)

"网络空间"(Cyberspace)一词是由移居加拿大的美国科幻作家威廉·吉布森于 1982 年在其短篇小说《融化的铬合金》中创造的,1984 年随着吉布森的又一科幻小说《神经症漫游者》的流行,这一词汇被广泛使用,美国政府、军方和学术界沿用了这一词汇。

《神经症漫游者》描写了反叛者兼网络独行侠凯斯,受雇于某跨国公司,被派往全球计算机网络构成的空间里,去执行一项极具冒险性的任务。进入这个巨大的空间,凯斯并不需要乘坐飞船或火箭,只需在大脑神经中植入插座,然后接通电极,计算机网络便被他感知。当人的思想意识与网络合二为一后,即可遨游其中。在这个广袤空间里,看不到高山荒野,也看不到城镇乡村,只有庞大的三维信息库和各种信息在高速流动。吉布森把这个空间取名为 Cyberspace,也就是现在所说的网络空间。

1984 年以来,美国各界都曾试图解释网络空间的本质含义,但没有形成共识。20 世纪 90 年代,美国各界基本将其与"互联网"作为同义语。在其后的时间内,由于计算机和网络技术的快速发展和应用,"网络空间"这一概念迅速应用到社会各领域,被大众广泛接受。网络空间给人类社会生活带来翻天覆地的变化,尤其在军事领域,网络和信息技术牵引了美军的新军事变革,网络空间逐渐成为美军重要的作战领域和赋能空间,得到美军高度关注,其定义随着实践认识的不断深入而迭代更新。

(二)网络空间概念的发展(1984—2010 年)

在这一时期,美军对网络空间概念的认识经历了两个转变:一是从"Network"到"Cyberspace"名称的转变;二是从"单纯的物理设施"到"既包括物理设施,又包含在其中运行的电磁环境"这一网电复合空间内涵的转变。至此,网络空间作为一个独立"域"的地位得以确立,成为继陆、海、空、天后新的作战域。

1. Network 向 Cyberspace 名称的转变

20 世纪 90 年代,美军方在官方文件和条令中较少使用"Cyberspace",官方文件和条令中更多出现的是计算机网络(Computer Network)一词。在这一时期,"网络空间"特指"计算机网络"。如美军于 1998 年组建的计算机网络防御联合特遣部队(JTF-CND),2005 年组建的网络战联合职能组成司令部(JFCC-NW),其中网络一词都是使用"Network",而不是之后广泛使用的"Cyberspace"。

与此对应,网络作战和网络战通常使用"Network Operations"和"Network War",而不是后来军队官方文件和条令中正式使用的"Cyberspace Operations"和"Cyber War"。最为显著的例子是,美军 1998 年 10 月 9 日首次出版和 2006 年 2 月 13 日修订的联合出版物《联合信息作战》(JP 3-13)①,其中关于网络相关的描述均使用"计算机网络作战"(Computer Network Operations)一词。而在 2012 年 12 月再次修订的《联合信息作战》②中,开始使用"网络空间作战"(Cyberspace Operations)。美军对"Cyberspace"使用的变化过程反映了美军对"网络空间"理解的变化,这一变化与网络空间内涵外延的丰富以及政府、军方对网络空间重要性的认识息息相关。

美国政府于 1998 年 5 月签署的《第 63 号总统令:克林顿政府对关键基础设施保护的政策》称,"美国拥有世界上最强大的军队和最大的经济规模,我们实力的这两个方面相辅相成,这两方面也越来越依赖某些关键基础设施和基于网络的信息系统。"③这一时期,虽然美国政府并没有把网络空间明确描述为正式用语,认识和理解上也将其等同于计算机网络,但已经较早认识到网络信息系统所构成的网络空间的重要战略价值。进入 21 世纪,网络空间逐渐得到美国政府和军方的广泛重视,其定义随着认识的不断深入经历多次修订,开始从计算机网络概念向网络空间概念转变。

---

① JP3-13,Information Operations[S]. Washington DC:U. S. Joint Chiefs of Staff,2006.

② JP3-13,Information Operations[S]. Washington DC:U. S. Joint Chiefs of Staff,2012.

③ Presidential Decision Directive - 63. 1998. http://www. fas. org/irp/offdocs/pdd - 63. htm.

2003年2月,布什政府公布的《保护网络空间国家战略》①明确了网络空间的概念,提出了美国在网络空间的三个战略目标,即预防针对美国关键基础设施的网络攻击、减少国家面对网络攻击时的脆弱性、发生网络攻击时将损失和恢复时间降至最低,将网络空间定义为"国家关键基础设施的中枢神经,由成千上万互联的计算机、服务器、路由器、交换机、光纤线路组成,并使美国的关键基础设施能够正常工作。因此,网络空间的正常运行对美国经济和国家安全至关重要"。这一定义将网络空间与计算机网络区别开来,但仍然将网络空间视为物理设施的集合,将网络空间作为国家基础设施赖以运行的物理网络基础。

2. Cyberspace 内涵的转变

2006年12月,美国参谋长联席会议发布《网络空间作战国家军事战略》指出:"网络空间是指利用电子(Electron)和电磁频谱(Electromagnetism),经由网络系统和相关物理基础设施进行数据存储、处理和交换的域(Domain)"②,这是美军方首次提出的"网络空间"正式定义。2008年3月,美国空军发布的《空军网络司令部战略构想》③采用了相同的定义。这一定义认为网络空间不仅仅包括物理网络设施,还包括依托其运行的电子系统和电磁频谱,如图1-1所示。

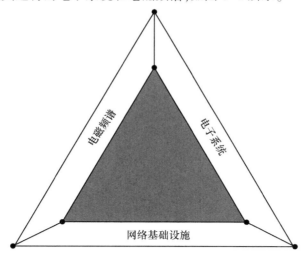

图1-1　网络空间基本构成

---

①　乔治·W. 布什. 保护网络空间国家战略. 2003. http://www.us-cert.gov/reading_room/cyberspace_strategy. pdf.

②　作者注释:这句话实际含义是"网络空间的信息是通过电磁频谱链路进行传输,并不能将其理解为网络空间包含电磁频谱空间。"The National Military Strategy For Cyberspace Operations. Chairman of the Joint Chiefs of Staff,2006. 12.

③　Air Force Cyber Command Strategic Vision,p8.

2008 年 1 月,美国时任总统布什签署的《第 54 号国家安全总统令/第 23 号国土安全总统令》①和 2009 年 4 月白宫发布的《美国网络空间政策评估》②都将网络空间定义为:"全球互联的数字信息和通信基础设施,包括互联网、计算机系统,以及嵌入其中的处理器和控制设备,通常还认为其也指信息和人类交互的虚拟环境"。这一定义认为,网络空间既包含支撑网络运行的物理基础设施,又包含其所处的虚拟电磁环境。

总体而言,在这一时期,美国对网络空间概念的认识经历了从"单纯的物理设施"到"既包括物理设施,又包含在其中运行的电磁环境"这一网电复合空间的发展过程,这一过程因美军将网络空间定义为一个"域"而使网络空间的内涵发生了质变。美军认为,"域"是指能够用时空特征描述的作战空间,具备现实的政治、经济和军事价值,是各国寻求主导优势的地方。域是随着人类认识世界、改造世界的过程而不断扩展的,从最初的陆地扩展到陆、海、空、天。而网络空间内各类政治、经济、军事活动的开展,使其成为继陆、海、空、天后新的作战域。

(三) 网络空间概念的成熟(2010 年至今)

2010 年前后,美军对于网络空间的关注点产生了一定变化,重点关注"基础设施网络和承载数据",不再刻意强调网络空间和电磁频谱的关系,只是在物理网络层来说网络空间包含其信号传输依托的电磁频谱链路,使其含义更加精确。这一认识的变化恰逢美军网络司令部成立,因此作者将之解读为美军意图整合网络空间作战力量,寻求将其专职化,以独立于其他军事力量。这一时期美军对网络空间的认识基本达成共识,美军各种出版物对"网络空间"的定义逐渐采用统一表述。比如,参谋长联席会议于 2008 年 2 月及 2011 年 8 月先后修订的联合出版物 JP 3-0《联合作战》③、2010 年 11 月修订的联合出版物 JP 1-02《国防部军事及相关术语词典》④,以及陆军 2010 年 2 月颁布的《网络空间作战概念能力规划 2016—2028》⑤、空军 2010 年 7 月颁布的作战条令《网络空间作战》⑥

---

① George W B. National Security Presidential Directive 54/Homeland Security Presidential Directive 23(NSPD-54/HSPD23)[R]. Washington DC.

② Cybersecurity Committee. Cyberspace Policy Review[R]. Washington DC:The White House, 2009.

③ JP 3-0,Joint Operations[S]. Washington DC:U. S. Joint Chiefs of Staff,2008.

④ JP1-02,Department of Defense Dictionary of Military and Associated Terms[S]. Washington DC:U. S. Joint Chiefs of Staff,2010.

⑤ TRADOC PAM 525-7-8,Cyberspace Operations Concept Capability Plan 2016-2028[S]. U. S. Army Capability Integration Center,2010.

⑥ AFDD 3-12,Cyberspace Operations[S]. LeMay:Center for Doctrine Development and Education,2010.

都将网络空间定义为："信息环境中的一个全球域,由相互依存的信息技术基础设施网络组成,这些设施包括互联网、电信网、计算机系统,以及嵌入式处理器和控制器。"

自 2013 年 2 月发布的联合出版物 JP 3-12《网络空间作战》①开始,美军对网络空间的认识在上述定义的基础上增加了"网络承载的数据",即"网络空间是信息环境中的一个全球域,由相互依存的信息技术基础设施网络和承载的数据组成,这些基础设施包括互联网、电信网、计算机系统以及嵌入式处理器和控制器。"该文件还指出网络空间是与空中、陆地、海洋和太空四个物理域相互依存的"第五作战域"。以该文件为标志,此后包括 2014 年 8 月以后发布的各版本美军联合出版物 JP 1-02《国防部军事及相关术语词典》、2018 年 6 月更新的联合出版物 JP 3-12《网络空间作战》(以下简称"2018 版 JP 3-12《网络空间作战》")、2019 年 4 月更新出版的联合出版物 JP 6-0《联合通信系统》②均采用了上述定义,标志着网络空间概念的成熟。从美军对网络空间概念的历次修订可以看出,随着其对网络空间认识的不断深化,网络空间的构成要素也在不断发生改变(见图 1-2),新版定义也凸显了数据在网络空间的重要价值,符合大数据时代的特点,各种网络空间行动如侦察、攻击、防御等都围绕数据的发现、采集、传递、处理和应用而展开。

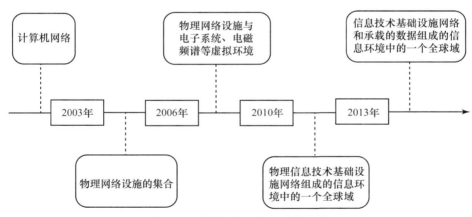

图 1-2　美军网络空间概念的发展

二、网络空间概念的定义与理解

以上是目前美军官方对网络空间的最新定义,但具体到不同应用领域,美军

---

① JP 3-12,Cyberspace Operations[S]. Washington DC:U. S. Joint Chiefs of Staff,2013.

② JP 6-0,Joint Communications System[S]. Washington DC:U. S. Joint Chiefs of Staff,2019.

对网络空间特性的描述仍然存在多种观点。

美军对"网络空间"的这一定义是建立在"信息环境"概念基础之上的,信息环境是收集、处理、分发信息或根据信息采取行动的个人、组织和系统的集合。在构成要素上,信息环境由相互联系的物理域、信息域和认知域三个领域构成。网络空间与信息环境的物理域和信息域联系紧密,其中物理域包括网络、计算机、通信系统和基础设施以及信息系统,信息域包含在网络空间内处理、存储、分发、显示和保护的信息,认知域是网络行为体对网络空间包含信息的认知。

如前所述,美军认为网络空间是与其他四个域(陆、海、空、天)相互依赖的第五域,网络空间节点在物理分布上存在于其他所有域中,网络空间中的活动支撑了其他域中活动的行动自由,其他域中的活动同样在网络空间或借助网络空间产生影响。图1-3为美军描述的网络空间与其他域的联系,美军强调,现代战争的多种作战模式全部或部分依赖于网络空间,因此,不能将网络战看作发生在网络空间的唯一作战样式,图1-4为美军认为的依赖网络空间实施的作战样式。

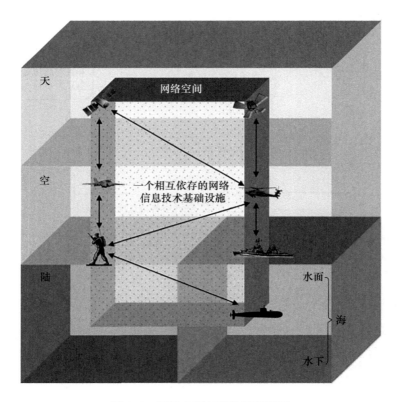

图1-3 网络空间与其他域的联系

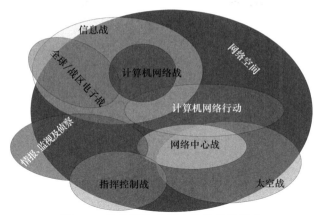

图 1-4 依赖网络空间实施的作战行动

（一）美军对网络空间的多样理解

虽然美军给出了"网络空间"的官方定义，但各军种在遵循官方定义的基础上，仍然会从本领域出发，提出略有差异的理解认识。如 2018 版 JP 3-12《网络空间作战》将网络空间描述为物理网络、逻辑网络和网络角色三个层次，如图 1-5 所示。其中，物理网络层由物理域中的信息技术设备和基础设施组成，用于在网络空间内存储、传输和处理信息，包括计算设备、存储设备等硬件设备以及有线、无线等数据链路。逻辑网络层由从物理网络层抽象出来的相互关联的网络要素组成，是驱动网络组件的逻辑编程（代码），如一个网站、邮箱等。这些抽象的元素之间的关系与物理网络层中的具体网络路径或节点无必然联系，如一个网站存在于物理域中多个位置的服务器上，但在互联网上表现为一个单一的 URL 网址。网络角色层是通过从逻辑网络层抽象数据而创建的一种网络空间视图，来描述网络空间内某个行为体或实体身份的数字表示（网络角色）。网络角色层由网络或信息技术用户账户组成，如电子邮件地址、IP 地址、用户名密码等，一个人员实体可以拥有多个网络角色，一个网络角色也可对应多个人员实体，导致了归因的复杂性。

而美国陆军也类似地将网络空间分为三个层次，即物理层、逻辑层和社会层，但更加细化地划分为 5 个组件，分别为地理组件、物理网络组件、逻辑网络组件、网络空间角色组件以及人物组件，如图 1-6 所示。

（二）关于网络空间和电磁频谱的理解

在对网络空间和电磁频谱的理解上，美军并没有明确网络空间和电磁频谱的关系，而是在许多文件和条令中使用"网络空间-电磁频谱"这样的合并概念。这种合并概念表明，在美军的理解中，网络空间不包含电磁频谱，使用这个术语也并不是要将网络空间和电磁频谱这两个术语等同起来，而是为了强调两者之间存在重叠。

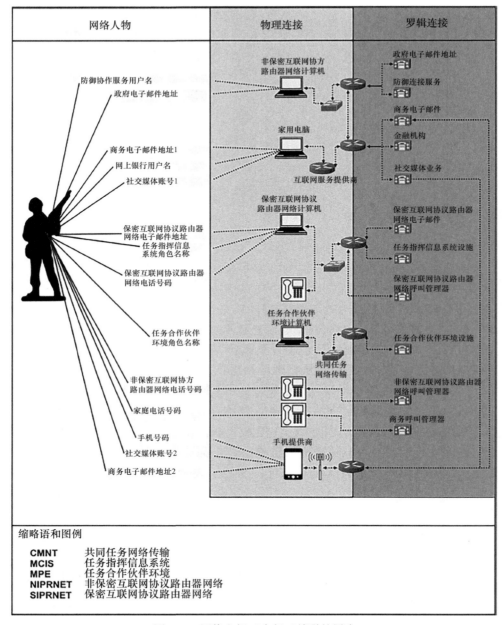

| 网络人物 | 物理连接 | 罗辑连接 |

缩略语和图例

CMNT   共同任务网络传输
MCIS   任务指挥信息系统
MPE   任务合作伙伴环境
NIPRNET   非保密互联网协议路由器网络
SIPRNET   保密互联网协议路由器网络

图 1-5   网络空间三个相互关联的层次

    关于网络空间和电磁频谱关系的理解,目前仍存在两种不同的观点。一种观点是网络空间 Cyberspace 本质内涵是网络电磁空间,电磁频谱完全包含在网络空间中。另外一种观点是网络空间和电磁频谱相互交叉,但又相互独立,网络空间包括其信号传输依托的电磁频谱链路。作者认为第二种观点更准确,也符合美军现阶段

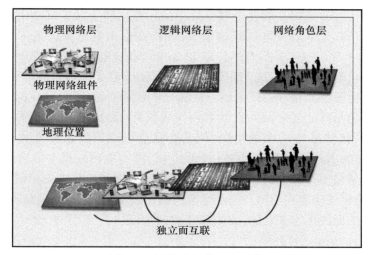

图 1-6　网络空间的三个层次

对网络空间的理解。理解网络空间和电磁频谱的关系应重点把握以下几点。

一是网络空间只包含其信号传输依托的电磁频谱链路。在美军网络空间概念演进的过程中，的确曾经提出"网络空间包含电磁频谱"的观点，我们认为这就是上述第一种观点的理论来源，但这句话的真实含义只是强调"网络空间的信息是通过电磁频谱链路进行传输，并不能将其理解为网络空间包含电磁频谱空间"。因此准确的理解是网络空间包含其信号传输依托的电磁频谱链路，但网络空间和电磁频谱相对独立。

二是网络空间和电磁频谱的融合。虽然网络空间和电磁频谱相对独立，但网络空间和电磁频谱的融合是大势所趋。一方面，网络空间的大部分信息通过电磁频谱进行数据传输，而对于电磁频谱的干扰，也会在网络空间创造效果；另一方面，随着 5G、物联网、移动互联网等技术的应用，万物互联会进一步模糊电磁频谱和网络空间的界限。并且，美国陆军近年来提出的"网络空间电磁行动"，正是将网络空间作战和电子战进行融合，可以预见在以无线环境为主的战术前沿，网络空间和电磁频谱必定会深度融合。

三是电磁频谱成为美军第六作战域引发争论。2017 年 1 月，美国国防部内部发布《电子战战略》，有专家认为这一文件确定了电磁频谱的第六作战域地位[1]，但由于该文件为涉密文件，是否有准确表述尚不确定。2018 年 10 月 5 日，美海军签署了《海军部长指令 2400.3：电磁作战空间》，明确提出电磁频谱空间的概念，并在海军部（海军和海军陆战队）范围内明确"将电磁频谱空间视作作战空间（注意：使用了"space"一词，而非"domain"）"。2020 年 3 月 5 日，美空军参谋长签发《空

---

① 郝泽澳，李伦．美整合电磁频谱作战力量［N］．中国国防报，2023-8-21(4)．

军条令说明 1-20：空军在联合全域作战中的任务》，将全域定义为由空中、陆地、海洋、网络空间、太空以及电磁频谱组成，并特别指出电磁频谱是一个重要的补充。2020 年 5 月 22 日，美军对外公布 JP 3-85《联合电磁频谱作战》①，首次在国防部层面提出以"电磁频谱战"替代"电子战"，由于在美军联合条令体系中，JP 3 系列是作战类条令，"JP 3-85"的编号被部分学者解读为，美军已在国防部层次将电磁频谱视为与其他五个域并列的第六作战域②。2020 年 10 月，美国国防部发布《电磁频谱优势战略》，明确指出"国防部认为电磁频谱是一个关键的作战空间，……电磁频谱不是军事作战的一个独立域，因为电磁频谱与联合条令所确定的哪些作战域是不可分割的。"目前，美国国防部层面尚未将电磁频谱确立为独立的作战域，但相关问题在美国乃至全球范围内引发众多讨论，特别是近年来，关于第六作战域的提法更为多元化，如认知域、地下域等。

（三）Cyberspace 的翻译

目前国内对"Cyberspace"的翻译主要有"网络空间""赛博空间""网络电磁空间"三种。"网络空间"是按通俗化理解的翻译，"赛博空间"是直接音译，而"网络电磁空间"则是根据美军网络空间概念演进第二阶段中的实际内涵进行的翻译（"网络空间不仅仅包括物理网络设施，还包括依托其运行的电子系统和电磁频谱。"）。

作者认为，虽然 Cyberspace 和电磁频谱之间关系密切，但两者相互独立，翻译为"网络电磁空间"会造成理解上的误区，导致读者认为 Cyberspace 包括电磁频谱空间，并且美军也有可能将电磁频谱上升为美军第六作战域。为了加以区别，作者更倾向于将 Cyberspace 翻译为"网络空间"，并且目前国内比较统一的看法也是翻译为"网络空间"，因此本书中均采用"网络空间"译法。

此外关于 Cyber 和 Cyberspace 的关系，我们认为 Cyber 一词其内涵上本身就有一种虚拟空间的意境，而 Cyberspace 是对 Cyber 的进一步精确化描述，两者在本质上并无太大差异。Cyberspace 作为正式术语通常用于美军官方正式文件中，Cyber 则是一种通俗化、习惯性用词广泛应用于学术界。因此，无论 Cyberspace 还是 Cyber，对这个词本身而言，我们认为，最重要的不是其译法或用法，而是其真正包含的内涵或者说对其准确定义才是最为根本性的问题，因此不必纠结二者的差异。

第二节　美军网络空间作战概念

美军网络力量围绕遂行网络空间作战任务进行建设，美军对网络空间作战本

---

① JP 3-85,Joint Electromagnetic Spectrum Operations[S]. Washington DC：U. S. Joint Chiefs of Staff,2020.

② 姜福涛,赵禄达. 美军电磁频谱战发展及现状[J]. 航天电子对抗,2021(4)：60-63.

质内涵认识的变化客观上牵引了美军网络力量职能任务的调整变化,相应地也反映了相关力量的建设和发展历程。

一、广义和狭义网络空间作战概念

关于网络空间作战的理解,我们认为首先应该区分两个概念"广义网络空间作战"和"狭义网络空间作战"。

我们理解的广义网络空间作战包括"利用网络空间或在网络空间进行的一切军事行动"。从这个角度理解,网络空间是传统作战的工具或者"倍增器",电子战、ISR(情报、监视与侦察)、信息作战、航天作战等均"部分或全部"利用网络空间,都可认为是广义网络空间作战的一类。2019 年 7 月 30 日,美空军正式发布《空军条令附录 3-51:电磁战和电磁频谱作战》,除了用电磁战替代电子战,还将空军电磁战分为空中电磁战、太空电磁战、网络空间电磁战,也说明了电磁战一部分是发生在网络空间的,从广义网络空间作战概念上讲,网络空间电磁战也应属于网络空间作战。从广义网络空间作战概念出发,美军各军种也在网络司令部下积极整合作战力量,这也是我们可以看到军种网络司令部不仅包括网络作战力量,还包括信息作战力量、电子战力量的原因。但这种整合涉及的面很广,目前美军并没有完成这种整合。目前的趋势是以信息作战概念来整合各种力量,2019 年 10 月 11 日,美空军正式成立美军第一个信息作战实体——第 16 航空队,第 16 航空队合并了原第 24 航空队(原空军网络司令部)和第 25 航空队,整合了网络、情报、电子、信息等多个领域的作战力量。陆军也提出将网络司令部转型为信息作战司令部,推进网络战和电子战的融合。

狭义网络空间作战,也是我们平常谈论较多、字面意义更容易理解的网络空间作战,其含义是"借助网络空间能力,在网络空间实现目标的军事行动",从这个角度来看,将网络空间当成一种作战环境,利用网络空间能力进行网络攻防作战,达成制网权,这种网络空间能力是一种非动能打击能力。根据这一概念,美军将网络空间作战区分为国防部信息网络运维、防御性网络空间作战和进攻性网络空间作战三项作战任务。这是从狭义角度理解的网络空间作战,本书主要讨论的范畴也属于狭义网络空间作战。

二、网络空间作战概念的演进

随着网络空间威胁的多样化及其对传统领域作战带来的深刻影响,美军对网络空间的认识逐渐加深,将网络空间升级为新的作战领域。美国国防部 2010 年版《四年防务评估报告》强调"尽管网络空间是人造的领域,但其已经像地面、海上、空中、空间一样成为与国防部作战相关的一个领域。"随着美军对网络空间本质理解的加深,美军对"网络空间作战"的认识也从模糊到清晰,经历了三个阶段。

（一）计算机网络作战阶段（1998—2004 年）

第一阶段是计算机网络作战（Computer Network Operations，CNO）。20 世纪 90 年代，在社会需求的强力推动下，信息产业迅速发展，信息技术逐渐走向标准化。借助信息技术带来的革命性变革，美军将网络技术从战略、战役层面上的指挥控制系统应用，扩展到与武器系统互联、与单个设备互通、为所有作战要素提供支撑的端到端服务。由于作战越来越多地依赖网络，美军提出了计算机网络作战概念。这一阶段的计算机网络作战，是指以先进信息技术为基本手段，对计算机和计算机网络进行的信息进攻和防御作战，主要目的是影响、破坏计算机或计算机网络，以及基于其运行的其他网络。根据作战目的和性质，美军将计算机网络作战分为计算机网络攻击（Computer Network Attack，CNA）、计算机网络防御（Computer Network Defense，CND）和计算机网络刺探（Computer Network Exploitation，CNE）。计算机网络攻击指"对计算机网络进行的干扰、拒绝、削弱或摧毁储存于计算机和计算机网络中的信息，或计算机和网络本身的行为"，计算机网络防御指"对国防部信息系统和计算机网络中未经授权行为所采取的保护、监视、分析、检测和响应"，计算机网络刺探指"利用计算机网络的作战和情报收集能力，从目标或敌方自动化信息系统或网络收集数据"。但限于当时技术发展水平和对网络空间认识的局限，计算机网络作战主要存在两方面的局限性：一是对网络空间的认识局限于计算机网络物理空间层面；二是没有独立的作战概念框架，计算机网络作战在信息作战概念框架之下。

（二）网络作战和网络战（2004—2008 年）

第二阶段是网络作战（Network Operations，NETOPS）和网络战（Network War，NW）。这一阶段，计算机网络作战概念进一步拓展，演进分化为两个相对独立的作战概念：侧重于网络运维和静态防御的网络作战和侧重于网络攻击的网络战。标志性事件是 2004 年全球网络作战联合特遣部队（JTF-GNO）的成立以及 2005年网络战联合职能组成司令部（JFCC-NW）的成立，它们分别负责网络作战和网络战。根据美军条令和相关资料显示，这一阶段以网络作战概念为主导，网络战处于萌芽状态。美军提出网络作战概念的原因主要是世纪之初几场战争的实践以及全球信息栅格的建设，使美军切实认识到一体化网络互联的战场价值。2004年，美军正式将全球信息栅格网络作战（GIG NetOps）确定为联合作战概念。全球信息栅格网络作战主要有三项任务：全球信息栅格企业管理（GEM）、全球信息栅格网络防御（GND）、全球信息栅格内容管理（GCM）。与计算机网络作战概念相比，网络作战概念进一步拓展了网络空间作战概念，将计算机网络进一步延伸到包含通信网、计算机网、电信网的全球信息栅格，并作为联合作战概念从信息作战框架中独立出来。

（三）网络空间作战（2008 年至今）

第三阶段是网络空间作战（Cyberspace Operations，CyberOps）。随着网络技术的进一步发展,传统计算机网络的内涵和外延都发生了较大变化,"网络空间"成为信息环境中的全球域,对抗和冲突进一步向计算机网络和基于计算机网络的虚拟空间拓展,"网络空间"对抗和冲突突破了网络化的系统及其物理基础设施领域,无论是计算机网络作战(CNO),还是网络作战(NetOps)都无法概括网络空间作战的内涵。为适应"网络空间"内的冲突和斗争需要,美军采用了网络空间作战(Cyberspace Operations)概念来描述这一现代作战的新发展,这一阶段的标志是2009年网络司令部的成立。2013年,美军发布第一版《网络空间作战》条令,并于2018年更新内容,将网络作战概念和网络战概念进一步整合到网络空间作战这一统一的联合作战概念框架中。当前,美军网络空间作战主要有三大任务:一是从网络作战概念演进来的国防部信息网络运维;二是由网络作战概念中的静态防御演进而来的防御性网络空间作战;三是由网络战演进来的进攻性网络空间作战。这一阶段,网络空间作战概念进一步深化,由物理空间延伸到虚拟空间,并强调动态网络攻防,体现了美军在网络空间更加激进的战略意图。

2022年12月,美军再次更新联合作战条令 JP 3−12《网络空间作战》,其中首次对"远征网络空间作战"进行阐述,明确表示实施这类网络空间作战需要在现实物理作战空间部署网络空间部队。对此类行动的定义和认知表明美军正努力发展战术层级的网络空间作战力量,以弥合一线部队与网络司令部间的能力缺口。表1−1为目前网络空间作战(CyberOps)与早期网络作战(NetOps)任务比较。

表 1−1　目前网络空间作战与早期网络作战任务比较

早期网络作战(NetOps)任务	目前网络空间作战(CyberOps)任务
通信基础设施	基础设施防护
网络维护	电磁频谱域防护
网络安全	基础设施攻击
计算机网络作战(CND/CNA)	进攻性影响作战
被动式网络防御	电子攻击
自我防护	主动式网络防护
被动式地影响作战	动能或非动能实体性攻击集成
数据包内部探测	全球或者战区级的集成
民事当局主导	军方强力实施
国土安全支持	电子战支持
作战支援(后勤和管理)	威慑劝阻作战
情报刺探	任务安全保障

总的来说,美军网络空间作战概念主要经过了三个阶段的发展:攻防一体的计算机网络作战阶段,攻防分离的网络作战和网络战阶段,动态攻防的网络空间作战阶段,如图1−7所示。发展过程主要呈现以下特点:一是对网络空间的认识

逐渐加深。从最初的计算机网络延伸到包含计算机网、通信网、电信网的虚拟空间;二是形成独立的作战概念框架。从信息作战概念框架中脱离出来,发展形成独立的联合作战概念;三是对网络防御的认识不断深化。对网络防御的认识从静态防御向防御对抗逐渐深化。

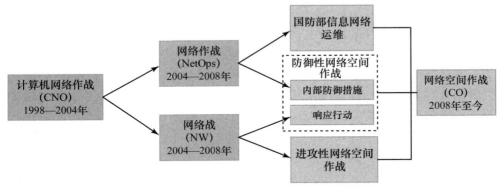

形成独立作战框架、对网络空间的认识逐渐加深、对网络防御的认识不断深化

图1-7 美军网络空间作战概念演进

此外,美军官方文件或研究报告中经常出现"Cyber Warfare"这一术语,通常译作"网络战争",可理解为战争状态下发生在网络空间的战争。美国网络安全公司出版的《网络指挥官手册》一书将网络战争(Cyber Warfare)定义为:"对电子设备、计算机和网络进行有预谋的网络攻击(Cyber Attacks)或破坏活动,进而对社会、意识形态、宗教、政治及类似目标造成伤害,或者恐吓这些目标的支持者。它是一种侵略行为,通过使用恶意的硬件、软件和电子元件来对付一个国家的基础设施、金融体系和民众,给他们(或它们)带来苦难、制造恐慌以及造成毁灭性的破坏"。网络空间作战(Cyberspace Operations)强调网络空间作战行动,从属于泛指意义上的网络战争。

三、网络空间作战概念的定义与理解

2018年版JP 3-12《网络空间作战》和美军联合出版物JP 1-02《国防部军事及相关术语词典》均将"网络空间作战"定义为"网络空间能力的运用,主要目的是在网络空间和利用网络空间达成目标"。这是目前美军"网络空间作战"的最新官方正式定义。

2018年版JP 3-12《网络空间作战》明确,网络空间作战由国防部"在"和"利用"网络空间进行的军事活动、国家情报活动和日常业务活动组成。所以从广义角度来讲,"网络空间作战"泛指一切运用网络空间能力实施的活动。但本书阐述的美军"网络空间防御作战力量"是美军"网络空间作战力量"的重要组成部分之一,是严格军事意义上的网络军事力量。这里也相应地将"网络空间作战"限定在军事活动范畴内,即作战指挥官和各军种运用网络空间作战,在网络空间内或通过它创造效果,从而为军事目标提供支持。这也符合从广义和狭义两个角度对网络空间作战的理解。

（一）网络空间作战的基本样式

2018 年版 JP 3-12《网络空间作战》指出,网络空间内的军事行动通过组合成有助于实现指挥官目标的具体行动,编组为可以执行的各种任务。

1. 网络空间任务

网络空间作战包括三种任务,分别为国防部信息网络运维（DODIN Operations）、防御性网络空间作战（DCO）和进攻性网络空间作战（OCO）。其中,国防部信息网络运维是利用网络空间作战,达到网络信息赋能的目的;防御性网络空间作战和进攻性网络空间作战是在网络空间作战,以达到保卫国防部、国家以及为作战指挥官提供支持的作战目的。

2018 年版 JP 3-12《网络空间作战》中给出的三种网络空间任务的定义如下。

国防部信息网络运维是指包括为保护、配置、运行、扩展、维护和保障国防部网络空间以及创建和维护国防部信息网络机密性、可用性和完整性而采取的操作行动。防御性网络空间作战是指为了保卫国防部信息网络或其他网络空间,国防部网络空间部队奉命采取的保护国防部信息网络或其他网络空间免受主动威胁的行动。进攻性网络空间作战是指在外国网络空间内或通过它实施投送力量的行动,为作战指挥官或国家目标提供支持而遂行的网络空间作战任务。

按照作者理解,国防部信息网络运维是以网络为中心,针对未知威胁和特定网络,在威胁发生前,采用补丁修补、安全加固等日常运维手段,以保护网络的作战样式。防御性网络空间作战是以威胁为中心,针对正在或已经发生的特定威胁,采取监测预警、应急响应等手段,保护国防部信息网络的作战样式,包括内部防御措施和响应行动两类。内部防御措施是指在国防部信息网络内部采取的防御活动,通过在网络内机动,使用流量监测、威胁猎杀等手段,结合情报信息,定位并清除内部威胁。响应行动是指在国防部信息网络外围采取的防御行动,使用对抗措施查明外部威胁来源,进而阻止或化解该威胁。进攻性网络空间作战是指使用不同武力程度的网络攻击,以实体毁坏或摧毁敌方信息系统的作战样式。

2. 网络空间行动

执行任何网络空间任务,都需要实施具体的战术级行动,即"网络空间行动",主要包括网络空间安全、网络空间防御、网络空间利用和网络空间攻击。2018 年版 JP 3-12《网络空间作战》中给出的四种网络空间行动的定义如下。

网络空间安全是指在受保护的网络空间内采取的行动,以防止非法进入、利用或毁坏计算机、电子通信系统和其他信息系统,包括平台信息系统及其中包含的信息,以确保其可用性、完整性、可验证性、机密性和不可否认性。网络空间防御是指发生在受保护网络空间内,击败已经突破进入或正在突破网络空间安全措施的具体威胁,包括为探测、描述、对抗和减轻威胁而采取的行动,威慑恶意软件或用户未经授权的活动以及恢复系统至安全配置而采取的行动。网络空间利用是指在网络空间中为获取情报、策略,收集信息或为未来军事行动准备所需的其他赋能行动。网络空间攻击是指在网络空间中采取的能在网络空间或者物理空间中产生明显拒止效果(如降级、中断或破坏)的一种行动。

作者认为,网络空间安全是在特定威胁发生前,由网络运维力量开展的基础安全运维活动,是国防部信息网络运维的主要组成部分。网络空间防御是针对已经或正在突入国防部网络的特定威胁,由网络运维力量或专业的网络防护分队实施的防御活动,是防御性网络空间作战——内部防御措施(以下简称"内部防御措施")的组成部分。网络空间利用是指军事情报活动等为军事行动做准备的赋能行动,不会造成网络空间攻击效果,由国家任务分队实施。网络空间攻击作为一种火力样式,可以直接造成网络空间或物理域的攻击效果,由作战任务分队实施,它和网络空间利用均是进攻性网络空间作战或防御性网络空间作战——响应行动任务的重要手段。其中,网络空间作战任务、行动和作战力量的关系如图1-8所示。

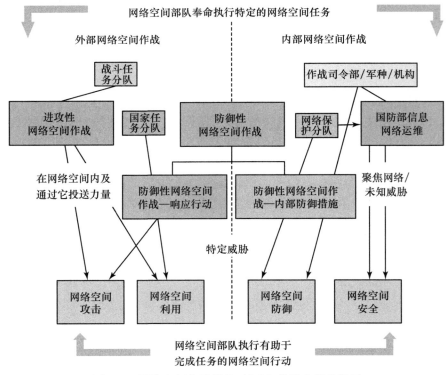

图1-8　网络空间作战任务、行动和作战力量的关系

（二）网络运维和内部防御的关系

国防部信息网络运维和内部防御措施是美军网络空间作战的首要任务,占总体网络空间作战任务的85%。如图1-9所示,正确理解国防部信息网络运维和防御性网络空间作战—内部防御措施的关系应重点把握以下几个方面。

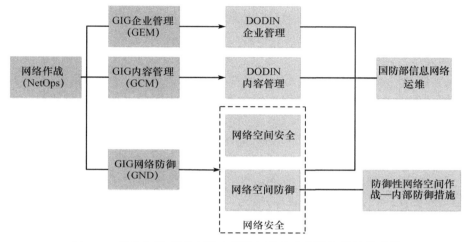

图1-9　网络作战、国防部信息网络运维和内部防御措施关系图

一是从网络空间作战概念演进的历史角度理解国防部信息网络运维的来源。2018年版JP 3-12《网络空间作战》中明确的三项任务:国防部信息网络运维、防御性网络空间作战、进攻性网络空间作战,其中国防部信息网络运维是最容易让人产生误解的一个概念,主要有以下两个原因。①对于"Operation"的不同翻译,导致国防部信息网络运维概念和网络作战(NetOps,网络空间作战概念演进第二个阶段)概念的相对分离。国防部信息网络运维和网络作战是一脉相承的概念,其含义相近,是不同时期的同一作战概念的不同术语表示。网络作战是全球信息栅格时期的概念,而随着2013年6月的《国防部军事及相关术语词典》JP 1-02中明确废止"全球信息栅格"这一词汇,用"国防部信息网络"代替,全球信息栅格网络作战(Global Information Grid Network Operations)·自然而然演进为国防部信息网络运维(DOD Information Network Operations)。可以看出二者英文皆为"Network Operations",只是从实际含义上国防部信息网络运维比全球信息栅格网络作战更利于我们的理解,但由于翻译不同导致了我们对两者认识的相对割裂。②2018年版JP 3-12《网络空间作战》中并没有详细描述国防部信息网络运维的具体行动。2018年版JP 3-12《网络空间作战》虽然给出了国防部信息网络运维的定义:"保护、配置、运行、扩展、维护和保障国防部网络空间以及创建和维护国防部信息网络机密性、可用性和完整性而采取的操作行动",但针对其具体行动只描述了网络空间安全,对标早期网络作战的三项任务(企业管理、内容管理、网络防御)可知,

2018 版 JP 3-12《网络空间作战》并没有完全涵盖国防部信息网络运维的整体行动,对于理解国防部信息网络运维也造成一定的困难。

二是正确把握国防部信息网络运维的实际内涵。2019 年 4 月,美国陆军发布《国防部信息网络运维技术》,对标网络作战概念,给出了国防部信息网络运维的三项主要任务。①国防部信息网络企业管理。国防部信息网络企业管理是有效运维国防部信息网络所必需的技术、流程和策略,以执行国防部信息网络运维功能,包括企业服务管理、系统管理、网络管理、卫星通信管理以及电磁频谱管理等。②网络安全。网络安全是对国防部信息网络及驻留数据的保护,以确保其可用性、完整性、可验证性、机密性、不可抵赖性,包括保护、监测、分析、检测、响应并报告国防部信息系统和计算机网络中的未授权活动等职责。③国防部信息网络内容管理。国防部信息网络内容管理是针对信息内容本身的管理,确保及时向用户、运营商和决策者提供信息,包括对国防部信息网络信息内容的查找、访问、传输、储存和一体化。

三是正确把握国防部信息网络运维和内部防御措施的关系。①国防部信息网络运维的实际内涵包含内部防御措施。国防部信息网络运维实际包含三类主要行动:国防部信息网络企业管理、网络安全、国防部信息网络内容管理。在国防部指令 8500.01 中指出网络安全包含网络空间安全和网络空间防御,而 2018 年版 JP 3-12《网络空间作战》中也明确说明网络安全包括安全和防御两个概念,只是 2018 年版 JP 3-12《网络空间作战》中进行了区分,将其分为网络空间安全和网络空间防御。因此从行动层面上看,国防部信息网络运维涵盖了内部防御措施。②美军为了强调主动防御和防御对抗,将内部防御措施从国防部信息网络运维中分离出来。2008 年以来,美军对网络防御的认识从静态防御向防御对抗逐渐深化。因此,2018 年版 JP 3-12《网络空间作战》将更注重对抗的内部防御措施从国防部信息网络运维中分离出来加以区分,这也充分体现了美军"向前防御"的战略思想。

可以说,内部防御措施起源于国防部信息网络运维,虽然侧重点不同,但究其行动本质仍可包含在国防部信息网络运维中。在 2018 年版 JP 3-12《网络空间作战》中指出,网络空间安全和网络空间防御行动在实施过程中通常由相同人员执行,当网络空间安全措施受到损害时,执行人员要根据权限开展网络空间防御行动。这也是美军成立国防部信息网络联合部队总部统管国防部信息网络运维和内部防御措施的深层次原因。

(三) 网络空间作战与网络中心战

与网络空间作战相关的一个术语是网络中心战(NCW)。网络中心战是美军相对于传统的平台中心战而提出的一种作战概念,平台中心战指主要依靠自身探测器和武器装备平台进行作战,平台中心战的平台之间信息共享有限。网络中心战使作战重心由过去的平台转向网络,实质是通过网络和网络空间赋能而获得信息优势,进而转换为高效战斗力。网络中心战和网络空间作战有本质区别,网络中心战是指:通过信息网络,将分散配置的作战要素集成为网络化的作战指挥体系、作战力量体系和作战保障体系,实现各作战要素间战场态势共享感知,最大限度地把信息优势转变为决策优势和行动优势。网络中心战虽然也充分利用了各种网络技术,但其目的并不是针对网络的作战,而是将战场各作战单元网络化以实施各种军事行动。从这一角度理解,网络中心战和我军基于网络信息体系的联合作战类似。网络中心战依赖信息和网络空间得以实施,高效联通、随遇接入的网络是网络中心战高效实施的前提。

第三节 网络空间防御作战力量概念

严格来说,"网络空间防御作战力量"概念并非美国政府和军方予以定义的概念。但实际上,美军担负网络空间防御作战职能的相关力量在网络空间作战力量中占绝大部分,本书立足于美军对"网络空间作战力量(Cyberspace Operations Forces)"的相关表述,结合网络空间作战任务,对网络空间防御作战力量概念做出界定。

一、美军网络力量概念

在美国政府、军方官员的各种讲话、相关报告和研究资料中,频频出现"网络力量"一词,反映了美国习惯于宣示力量优势和武力威慑的惯用思维。"网络力量"这一概念也是"网络空间作战力量"以及"网络空间防御作战力量"的顶层概念,对其正确理解,有助于深刻理解和界定"网络空间防御作战力量"有关概念。

虽然美国政府和军方频频使用"网络力量"一词,但其并没有网络力量概念的明确定义和一致认识。美军网络力量概念来源于美政府与军界将网络空间与空中、陆地、海上和太空进行的类比,美国一些官员和学者借用海上力量与空中力量概念,使用了网络力量一词。丹尼尔·库尔仿照美海军之父马汉对海上力量,以及空军理论先驱杜黑对空中力量的定义,给出了一个关于"网络力量"的定义,即"利用网络空间,在所有行动环境中以及跨力量要素创造优势和有影响力事件的能力"[①]。这个定义相比马汉的海上力量和杜黑的空中力量定义,含义更广泛,因为它明确提到其他形式的力量,并强调网络力量对其他形式的力量和力量要素的影响与整合。

网络力量本身也是个正在发展演化的概念,"网络力量"的英文,有"cyberpower"和"cyberforce"两种表述,前者在使用上更倾向于较高层次的国防力量运用,后者倾向于指军事意义上的网络部队。丹尼尔·库尔定义的"网络力量"属于前者,主要指利用网络空间达成国家政策目标,利用网络空间创造优势并对其应用环境

[①]　Gregory J Ratray. Cyberpower and National Security[M]. Potomac Books,2009.

中的所有活动和所有力量工具产生影响,这种力量往往可能会同国家其他领域的力量交叉和综合作用。从"cyberpower"角度分析和研究美网络力量及其运用方式可能会较为全面,但会造成分析和认识的难度,并不利于发现和认识美军网络力量建设和运用的本质。

本书的核心主体聚焦在美国武装部队这一范畴内,因此,本书阐述的是军事意义上的"网络力量"。需要指出的是,由于网络空间在社会各个领域的深入广泛应用以及网络空间平战一体的性质,从国家战略角度看,国家范围内的网络力量不应也不能只是狭义上的军事网络力量。

二、美军网络空间作战力量概念

美国新版《国防部军事及相关术语词典》并无"网络空间作战力量"一词,但在美军网络空间作战领域的纲领性文件——JP 3-12《网络空间作战》中,单独设置一节对"网络空间作战力量"进行了阐述说明。

根据网络空间作战活动类型,美军军事网络力量体系可分为网络空间作战力量、网络空间情报力量和网络空间业务力量。在2018年版JP 3-12《网络空间作战》条令中,美军的"网络空间作战力量"包括以下几方面。

1. 美国网络司令部及下属总部(HQ)

美国网络司令部及下属总部对网络任务部队和其他网络空间作战力量实施指挥和控制。这些总部包括国家网络任务部队总部(CNMF-HQ)、国防部信息网络联合部队总部(JFHQ-DODIN)、网络空间联合部队总部(JFHQ-C)和军种网络空间组成部队总部。

2. 网络任务部队

国防部部长(SecDef)和参谋长联席会议主席(CJCS)组建了网络任务部队,以编组所需的兵力结构并为其提供资源,从而遂行关键的网络空间任务。网络任务部队由三支力量组成,即国家网络任务部队(Cyber National Mission Force)、网络战斗任务部队(Cyber Combat Mission Force)和网络保护部队(Cyber Protection Force)。

3. 各军种保留的网络空间作战部队以及其他国防部机构

保护国防部信息网络的大多数网络空间部队都是由各军种保留的,负责本军种网络运维和防御,或者支持特定的作战指挥官。此外,国防信息系统局(DISA)和其他国防部机构以及野战机构的网络部队担负本机构网络运维职责。

三、美军网络空间防御作战力量概念

本书试图提供美军网络武装部队中负责网络防御职能的作战力量的分析和认知视图,认识和了解美军网络空间防御作战力量建设发展过程及其作战能力现状。从职能任务看,根据上述分析,美国国防部信息网络运维和内部防御措施是密不可分的,因此从大安全视角,本书将美军"网络空间防御作战力量"的职能任务界定为国防部信息网络运维和内部防御措施两部分。从活动范围看,美军"网络空间防御作战力量"的战场空间主要是在国防部网络内部,以保护国防部信息网络。从力量组成看,各军种负责建设的网络保护分队,国防信息系统局所属负责国防信息系统网(DISN)网络运维和防御的相关力量,各军种所属的网络运维和防御部队,以及联合作战司令部所属负责网络防御和安全运维的职能机构和部队,均属于本书所指"网络空间防御作战力量"相关范畴。

美军在军事力量的发展历程中始终瞄准两个重点,即军事力量建设和军事力量使用,同时秉持将国防部作为一个企业来管理的理念。美军认为国防部就是一个分布在全球各地、具有共同目标和统一管理、相互关联的跨国性的超大型企业集团,国防部各业务局、各军种部、联合作战司令部、海内外各作战基地等也被视为不同层级的企业。因此,在美军事力量的具体建设和使用过程中,美军重视运用先进的企业管理模式,遵循特定的管理程序,这一程序同样适用于美军的信息通信领域。

本书将对美军上述各网络相关部队的历史发展、使命任务、组织结构、人员编成、指挥关系和相关训练进行详细梳理和分析研究。

第二章　美国网络空间战略视角下的力量建设

美国网络空间战略体系在美国网络空间能力建设中处于顶层,对其网络空间作战力量建设和发展起到关键的指导作用。可以说,美国网络空间战略既是其网络力量建设发展的根基,也是分析、认识和理解美国网络力量建设思路与发展脉络的认知起点。因此,本章在美国网络空间战略的视角下,深层次分析美国网络力量建设的基本思路,由战略变迁透析力量发展脉络。

美国政府和军队历来重视对国家利益攸关的重要领域的战略指导,其战略体系可分为三个层次:一是政府制定关于某一领域的国家战略,明确某一领域国家利益的重要性,分析面临的形势与威胁,提出确保该领域安全和发展的总体目标;二是国防部负责制定该领域的国防战略,根据国家战略明确的军队职能使命,界定作战领域,提出作战任务和作战目标;三是参谋长联席会议负责制定的军事战略,重点是军队能力建设和设计联合作战方针[1]。各军种进而规划各自作战能力建设战略,细化各自使命任务,制定相关领域作战概念、能力目标和建设思路。为确保网络空间安全和网络优势地位,近年来美国政府和军队加紧了对网络空间战略的制定和完善,基本形成了三位一体的网络空间战略体系。

一、克林顿政府时期

1968 年正值美苏冷战时期,美国政府出于国家与军事安全目的,为提高核战争情况下军事指挥系统的安全性,尝试了一种去中心化举措,建立了"阿帕网"。之后随着网络应用的不断发展,网络逐渐成为政治、军事、经济等各领域的重要"赋能器",发展成为美国网络空间战略的关键因素。可以说,安全与发展已成为美国网络空间战略两大永恒的主题,而对二者的不同侧重以及安全思维的转变,成为美国网络空间战略调整的重要表征,也相应引发了美军网络力量建设思路的调整变化。

20 世纪 90 年代早期,美国政府和军方不断利用网络技术提升行政和管理能力,提高工作效率,但当时的网络空间概念尚不清晰,网络破坏行为比较鲜见,美国一直未曾出台重要的网络空间战略。1993 年,时任美国总统克林顿提出并实施了著名的国家信息高速公路计划,大力建设国家信息基础设施,强调

---

① 郭海,张玲,叶星,等. 美军网络空间作战概念及战略法规体系研析[M]. 北京:电子工业出版社,2023.

信息自由流动为美国所带来的利益,重点发展网络应用能力,而随着网络化程度不断加深,计算机病毒的影响也逐步增大,网络建设和运营维护的需求显著增加,美国政府开始制定有关战略文件,指导美国网络力量围绕计算机安全反应能力进行早期建设。与此同时,服务于国家危机通信指挥的美国国家安全通信系统还归国防部管理,该系统因当时计算机等数字化设备应用较少,网络安全需求相对较低,美军建立网络空间作战力量的需求尚不紧迫。但随着 1992年国防信息系统局成立,提出"国防信息基础设施"即后来的"全球信息栅格(GIG)",美军网络依存度大大增加,安全需求显著提升,美军网络空间防御作战力量建设的大幕正式拉开。

20 世纪末,随着美国国家关键基础设施逐步网络化,网络已经向国家政治、经济、军事、文化等各个层面渗透,深刻影响了美国社会生活及军事业务工作模式。但国家基础设施网络化引发的级联效应也逐渐显现,逐步变强的计算机网络病毒、网络犯罪、网络恐怖主义等安全问题日益突出,国家基础设施安全问题逐步上升为国家安全问题,以此需求为依据,美国政府开始密集出台网络空间安全战略文件,对基础设施防护的手段和重点逐渐由物理防护转向网络空间。

1998 年 5 月 22 日,克林顿总统签署了《第 63 号总统行政命令(PDD-63):克林顿政府关于关键基础设施保护的政策》,第一次就美国信息安全战略的概念、意义和目标等做出说明,并确立了早期的网络安全国家领导体制,确立了美国以关键基础设施保护为重点的网络空间安全战略。该文件是迄今为止仍然具有影响力的美国政府保障网络空间安全的基础性、指导性文件之一。此后,克林顿政府先后颁布了多项重大网络空间安全战略文件,如 1998 年美国国家安全局推出的《信息保障技术框架(IATF)》(当时称为《网络安全框架(NSF)》),对崭新的网络安全挑战提供了初始的观察和指导,首次将网络空间的安全问题,以及对信息基础设施的保护问题放在了非常重要的地位,开启了网络安全政策和战略研究的大门,此后历经多次更新修改;2000 年 1 月 7 日,美国政府发布了《保卫美国的计算机空间——信息系统保护国家计划》①,对美国面临的网络威胁进行了全面分析,是世界上第一次由国家政府实施,用来设计网络空间保护方案的尝试活动,制定出联邦政府关键基础设施保护计划(包括民用和国防部关键基础设施)以及私营部门、州和地方政府的关键基础设施保障框架;2000 年 12 月,克林顿总统签署的《全球时代的国家安全战略》文件,这是美国国家网络空间安全政策发展历程中的重大事件,文件首次正式提出了"国家网络安全战略"概念,使之成为国家安全战略的重要组成部分,指出网络安全已是国家安全面临的新挑战,这标志着网络安全正式进入国家安全战略框

---

① 　National Infrastructure Protection Center. Safeguarding America's Cyberspace; National Plan for Information Systems Protection. [M]. Washington, D. C.: U. S. Governm ent Priting Office, 2000.

架,并具有独立地位。克林顿政府时期,美国主张在网络空间发挥信息和网络技术对经济的带动作用,着重强调对关键基础设施的网络保护,更重要的是在根本上提出了国家层面的网络安全战略,为美国网络安全战略的发展和网络安全技术的升级奠定了坚实的基础。

在上述战略文件的影响下,美国网络力量建设的基本思路是:围绕关键基础设施防护这一核心,以健全运营维护能力为重点,联动发展国家级网络防御力量。这一时期美国网络防御力量得以起步发展,包括:联邦计算机应急响应中心正式成立;1998年12月,美国国防部正式成立第一支网络防御力量——计算机网络防御联合特遣部队(JTF-CND);国家安全局成立国家安全事件响应中心,成为国家级网络防御中心。

二、小布什政府时期

小布什执政后不久便发生了"9·11"事件,这一事件视为"永远改变美国如何看待其全球角色和怎样思考安全问题方式的变革性事件",国家面临巨大的反恐压力。因此,美国国家网络安全战略也发生了重大变化,由克林顿政府时期的"突出发展,适度安全"转变为"突出反恐,安全优先",国内安全、反恐战略对网络安全原有框架造成严重冲击。在此背景下,美国政府在国家与军事层面均大力建设发展网络防御力量,成立相关实体机构,并通过战略和法律文件强化部门协作,尝试梳理各部门的责任划分。

2001年10月16日,小布什总统发布《第13231号总统行政令:信息时代的关键基础设施保护》,强化对关键基础设施信息系统的防护,将"总统关键基础设施保护委员会"改为行政实体"总统关键基础设施保护办公室",目的是使之实体化,从而作为联邦基础设施安全保护的最高管理机构。10月26日,美国政府飞速通过了著名的《爱国者法案》,该法案极大地扩展了执法部门打击恐怖活动的权限,可出于法律和国外情报收集的目的跟踪和拦截通信,强调为关键基础设施保护提供情报支撑,该法案显现了美国政府在网络安全方面开始受到反恐战略的影响,谋求"先发制人"。2002年11月,小布什总统签署《2002年国土安全法》并宣布正式成立国土安全部,整合各相关资源,尤其是通信与网络基础设施保障领域的资源。2003年2月,小布什总统在《国土安全国家战略》下签发了《关键基础设施和重要资产物理保护的国家战略》,着重突出了国家政府层面在网络空间领域的战略任务,强调了关键基础设施是系统和资产,不管是物质的还是虚拟的都会对国家安全产生影响。2003年2月14日,小布什政府签发《保护网络空间的国家战略》①,该战略声明了网络威胁的存在,并明确国土安全部成为国家确保网络安全

---

① U. S. Department of Homeland Security. National strategy to secure cyberspace[M/OL]. 2003-02-14. https://www.dhs.gov/publications/national-strategy-secure-cyberspace.

的核心部门,是美国政府历史上专门针对信息安全和网络空间发展而推出的国家安全战略报告,标志着国家网络空间安全的独立地位得到了最终确认。2003年12月17日,小布什总统签署《第7号国土安全总统令:关键基础设施标识、优先排序和保护》,明确其目的是用来标识美国的关键基础设施和重要资源,对其进行优先级排序和保护,防止恐怖分子袭击。2005年,美国国防部公布了《国防战略报告》,该报告明确将网络空间与陆、海、空和天定义为同等重要的、需要美国通过军事存在维持决定性优势的五大空间之一。依据这一报告,美参谋长联席会议于2006年12月制定,并联合国防部共同签发了《网络空间作战国家军事战略》(NMS-CO),这是美军第一份、也是迄今为止最为重要和权威的一份网络空间军事战略文件,从已披露的非保密版本看,该文件完整界定了网络空间概念,提出了领域威胁和薄弱环节,客观分析了未来态势,确立了网络空间军事战略框架,包括美军在网络空间的军事战略目标,以及实现这一目标的方式方法。2008年1月,小布什签署第54号国家安全总统令/第23号国土安全总统令,全面启动《国家网络安全综合计划(CNCI)》,旨在全面建设联邦政府和重要信息系统的防护并建立全国统一的信息安全态势共享平台,通过信息共享来协调国防部、国家安全局、司法部、计算机应急响应小组(USCERT)等部门和机构的行动,构建美国的国家网络安全战略能力体系,同时该文件也首次明确提出"威慑"一词,给出多项计划发展美国网络威慑力量,是小布什时期网络威慑政策的代表性文件。美国国防部2008年12月发布的《国防部网络作战战略构想》,旨在建立以网络为中心的网络作战能力,实时运用并保卫全球信息栅格,使之成为一个统一灵活的体系,为作战任务提供快速支持。

小布什政府明确将网络基础设施的建设与美国国家安全相挂钩,并将其作为重点推进目标,制定的一系列网络空间战略凸显了小布什政府"突出反恐,安全优先"的思想,国内保守主义势头上升,为美国今后的进攻性网络安全政策提供了发展土壤。此阶段,美国网络力量在反恐战略的影响下得以长足发展,建设思路上重点围绕保障网络的可用性和完整性,突出态势感知和应急响应能力,对抗性、外向性尚不明显。2001年,国防部计算机网络防御联合特遣部队(JTF-CND)进一步发展为计算机网络作战特遣部队(JTF-CNO),并于2004年进一步改组成立全球网络作战联合特遣部队(JTF-GNO),负责国防部范围内的网络运维和防御;同年国防部成立国防部网络犯罪调查中心(DC3),以此为基础逐步发展成为美国国家与军方共享的网络调查取证机构;2002年,美国联邦调查局成立国家网络犯罪调查联合特遣部队,负责国内网络犯罪执法;2005年依托国家安全局组建网络战联合职能组成司令部(JFCC-NW),专司网络进攻;情报界也相应成立情报界网络应急响应中心(IC-IRC)。至此美国网络空间作战力量建设逐步走向成熟,初步具备网络安全管理、态势感知、网络防御、应急响应、调查取证、网络攻击等能力。

三、奥巴马政府时期

奥巴马被称为"网络总统",其在竞选总统期间就表示要高度重视网络安全。在该时期,美国通过适时制定系列国家网络安全战略文件,确保了其在网络空间指导方面的优势地位。奥巴马上任伊始,小布什政府团队即提交了《为第44届总统确保网络空间安全》报告,向奥巴马总统提出建议。奥巴马总统在此报告基础上,对美国的网络安全状况进行了为期60天的评估,并于2009年5月29日,公布了《网络空间政策评估——保障可信和强健的信息和通信基础设施》报告①,全面评估了美国政府在网络空间的安全战略、策略和标准,宣扬了网络威胁论,用很大篇幅描述了网络空间的重要性以及面临的巨大威胁。随后,奥巴马政府把网络安全作为国家安全战略的一部分,将网络基础设施列为战略资产实施保护,频繁出台网络空间战略,突出"由防向攻,形成威慑"思想,并依托于此建立了较为完备的网络力量体系,具有以下鲜明特点。

一是国内网络安全威胁趋于常态,由国土安全部主导,统筹多方力量负责国内网络安全事务。2010年9月,国土安全部发布了《国家网络事件响应计划(NCIPR)》,规范了美国联邦部门和机构以及其他国家级合作伙伴应对重大网络事件的基本程序。2013年2月,奥巴马总统签署《第21号总统政策指令:关键基础设施安全和韧性》,同月发布《第13636号行政令:增强关键基础设施网络安全》,明确要求国土安全部采取措施推进相关网络安全信息共享,这两份文件对关键基础设施的信息安全防护做出了一系列重要的制度安排。2013年12月,美国政府出台《国家网络安全和关键基础设施保护法案(NCCIP法案)》,明确指出要加强16个关键基础设施领域的网络安全,特别强调关键基础设施领域的公私合作和信息共享。2015年3月12日,美国参议院通过了《网络安全信息共享法案》,该法案旨在鼓励私营部门与美国政府实时共享网络安全威胁信息,达到改善美国网络空间安全的目的,该法案的某些对策条款偏向军事化,将引导某些网络安全公司发展所谓的"主动防御"技术,即"网络攻击技术"。

二是国际军事网络威胁日益突出,由国防部主导军事网络空间攻防任务,大力发展进攻能力。特别是2009年,将全球网络联合作战特遣部队(JTF-GNO)与专职网络进攻的网络战联合职能组成司令部(JFCC-NW)合并组建网络司令部,统筹领导美军网络攻防力量。2011年7月,美国国防部发布了自美国网络司令部成立以来的第一份网络安全战略文件《网络空间行动战略》,该战略文件明确将网络空间定义为与陆、海、空、天相提并论的作战"行动领域",在战略观念上变被动

---

① Obama,Barack,Cybersecurity Policy Review:Ensuring the Security and Resilience of Information and Communications Instructure [M/OL]. 2009 - 05 - 29. https://www.whitehouse.gov/sites/default/files/rss/obamas_cybersecurity_policy_review.pdf.

防御为主动防御并注重转向战略威慑,美军网络空间战略"由守转攻"的战略意图进一步清晰。2012年,奥巴马总统签署绝密文件《第20号总统政策指令(PDD-20):美国网络行动政策》,其中详细阐述了美国在网络空间采取进攻性和防御性网络政策的原则、目标和方案,表明了美国可以采取主动进攻方式来维护国家网络安全的基本立场。2015年4月,美国国防部发布《国防部网络战略》。该战略首次公开表示将网络战作为今后军事冲突的战术选项之一,明确提出"美军可以发动网络战来对抗在网络空间即将或正在进行的对美国本土或美国利益的攻击活动",并清晰界定了实施进攻性网络行动的时机和条件,强调美国国防部未来网络力量建设的重点是网络任务部队,给出了网络任务部队建设的目标和使用形式,并从网络空间作战力量指挥控制、联合作战体系构建、国防部跨机构协调、盟国合作等方面阐述了网络空间作战力量运用的多样化变化,是美国国防部发展网络空间作战力量、加强网络防御建设和实现网络威慑的指导文件。2015年12月18日,美国国会通过并由奥巴马总统签署了第一部综合性的美国网络安全法案《2015年网络安全法》,该法案不仅是网络防御和网络进攻的法律授权,而且还是网络战全面动员的法律保障,它授予了总统"网络停服"的大权,使对外"网络制裁"成为网络战和国际政治斗争的工具,充分体现了依仗其网络霸主地位使用网络安全话题为其国家利益服务的国家意志。

三是国际网络空间对抗阵营化加剧,通过网络外交战略突出威慑,打造集团式网络力量。2011年5月,美国出台《网络空间国际战略》①,重点列出保障互联网自由等7项政策,宣称将综合利用外交、军事、经济和司法等多种手段推进网络自由,这显示了美国网络安全战略开始呈现外化趋势,彰显其制定规则、谋求优势、控制世界的战略意图。该战略首次把其国际政策与互联网政策结合在一起,将建立网络空间国际战略与第二次世界大战后建立经济和军事安全的全球框架相提并论,体现了美国掌控世界网络空间主导权、建立国际新秩序、拓展国家战略利益的战略企图,是一份具有"里程碑"意义的重大战略文件。2015年2月,美国白宫公布《网络威慑政策报告》,明确网络威慑政策的组成要素,也再次肯定了网络领域的国际接触,包括由美国主导制定网络行为规范和牵头促进国际社会的信任和透明以及对合作伙伴的支持,为美国的网络威慑战略盖棺论定。4月1日,奥巴马总统签署《网络空间安全制裁行政令》,宣布将威胁到美国经济和国家安全的国外网络视为"国家紧急状态",并授权财政部长对实施威胁美国国家安全、外交政策、经济繁荣或金融稳定的"重大、恶意网络活动"的个人或团体进行制裁。2015年12月28日,白宫向国会提交《网络威慑战略报告》,将网络威慑思想提升为国家顶层战略,初步规划了美国"网络威慑"战略的实施路线图,强调通过外交、

① Obama, Barack. International Strategy for Cyberspace [M/OL]. 2011-05-16. https://www.whitehouse.gov/the-press-office/2011/05/16/international-strategy-cyberspace.

军事、法律、经济等多元化手段威慑网络威胁,以降低网络攻击者的攻击意愿。

奥巴马政府通过网络空间报告与政策文件大肆渲染美国面临的网络安全威胁,把网络空间推向军事化,在体系化顶层设计指导下,美军开始在网络空间进行大刀阔斧式的实质性建设,网络力量的建设与运用更加系统,步入高速发展阶段。国家层面上,依据《国家网络事件响应计划》,形成以"七大中心"为核心,分工执行三项主线任务的网络应急响应力量体系。美国联邦政府层面的网络事件响应主要划分为资产响应、威胁响应、情报支持等三类行动。其中,资产响应是指针对已发生网络事故,提供网络安全技术支援,帮助恢复受攻击系统,并降低系统损失的行动,由网络安全和基础设施安全局下属国家网络安全与通信集成中心牵头实施。威胁响应是指对制造威胁的嫌疑人员或者机构进行调查取证的执法行动,由联邦调查局下属国家网络调查联合特遣队牵头实施。情报支持是指为支撑资产响应和威胁响应开展的情报支援活动,主要由国家情报总监办公室下属的网络威胁情报整合中心牵头实施,由情报界安全协调中心提供情报支持的统一协调。此外,美国网络司令部联合作战中心负责国防部信息网络的资产和威胁响应,国家安全局网络安全威胁运营中心负责国外的网络安全威胁评估,国防部网络犯罪中心主要为威胁响应提供技术支持。军队层面上,美军更是投入大量人力、物力发展网络空间作战力量。一方面,系统整合各军种零散的网络空间作战力量,着手建设体系化"网络兵种",做大整体力量,形成由通信保障、网络防御、网络攻击、ISR 电子情报、电子战、信息作战等类型力量组成的四个集团军约 13 万人规模的体系化网络部队,主要担负联合作战以及作战支援任务。另一方面,打造专司网络攻防的网络任务部队,探索发展网络空间领域的特遣力量,做强专职队伍。同时,兼顾攻击与防御、网络运维管理等三大职能,国防部赋予网络司令部更大的网络战反制权,允许其主动发起网络攻击。至此美军在发展网络军事力量、开展网络监控、推动网络空间的"建章立制"各方面的控制性和进攻性开始显现,奠定了网络空间作战力量的基础。

四、特朗普政府时期

特朗普政府奉行民粹保守主义[①],主张保卫边境、控制边界、增强国内军力、减少海外干预,这种新的融合主义以"让美国再次强大"为核心口号,可以说是自里根革命以来保守主义历史发展的最重要阶段。虽然特朗普与奥巴马的执政理念有很大区别,但在网络安全问题上具有一定的稳定性和连续性,特朗普主张进一步强化网络安全的政策举措,包括强化关键基础设施保护和强调网络威慑、国际合作以及人才培养等,继承并发展了奥巴马政府的网络军事化和网络威慑思想,

---

① 民粹保守主义是美国杰斐逊主义的延伸,史蒂文·班农称之为传统保守主义、民粹主义和经济民族主义的融合。

其维护美国绝对实力优势的霸权基调没有变,网络空间军事化更趋明显,在攻防两端不断发展网络空间作战力量,继续谋求绝对优势,绝对控制。

2017 年 8 月 18 日,美国总统特朗普签署主题为"将美军网络司令部升级为联合作战司令部"的行政备忘录,命令将网络司令部建设为一个联合作战司令部,使其成为美军第 10 个联合作战司令部,此举被视为美军网络空间作战力量建设的里程碑事件。2017 年 12 月,美国白宫发布《美国国家安全战略》报告,将网络攻击描述为"现代冲突的一个关键特征",受特朗普崇尚的美国利益至上理念影响,该报告在淡化意识形态、强调国家竞争、提升网络军事实力方面进行了强化。2017 年,在联合国信息安全政府专家组(UNGGE)谈判中,美国主导的七国联盟欲将《武装冲突法》引入网络空间,将传统战争和网络战争挂钩,用军事手段回应网络攻击。2018 年 4 月,美军网络司令部发布新版《美军网络司令部愿景:实现并维持网络空间优势》战略文件,旨在帮助网络司令部实现并维持在网络空间领域的优势。文件过分夸大了俄罗斯、中国、伊朗和朝鲜对美国国家安全的威胁,声明了网络司令部的愿景和目标,重点是给出了网络司令部的优先发展事项,包括通过发展技术提升能力、提高网络部队的战备能力、整合网络空间作战与信息作战等。5月,美国国土安全部发布《网络安全战略》,描绘了该部门未来 5 年的网络空间框架,明确了其主要任务,包括减少漏洞、增强弹性、打击恶意攻击者、响应网络事件、改善网络生态系统等。2018 年 6 月 26 日,美国参议院外交关系委员会通过《网络外交法案》。虽然在特朗普单边主义的总基调下美国与传统盟友嫌隙不断,但在网络空间领域美国仍致力于打造西方阵营,加大对网络空间国际事务和网络外交的投入。8 月 15 日,特朗普签署命令撤销前总统奥巴马颁布的第 20 号总统政策令(PDD-20),进一步松绑对采取网络攻击行为的限制举措。9 月 18 日,美国国防部发布新版《国防部网络战略》,9 月 20 日,出台《美国国家网络战略》①,两份战略均突出强调了俄罗斯和中国对美国的战略挑战,渲染"国家主体威胁",指出美军要"建立更为致命的网络力量";以"向前防御""塑造竞争"和"做好战争准备"为中心,在网络空间进行竞争和威慑,网络进攻对象更为泛化,态势也更为激进;在外交合作上强调加强与盟友及合作伙伴密切合作,以提升网络能力,将国家网络力量作为配合外交竞争的棋子。

同时,国防部大力推进网络技术强军路线,先后出台了多部战略文件,各军种也立足自身建设现状,制定本军种的发展规划,包括:2017 年 4 月美国空军发布的空军政策指令 AFPD 17-2《网络空间作战》以及陆军首席信息官办公室发布的《塑造陆军网络:移动技术》;2018 年 2 月 1 日美国陆军向白宫和参议院武装部队委员会提交的《战术网络现代化战略》报告;2019 年 2 月 4 日美国国防部发布的《国防

① Trump, Donald. National Cybersecurity Strategy[M/OL]. 2018-09-20. https://www.white-house.gov/wp-content/uploads/2018/09/National-Cybersecurity-Strategy.pdf.

部云战略》;7月12日国防部发布的《国防部数字现代化战略:国防部2019—2023财年信息资源管理战略规划》;2020年2月美海军部发布的《海军部信息优势愿景》;等等。上述政策文件均强调发展人工智能、云等新兴技术带来的能力提升,通过技术优势来获取网络空间作战能力的代差优势。

特朗普的网络空间战略承上启下,在力量运用思路上,从被动应对转为主动防御,"先发制人,向前威慑",从筹备网络战到全面建设网络威慑体系,体现出争夺网络空间主导权的深层次意图,将网络空间视作与战略竞争对手竞相争夺的新战场。2018年,特朗普签署了有关美国网络行动政策的《第13号国家安全总统备忘录》,该文件授予美国网络司令部更大的行动权限,以提高网络行动速度和效率,特别是进攻性行动。在力量建设思路上,突出专业能力建设,并逐渐向信息战转型。一方面能力导向,由数量转向质量。2018年5月,美国网络司令部宣布,133支网络任务部队已全部实现全面作战能力,下一步重点是提升战备能力,标志着美军网络空间作战力量由数量建设开始转为质量建设,在已形成的力量框架基础上,加强专业技能形成,强调以溯源追踪等手段为基础的反制能力,形成技术优势对敌产生威慑效应。另一方面扩大职能,加快向信息战转型。2019年10月,美空军整合网络、情报、电子、信息等多个领域的作战力量,正式成立美军第一个信息作战实体——第16航空队。陆军也提出将网络司令部转型为信息作战司令部,推进网络战和电子战的融合。在上述战略政策的影响下,美国网络力量持续快速发展,并成为各军种建设发展的重点。

五、拜登政府时期

拜登上任之初就面临严峻复杂的外部环境,"太阳风"、科洛尼尔管道遭袭等网络攻击事件频发,同时俄乌冲突、巴以冲突在网络领域的对抗也接踵而至,拜登政府处于内外部环境皆十分严峻的时期。自2021年1月20日拜登正式任职美国总统以来,主张奉行重返全球化、修复盟友关系和重返亚太的对外政策,发表"网络安全是国家安全核心挑战"论调,塑造网络空间威胁为"即刻且危险",通过发挥美国"作为榜样的力量"来领导世界,以恢复美国领导地位、联合美国盟友制衡中国为核心,并表示对华需"更加强硬",包括"联合美国的发达国家盟友",共同制衡中国。拜登政府将网络安全问题回归至国家要务,网络安全新政频出,整饬力度明显。

一是重申网络安全的重要战略属性,提高重视程度。2021年3月发布的《临时国家安全战略指南》明确表示"坚持网络安全第一要务,提升网络安全在政府的重要性"。2021年5月公布的《改善国家网络安全行政命令》中提出,"网络安全为联邦事务优先项"和"保护网络安全是国家和经济安全的首要任务及必要条件"。拜登也曾在"网络安全教育月"声明中誓言增强网络安全、全力打击恶意网络行为和紧锁"数字大门"。

二是明确主要网络空间威胁来源,提出以综合威慑为应对方案。美国认为,网络空间本质上是"对抗的环境",并把主要网络威胁源指向中俄两国,2020年3月,拜登政府颁布《美国网络空间日光委员会"分层网络威慑"战略研究报告》,首次提出"分层网络威慑"新战略,且融合"向前防御"理念,以防御重大网络攻击。美国2021年发布的《数字防御报告》中称,2020年7月至2021年6月,有58%的网络攻击来自俄罗斯。2023年3月,拜登政府发布《国家网络安全战略》①,作为美国国家层面5年来首份网络安全领域的战略文件,围绕保卫关键基础设施、打击和摧毁威胁行为体、塑造市场力量以推动安全和弹性、以投资打造富有弹性的未来、建立国际伙伴关系以实现共同目标五大支柱展开。为减少网络攻击对美国国家和人民的威胁,拜登政府强调从态势感知、应急响应、反制能力和引领塑造能力着手,加速形成全国一体、攻防兼备、指挥顺畅的网络防御能力体系。

三是发布系列网络人才计划战略,强化网络安全人才队伍培养。2022年9月,美国网络安全和基础设施安全局(CISA)发布《2023—2025年网络安全战略规划》,强调解决美国目前网络人才短缺问题至关重要,表示CISA将主动识别和培养网络人才。2023年3月,美国国防部颁布《2023—2027年国防部网络人才战略》,从识别、招聘、发展和保留四方面帮助国防部缓解当前的网络人才挑战,为国防部培养网络人员队伍奠定基础。2023年7月,美国国家网络总监办公室发布《国家网络人才和教育战略》,旨在让每个美国人掌握基础网络技能、变革网络人才教育体制机制、扩大并加强美国网络人才队伍以及强化联邦政府网络人才力量。2023年8月,美国国防部发布《2023—2027年国防部网络人才战略实施计划》,以协助推进该部门3月发布的《2023—2027年国防部网络人才战略》,帮助美国确保网络劳动力的领先地位,为战略推进和统一管理网络队伍提供了路线图。美国在网络人才培养领域的重视程度和投资力度可见一斑,拜登政府深刻认识到科技和人才是21世纪保持全球领先地位的关键所在,加紧对网络空间新生力量的培养使用,以维持网络空间绝对优势。

拜登政府面对所处的复杂环境,在延续历届政府对关键基础设施的重点保护的同时,进一步强调向前防御、分层威慑、持续交战理念,由于需要应对现实世界频发的网络威胁,其网络空间政策具有鲜明的现实主义色彩,特别是在网络空间作战力量建设方面,针对具体现实需要,不断优化网络部队规模结构。一是以"战备就绪"为要求,继续推进网络任务部队建设。2023年5月,美国网络司令部提出"掌控领域"战略,也将增强人员力量作为网络司令部战略第一优先事项。根据美军计划,网络任务部队人员规模将扩增约10%,同时人员战备水平将不断加强,

---

① Joeseph R Biden, Jr, National Cybersecurity Strategy Fact Sheet, (Washington, DC: The White House, March 2023), https://www.whitehouse.gov/briefing-room/statements-releases/2023/03/02/fact-sheet-biden-harris-administration-announces-national-cybersecurity-strategy/.

2023 年 6 月,美国海军就表示,由于网络任务部队战备情况较差,其负责筹建的 4 支分队将不会补充至任务部队,而是专注于培训网络作战人员,以提高现有任务部队的战备状态。二是以"能力前置"为目标,提出加强战术层级力量建设。2023 年 7 月,蒂莫西·霍在出席美国会参议院情报委员会听证会时指出"未来将加强远征网络部队建设"。此番言论是对 2022 年 12 月美国新版《网络空间作战条令》提出的"远征网络空间作战"概念的呼应,旨在由各军种自行建设军种保留的战术级网络作战力量,提升、前置战场网络进攻能力。当前,美军进攻性网络作战行动主要由网络司令部直接掌握的网络任务部队远程执行,主要目标是针对 IP 网络。然而,美国面临的主要问题是越来越多的目标尤其是物理隔离目标无法通过 IP 网络远程接入,通过部署在物理位置上接近于隔离目标的远征网络部队,综合运用网电混合手段,可以实现对隔离目标的抵近接入。

第三章　美军网络空间防御作战力量

第一节　美国国防部网络空间作战力量

美国国防部是美国武装力量的总司令部,是美军网络力量建设和发展的领导、规划和使用方。在国防部层面,美军以网络空间防御作战力量为主体,统筹建设了执行各项网络空间作战任务的网络空间作战力量。2019 年 11 月,国防部副首席信息官兼首席信息安全官杰克·威尔默表示,当时美国国防部总计有大约 7 万名网络专业人员。2021 年 5 月 14 日美网络司令部司令保罗·M. 中曾根在众议院听证会发表证言,根据 2018 年国防部网络态势评估的统计结果,将军种网络司令部、网络安全服务提供商、特殊能力提供商和专业力量等统计在内,整个国防部网络作战力量总人数将达到 23.8 万人。2023 年,美国国防部发布《2023—2027 年网络劳动力战略》明确指出,美国国防部网络工作人员至少涵盖 15 万个军事和文职职位,但目前仍有 25% 空缺。

一、美国网络司令部

美国网络司令部成立于 2009 年,于 2018 年升级为美军第十个联合作战司令部。作为美国网络空间的最高作战执行机构,美国网络司令部的成立被誉为"美国国防的重要里程碑"。目前,美国网络司令部总部位于马里兰州米德堡,指挥官为空军上将蒂莫西·霍。

(一) 历史沿革

为应对计算机和网络安全领域存在的多样化威胁,美军于 1998 年依托国防信息系统局成立了第一支网络防御力量——计算机网络防御联合特遣部队(JTF-CND)。JTF-CND 是美军第一支有权监管和指导各军种单位和国防部网络行动的组织,直接向国防部部长汇报,负责保护国防部全球范围内的网络。1998 年 12 月 1 日,JTF-CND 实现了初始作战能力,1999 年年末,JTF-CND 进一步扩展了职能,担负计算机网络攻击、防御、刺探等职责,同时改称为计算机网络作战联合特遣部队(JTF-CNO)。

自 JTF-CNO 成立以来,网络攻击、防御行动一直属于联合参谋部的管辖范围。2000 年 10 月 1 日,美国太空司令部接替联合参谋部,正式取得国防部计算机网络防御和网络攻击的控制权。2002 年 10 月 1 日,美军撤销太空司令部,其网络部分职能合并入美国战略司令部,至此美国战略司令部开始领导美军计算机网络攻击和防御行动。也就是在这一时期,JTF-CNO 的计算机网络攻击和防御职能开始分离,网络攻击由战略司令部负责网络计划和整合的副司令(由国家安全局局长担任)负责,网络防御由战略司令部负责网络运维和防御的副司令(由国防信息系统局局长担任)负责。

2004 年,JTF-CNO 发展为全球网络作战联合特遣部队(JTF-GNO),其指挥官由国防信息系统局局长担任,负责国防部范围内的网络运维和防御。2005 年 4 月,美国战略司令部进行组织机构调整,组建网络战联合职能组成司令部(JFCC-NW),其指挥官由国家安全局局长担任,主要职责是对敌人发动网络攻击,使敌军指挥网络和武器系统瘫痪等。这一重组的目的是在保证两支力量都在美国战略司令部的作战指挥之下的同时,使得二者都可以各自发展以执行面临的不同任务①。

在这一时期,各军种也相继成立专门的"信息战中心"和其他临时性网络战机构。随着网络安全形势的进一步发展,以及各部门和军种网络安全力量的壮大,亟需成立专门负责协调各部门、各军种的网络战机构,在此背景下,美军加速了组建网络司令部的步伐。

实际上,组建统一网络司令部的倡议在小布什政府后期就已产生,奥巴马执政以后,网络司令部的组建开始进入实质性阶段。2008 年年初,时任国防部部长罗伯特·盖茨要求以更加优化的组织方式实现国防部网络功能,开始多项旨在改革当前组织架构的研究工作。随着美军对于网络空间依赖程度的加深,控制和削弱网络威胁持续成为美军关注的重点任务,组建独立负责网络空间作战指挥机构的呼声在美军内部日益高涨。

在 2008 年"扬基鹿弹行动"的直接推动下,美军决定成立全面负责网络空间作战的联合指挥机构。2008 年 11 月 12 日,国防部部长盖茨指示在美国战略司令部下成立新的次级联合作战司令部:美国网络司令部。与此同时,他还要求将全球网络作战联合特遣部队的作战控制权移交给网络战联合职能组成司令部指挥官。

2009 年 6 月 23 日,通过对美国网络安全状况进行为期 60 天的全面评估后,奥巴马授权国防部部长盖茨正式签署一份备忘录,宣布合并全球网络作战联合特遣部队和网络战联合职能组成司令部,组建美国网络司令部。盖茨提名国家安全局局长为网络司令部司令,由此确定了国家安全局和网络司令部的"双帽制"组织结构。备忘录明确网络司令部将作为战略司令部的次级司令部,应在 2009 年 10 月前具备初始作战能力,并于次年 10 月具备完全作战能力。经过近一年的筹备,网络司令部于 2010 年 5 月 21 日正式运行,实现初始作战能力,并由时任国家安全局局长基思·亚历山大兼任该司令部司令(即"双帽机制"),比原计划推迟了近 8

① Warner. US Cyber Command's First Decade[J]. A HOOVER INSTITUTION ESSAY.

个月,主要原因是国会职责界定等问题上存在争议。

2010 年 10 月 31 日,美国网络司令部实现了全面作战能力,建立建全了涵盖网络空间作战三项任务的各种组织。2010 年末,国防部部长盖茨批准了各军种网络司令部的组织结构,美国战略司令部在数天后将各军种部队不同网络作战单位及其总部的作战指挥权移交给了网络司令部。2012 年,参谋长联席会议批准了美国网络司令部的组织架构概念,并提出建立 133 支网络任务部队的计划。作为网络任务部队组织架构的组成部分,网络司令部于 2014 年 1 月 17 日在国家安全局总部驻地举办了国家网络任务部队总部的启动仪式。

2014 年 3 月 28 日,亚历山大将军卸任网络司令部司令,同时退出现役。海军上将迈克尔·S. 罗杰斯在同年 3 月 31 日接管网络司令部司令(国家安全局局长/中央安全局局长)的职务。

2017 年 8 月 18 日,美国总统特朗普宣布将美国网络司令部从战略司令部下属的次级联合司令部,升级为负责网络空间作战行动的一级联合作战司令部。网络司令部的升级被视为网络空间在美国国家安全中地位不断强化、战争本质发生改变的表现。

2018 年 3 月 1 日,当时任美国网络司令部司令陆军上将保罗·M. 中曾根在参议院军事委员会听证会上指出,美军已将网络空间作战概念转化为实战能力,不再像以前一样需要从其他机构借调专门的技术专家实施。他还表示,美军已经建立了一支成熟且强大的网络任务部队,能够在作战任务中积极开展网络防御、遂行日常作战任务,进而提升了美军在全球的战斗力和致命打击能力。5 月 4 日,在米德堡最新落成的综合网络中心/联合作战中心(ICC/JOC),美国网络司令部举办了司令部升级/指挥官更替仪式,保罗·M. 中曾根接替罗杰斯担任网络司令部司令及国家安全局/中央安全局局长的职务,与此同时,网络司令部正式升级为美国第 10 个联合作战司令部。

2021 年 5 月 14 日,时任美国网络司令部司令保罗·M. 中曾根在众议院听证会发表证言,表示网络任务部队将扩大规模。6 月 14 日,美国网络司令部发言人称,美国网络司令部计划在 2022—2024 财年内分阶段新增 14 支网络任务部队,该计划后续在《2022 年国防授权法案》审核时得到通过。2022 年,美国网络司令部和国家安全局共同成立了旨在强化情报搜集分析、加强网络攻防行动并提升效果的"中国事务小组",统筹对中国网络相关工作的资源安排和开展。在执掌美国网络司令部期间,保罗·M. 中曾根引领了"前沿防御"和"持续交战"的范式转变,根据政府和国会授予的在国外执行网络行动的权力发展了所谓的"前出狩猎"行动,从国会获取了类似军种的增强预算权①,推动美国网络司令部取得了大发展。

2022 年,美国国防部部长和国家情报总监发起了一项关于"双帽机制"安排的研

---

① 奇安网情局。

究,得出的结论是"双帽机制"更优。国防部部长、国家情报总监和参谋长联席会议主席随后决定维持这一安排。2023 年 12 月 19 日,美国国会批准美国网络司令部副司令空军中将蒂莫西·霍为新任网络司令部司令并兼任国家安全局/中央安全局局长,并晋升上将军衔。2024 年 2 月 2 日,蒂莫西·霍正式履新。蒂莫西·霍曾在网络部队指挥过许多作战行动,也在国家安全局和空军密码部门中执行过情报任务,其职业生涯的大部分时间都在情报单位和网络部队工作,这一情报和网络领域的双重背景,为其担任网络司令部和国家安全局领导人奠定了扎实的基础。

（二）组织结构

目前,美国网络司令部专职人员总计有 1500 余名现役、文职人员和合同雇员,2024 财年执行预算总额约 10.57 亿美元。美国网络司令部作为联合作战司令部,在网络司令部总部（包括综合网络中心/联合作战中心（ICC/JOC）、联合参谋部等）下设军种组成司令部、联合部队总部以及联合特遣部队（阿瑞斯联合特遣部队（JTF-ARES））组成,如图 3-1 所示。其中,联合部队总部包括网络国家任务部队总部（CNMF-HQ）、国防部信息网络联合部队总部（JFHQ-DODIN）、网络空间联合部队总部（JFHQ-C）;军种组成司令部包括陆军网络司令部、舰队网络司令部/第10 舰队、空军网络司令部/第 16 航空队、海军陆战队网络司令部,其指挥官同时兼任各军种网络空间联合部队总部的指挥官,其详细情况将在本章后续详细介绍。

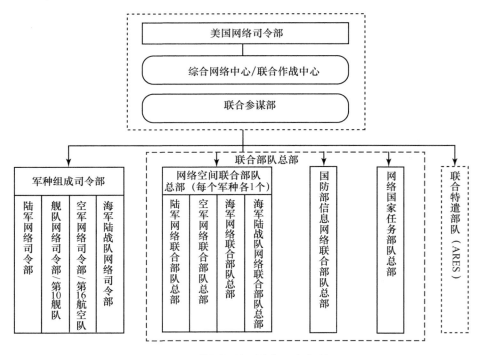

图 3-1　美军网络司令部组织架构

1. 综合网络中心/联合作战中心(ICC/JOC)

综合网络中心/联合作战中心由美国国家安全局和网络司令部共同建设,位于美国马里兰州米德堡,是美军网络司令部第一个专用的联合指挥机构,于2018年5月4日正式建成,同年8月全面开始运作。ICC/JOC主要由三个区域部分构成,包括美国国家安全局办公区、网络司令部办公区以及位于中心圆形大厅的联合作战中心,下设领导、防御、情报、火力和运营维持等功能单元。其中,领导单元,由网络司令部联合作战中心和国家安全局的高级官员共同组成,网络司令部战斗队长和国家安全局网络安全威胁行动中心主任一起,可以探讨分歧,为网络司令部司令提供共识认知和建议,辅助行动指挥协调。防御单元,国家安全局情报分析人员时刻关注各类网络态势传感器,并与网络司令部共享信息,从而使网络司令部和国家安全局共同采取必要措施,保护政府网络安全。情报单元,国家安全局分析员通过不断在各级机构间传递新的情报信息,保证为进攻和防御行动提供及时清晰的态势①。

作为美军全时网络空间态势融合中心、全球网络空间行动协同中枢、全维网络攻击行动控制平台,ICC/JOC实施7×24小时无间断运转,旨在整合协调美国军政机构以及与外国合作伙伴的网络空间行动,为指挥人员提供更为全面的全球网络态势信息,辅助其做出准确高效的决策。其中,联合作战中心平时负责网络司令部的日常运作,战时作为网络司令部遂行网络空间作战的指挥机构;综合网络中心集中不同机构和军种部门的代表,旨在协调美国国家安全局、网络司令部以及美国政府和外国伙伴等其他机构的网络作战行动,提供全天候、全球监视,促进实时协调,进而消除冲突。

2. 阿瑞斯联合特遣部队(JTF-ARES)

阿瑞斯联合特遣部队于2016年5月由网络司令部组建,时任指挥官为爱德华·卡登中将,其主要任务是为美国网络司令部及其联军提供统一的指挥与行动能力,在网络空间打击"伊斯兰国"恐怖组织。该部队最初由美国陆军网络司令部负责建设管理(作战指挥权在美国网络司令部)②。

2019年9月26日,美国国家公共电台公开报道了一篇题为《美国如何侵入'伊斯兰国'》的文章,详细介绍了JTF-ARES是如何侵入"伊斯兰国"网络的,其中细节足以可见美军的网络进攻能力。总的来说,美军通过组建网络领域的联合特

① 军队军工. 美网络司令部"综合网络中心/联合作战中心"简析[EB/OL]. https://www.secrss.com/articles/10858,2019.05.

② "USCYBERCOM to CDRUSACYBER, Subj: CYBERCOM FRAGORD 01 to TASKORD 16-0063 To Establish Joint Task Force (JTF)-ARES to Counter the Islamic State of Iraq and the Levant (ISIL) in Cyber Space, May 5, 2016. Secret//Rel to USA, [Redacted]." National Security Archive, https://nsarchive2.gwu.edu/dc.html? doc=3678213-Document-07-USCYBERCOM-toCDRUSACYBER-Subj#document/p23.

遣部队打击"伊斯兰国",主要达成了两个目的:一是站在道义的高度上进行网络攻击能力的建设训练,可将有关经验迅速转化为实战能力;二是对指挥模式的有效探索,美军通过网络联合特遣部队模式,建立直接由网络司令部指挥的特遣部队,简化了指挥流程,有助于开展对中央司令部的作战支援,增强行动的统一,发挥网络司令部优势,是美军在网络力量方面运用的一次有效探索,标志着指挥与控制结构的又一次发展演进。

2018年秋季,海军陆战队网络司令部司令接手该部队,作战重心由打击"伊斯兰国"升格为全球反恐。而近年来,伴随美国重返亚太以及战略重心东移,美军作战任务愈加聚焦大国备战。2021年3月,时任美国网络司令部司令保罗·M.中曾根在向国会提交的书面证词中指出,在不改变阿瑞斯联合特遣部队的隶属关系和人员组成的情况下,将其工作重心从反恐转向重点支持大国竞争任务,特别是美军印太司令部负责的区域。

3. 联合参谋部

联合参谋部负责网络部队作战方案的拟制和实施,以及条令、组织、训练、装备、教育、人事、设施等方面的协调指导。联合参谋部下设人力与人事处(J-1)、情报处(J-2)、作战处(J-3)、后勤处(J-4)、计划与政策处(J-5)、指挥控制通信计算机系统处(J-6)、演习与训练处(J-7)、能力与资源一体化处(J-8)、先进概念和技术处(J-9)。

(三)使命任务

2022年4月5日,时任美国网络司令部司令保罗·M.中曾根上将出席参议院武装部队委员会听证会①,指出美国网络司令部的任务是:"计划和执行全球网络空间行动、活动和使命,在竞争和冲突的各个领域同国内外伙伴合作,捍卫和促进国家利益"。具体来讲,美国网络司令部在三条主要的作战线内完成其任务:第一,指导国防部信息网络(包括国防部的关键基础设施)的安全、运维和防御,为国防部提供任务保障;第二,协助制止或挫败对美国及国家利益的战略威胁;第三,协助作战指挥官在网络空间或通过网络空间完成任务。

根据美国总统和国防部部长授权,网络司令部负责指挥、计划、协调、整合网络空间作战行动。具体实施上,网络司令部在作战指挥上分割指挥权和控制权,保留基于效果的指挥权,并将作战控制权交给下属总部,通过下属总部实现对全球性网络空间作战行动的统一协调指挥。尤其是将防御性网络空间作战"控制权"交给国防部信息网络联合部队总部,便于协调各类复杂琐碎的防御行动和运维操作。

---

① https://www.cybercom.mil/Media/News/Article/2989087/posture-statement-of-gen-paulm-nakasone-commander-us-cyber-command-before-the/.

二、国防信息系统局

国防信息系统局(DISA)是美国武装力量的作战支援部门之一,是美国网络空间建设和管理的重要力量,接受国防部首席信息官指导。目前,国防信息系统局总部位于马里兰州米德堡,指挥官为中将罗伯特·斯金纳,同时国防信息系统局局长兼任国防部信息网络联合部队总部(JFHQ-DODIN)司令。国防信息系统局2024财年网络安全方向预算共计38.42亿美元,工作内容更加注重于信息系统安全维护和零信任建设。

(一)历史沿革

国防信息系统局原为1960年5月12日成立的国防通信局(DCA),当时的任务是运营控制和管理国防通信系统。20世纪60年代,国防通信局吸收了其他几个机构:空军商业通信管理局(现为国防信息技术承包中心,Defense Information Technology Contracting Organization),白宫信号局(现为白宫通信局,White House Communications Agency),国防部损毁评估中心(现为联合参谋部支援中心)。此外,国防通信局还建立了六个地区性的通信控制中心、两个区域性作战控制中心。

1970年,国防通信局吸收了最低基本应急通信网络并成立军事卫星通信系统办公室。20世纪80年代,国防通信局与联合战术指挥、控制和通信局合并,提升了指挥、控制、通信系统的管理和系统互操作能力,为此还于1989年在亚利桑那州华楚卡堡成立了联合交互测试司令部,来提供交互兼容性的测试和认证。10月,国防部副部长制定了DoD企业信息管理(CIM)计划,以识别和实施国防部信息系统中的管理效率。

1991年6月25日,国防通信局更名为国防信息系统局,以反映其在执行国防部CIM计划中的作用,并明确将国防信息系统局确定为作战支援机构,以强化其为国防部提供全盘信息系统管理的角色。随着国防信息系统局负责编制的多份国防管理报告决议(Defense Management Report Decisions,DMRD)的实施,其在国防部信息管理中的作用持续扩大,最具历史意义的是1992年发布的国防管理报告第918号决议,该决议开始创造性地使用"国防信息基础设施"(Defense Information Infrastructure,DII)这一概念,后来演变为著名的全球信息栅格(GIG)以及现在的国防部信息网络(DODIN)。同时,国防信息系统局提出了"国防信息系统网"(DISN)的概念。国防信息系统网整合了120余个国防部网络,旨在给作战人员提供更有效的网络支持。在这一时期,国防信息系统局开始聚力网络基础设施建设,以提供全方位的决策支持系统、国防部数据库以及各种标准型应用,并重点关注资源整合、减少暴露面,打破各类"烟囱",比如将各军种和国防部的信息处理中心整合成16个大型中心。此后,国防信息系统局的国防部信息网络防御职能任务及组织架构也随着美军对网络空间的认识经历了多次调整。

1998年,美军组建隶属于国防信息系统局的计算机网络防御联合特遣部队

（此后改为全球网络作战联合特遣部队（JTF-GNO）），负责指导军种和国防部的网络运维和防御。在此后的十几年间，美军网络运维和防御一直由国防信息系统局统领。2003 年，国防信息系统局将之前主管的"国家通信系统"移交至国土安全部。2004 年 6 月 18 日，国防部部长签署命令，任命国防信息系统局局长为全球网络作战联合特遣部队的新指挥官，负责指导全球信息栅格的作战与防御行动。这一改革有助于全球网络作战联合特遣部队达成美国国防部《2020 年联合构想》的任务与目标，以及满足不断发展的网络中心战概念。

2009 年 6 月，美军合并全球网络作战联合特遣部队以及网络战联合职能组成司令部（JFCC-NW），成立隶属于美国战略司令部的网络司令部，DISA 于 2010 年 9 月将网络防御职能移交给新成立的美国网络司令部。随着美军在实践中逐渐认识到网络防御离不开对网络的理解，美军于 2015 年 1 月，依托国防信息系统局成立国防部信息网络联合部队总部（JFHQ-DODIN），由国防信息系统局局长担任指挥官，统筹执行网络司令部的网络防御指挥职能，承担国防部信息网络全球网络运维和防御任务，标志着 DISA 加入作战指挥序列，再次统领美军网络防御作战任务。

2021 年 2 月，美国空军中将罗伯特·J. 斯金纳担任国防信息系统局局长。3 月 3 日，拜登政府上任 42 天后便推出《临时国家安全战略方针》，将中国置于国际大变局的中心位置，认为越来越自信的中国是"唯一有能力将经济、外交、军事和技术力量结合起来并对稳定和开放的国际体系提出持续挑战的竞争对手"。在此背景下，如何支撑国防部门以更有效的军事手段应对大国冲突，成为国防信息系统局的战略焦点。对此，国防信息系统局以更换"一把手"为牵引，以应对大国竞争为目标，自上而下开展了战略、制度、组织和任务等一系列重塑。在工作路线上，明确五个核心内容，即将指挥控制作为优先事项、通过创新推动战备、将数据的使用作为工作重心、在网络安全与用户体验间寻求平衡、增强员工能力。在组织架构上，认为其结构设计过于复杂，无法实现其最佳价值以适应新形势、新要求，开始了新一轮重大调整。2021 年 10 月，国防信息系统局将之前的两个主要业务中心，即发展与事务中心、运营中心重组为四个中心，以提高整个机构的效率，并使战略计划、资源分配、组织结构和任务设计都围绕相同的优先事项。

2023 年 10 月，为与参谋长联席会议和作战司令部保持一致，并提升应对战略威胁的能力，国防信息系统局开始按照"J 代码"对内部保障部门进行重组，组建了 J1（负责人力资源管理）、J2（负责情报）、J3/5/7（负责行动、规划和演训）、J4（负责管理仓储物流设施）、J6（负责指挥和控制）、J8（负责需求和财务）以及 J9（负责托管与计算）等部门。

纵观国防信息系统局的发展历史，无论是其网络环境建设重点的变迁，还是重新加入作战指挥序列，抑或是对内部保障部门的重组，其转型动因就在于使国防信息系统建设与作战需求相匹配，正确引导信息技术的规划、投资、采办与决策和信息企业的管理运行,进而支撑美军从"掌握信息优势"提升为"实现决策优势",不断发展、不断优化,现在也仍在加速组织机能的迭代优化,通过增加情报、演习等职能大踏步"由保向战"迈进,吸纳商业IT领域"基础设施即服务"概念,试图探索信息化"基础设施即作战"新模式,进而推动智能化战争中"战保一体",将数据优势转化为作战优势。

（二）组织结构

根据国防信息系统局官方网站最后一次公布的组织结构信息,该局下设采购服务处、首席财务官与审计官办公室、人才服务与开发处、国防部信息网络联合部队总部、四大业务中心以及特别参谋部,纳入联合服务供应商办公室,并行管部分单位,其组织架构如图3-2所示。国防信息系统局主要业务部门为四大业务中心:数字能力与安全中心、托管与计算中心、企业运营与基础设施中心以及企业整合与创新中心,分别负责企业能力与安全性、托管与计算、作战和基础设施、创新等相关工作。

截至2023年4月,国防信息系统局有7000余名现役和文职人员,广泛分布于本土25个州(含华盛顿哥伦比亚特区)以及7个国家和地区(关岛),约55%部署在总部米德堡和华盛顿哥伦比亚特区,45%部署在外场机构。截至2023年3月,国防信息系统局的主要职能机构包括三类:①网络作战(运维)中心,共有7个,主要负责全天候监控和管理美军信息网络,承担网络运维和安全防御职能。其中,国防信息系统局联合作战中心,位于马里兰州,是国防信息系统局和国防部信息网络联合部队总部的作战指挥中心;国防信息系统局全球作战中心,负责全球骨干网运维防御,分布在本土东西部两个点位(犹他州和伊利诺伊州),互为备份,各设野战司令部1个;战区网络作战中心,有太平洋(驻夏威夷州)、欧洲(驻德国)、中央(2个,分别驻佛罗里达州和巴林),各设野战司令部1个。②野战办公室,共12个,是国防信息系统局派驻在某一重点地区的代表机构,为11个作战司令部和其下属组成单位提供支持,确保在全球任意地点为作战人员提供网络能力。③数据中心,共9个(本土7个,海外2个),提供存储、计算等信息服务。

此外,根据美国陆军总部编制的美国陆军技术出版物ATP 6-02.71《国防部信息网络运维技术》以及美军关于联合信息环境的有关构想,国防信息系统局设有全球企业运维中心(GEOC),并为每个地理性作战司令部都提供了一个企业运维中心(EOC),接受地理性作战司令部的战术控制,负责战区内的国防部信息网络的运维,为战区提供现场支援团队。

（三）使命任务

国防信息系统局是一个全球组织,由国防部首席信息官直接领导,致力于在全谱作战行动中提供运维和确保指挥控制能力、信息共享能力及可全球接入的企业级信息基础设施,为联合作战人员、国家领导人和盟友提供支持。国防信息系统局是美国国防部主要的信息技术提供商,通过两条主线履行其职责使命。第一,

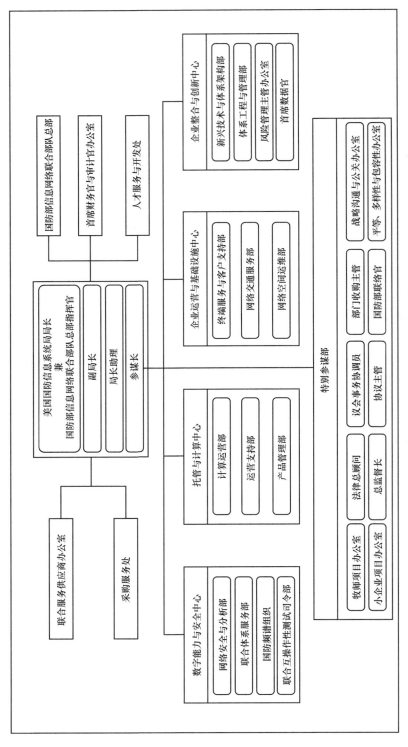

图3-2 国防信息系统局组织架构

通过国防信息系统局,作为作战支援机构,致力于成为连接和保护网络空间作战人员的可信提供商,主要负责为美国总统、副总统、国防部部长、各军种以及各作战司令部,提供实时的信息技术和通信服务,确保作战力量各个要素和环节能随时随地连入军事网络并访问、共享所需信息,其服务保障范围如图3-3所示。第二,通过国防部信息网络联合部队总部,作为网络司令部下属总部,专注于维持防御性网络空间作战的指挥和控制,在全球和机构层面执行国防部信息网络运维和防御性网络空间作战——内部防御措施任务。

（四）国防部信息网络联合部队总部

为应对不断增长的网络威胁,2014年美军决定依托国防信息系统局成立国防部信息网络联合部队总部,以整合协调各军种日益增加且相对分散的网络防御行动,分担网络司令部网络防御职能,使其专注于战略运作和协调作战指挥。

国防部信息网络联合部队总部由国防信息系统局局长担任其指挥官,并与国防信息系统局建立行政控制关系,建设之初编制目标为219人。原计划国防部信息网络联合部队总部在2016财年前具备完全作战能力,主要聚焦于三方面的工作:一是将没有纳入国防部信息网络联合部队总部指挥控制体系的国防部机构纳入其中,这是工作重心;二是根据国防部信息网络联合部队总部使命确定其主要任务;三是培养所需人才,包括防御性网络空间作战方面的专家,以及管理人才。但由于国防信息系统局正进行组织改革,国防部信息网络联合部队总部没有按原计划形成作战能力,最终于2018年1月才具备全面作战能力。

根据授权,国防部信息网络联合部队总部负责统筹协调全球性国防部信息网络运维和防御性网络空间作战——内部防御措施,其指挥控制架构基本可归结"两层四线"指挥控制关系,如图3-4所示。第一层级,美国网络司令部对国防部信息网络联合部队总部拥有作战控制权(OPCON);第二层级,国防部信息网络联合部队总部对各军种网络组件拥有战术控制权(TACON),对国防部所有44个机构(5个军种、11个作战司令部、28个国防部机构和现场活动机构)拥有网络空间作战指令权(DACO),如图3-5所示,与美军联合作战司令部保持支持与被支持关系。

网络空间作战指令权,即"向国防部所有部门发布执行全球国防部信息网络运维和防御性网络空间作战——内部防御措施的命令和指令的特权。"——2018年版JP 3-12《网络空间作战》。由于网络空间防御作战(即对应美军的"国防部信息网络运维和防御性网络空间作战——内部防御措施")需要大量平时日常运维工作,繁杂且琐碎,专业性强,且有别于传统作战域,网络空间影响面特别广,包括国防各部门、军种、战区和联合部队,需要由一个技术管理机构进行统一管理,并且给该机构一定的授权,而这种授权更多是一种日常业务层面上的技术管控,与传统的作战指挥权、作战控制权、战术控制权有很大区别。因此,美军通过参谋长联席会议主席执行令相应设立了"网络空间作战指令权"这一特殊权限,以实现

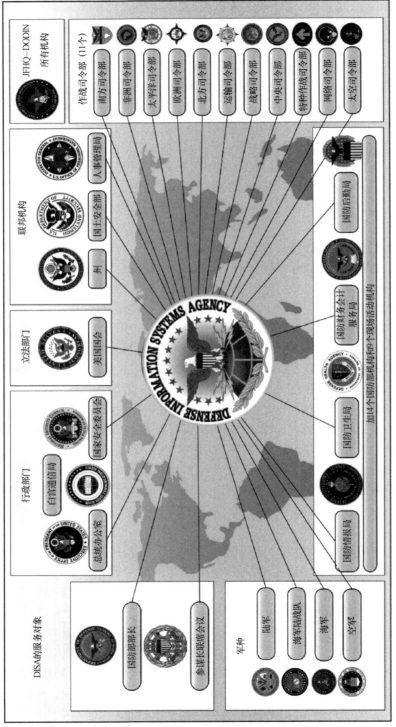

图3-3　国防信息系统局服务保障范围

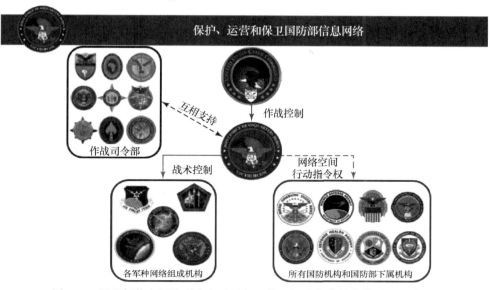

图 3-4　国防部信息网络联合部队总部网络空间防御作战指控关系示意图

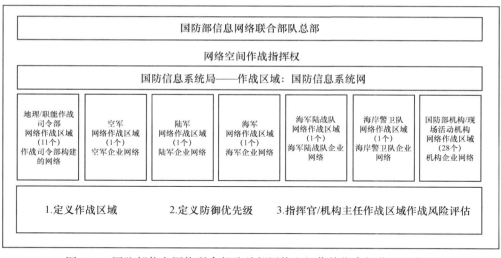

图 3-5　国防部信息网络联合部队总部网络空间作战指令权范围示意图

对国防部信息网络进行全范围的保护和防御行动的协调统一。通过"网络空间作战指令权",美军较好地实现了对国防部各部门、战区、军兵种的网络运维和防御的体系化指挥、垂直化控制,并由专司网络安全、最了解网络情况的单位统一负责,遵循了"谁主责,谁拥权"原则,在军网防御领域打破了令出多门和横向协同繁杂等不利限制,有效适应了网络空间作战"点攻面防""敏捷快速"等客观规律。

美军通过国防部信息网络联合部队总部整合了国防部网络防御行动的指挥

权,确保网络司令部从日常防御任务中解脱出来,更专注于战略指挥协调,从而在整体上改变国防部网络防御业务的运作模式。国防部信息网络联合部队总部成立以来,已经完全接管了原先由网络司令部直接负责的日常网络防御任务,有权调动各军种的网络防御部队,实现了网络防御的统一。

三、网络任务部队

2009 年 10 月,美国网络司令部进入全面运作阶段,开始将网络空间作战力量建设纳入美军作战力量建设体系,不断细化明确司令部内部分工,重点打造攻击与防御各有侧重的网络任务部队,以更好地开展网络空间作战,同时更有效地保护关键基础设施和军队网络,确保和增强全域军事能力。

(一)历史沿革

2012 年,美国国防部部长批准了网络任务部队(Cyber Mission Force,CMF)的概念,决定投入资源建立网络分队,以支持国防部网络防御、国家关键基础设施防御和降低对手的网络能力。同年 12 月,国防部决定从各军种和国家安全局抽调资源开始组建网络任务部队,并按季度对建设进展情况做出评估和报告。

随后,国防部制定了一系列文件来规范网络任务部队的建设。其中,《网络部队作战与运用概念》定义了网络任务部队的角色、职能和作战流程;《联合网络空间训练和认证标准》界定了每个网络任务部队工作角色(即职位)所需的知识、技能和能力;《网络任务部队联合训练和战备手册》则定义了一套适用于所有网络任务部队职位的通用联合任务、条件和标准,以此来评估个人和分队的战备水平。同时,为提高网络任务部队训练的质量、充分性和效率,国防部还成立了网络训练咨询委员会(Cyber Training Advisory Council,CyTAC),由来自美国网络司令部、国防部人事和战备事务副部长办公室及国防部首席信息官的三方代表共同主持,并与各军种协调,负责识别、审查和评估训练需求和评估标准,以弥补当前网络空间训练能力和未来网络空间训练能力之间的缺口。

2015 年,国防部出台《国防部网络战略》,明确了在 2018 财年结束前(即 2018 年 9 月末),建设完成包括 133 支分队、总人数为 6187 人的网络任务部队。2016 年 10 月 21 日,美国网络司令部宣布 133 支网络任务部队都已经达成初始作战能力,并且按照计划能够在 2018 年 9 月末实现全面作战能力。初始作战能力标准代表作战单位达成了能够执行基本任务的能力。此时,网络任务部队全部 133 支分队总规模约 5000 人。

2017 年 2 月,美国网络司令部开始建设 21 支陆军预备役网络保护小队(11 支陆军国民警卫队和 10 支陆军预备役部队),并于 2024 年 9 月具备了全面作战能力。2017 年 9 月 28 日,美国陆军网络司令部的所有 41 支现役网络任务部队经美国网络司令部确认达到全面作战能力,提前一年时间达成目标。同年 10 月 6 日,美国海军网络司令部全部 40 支网络任务部队经验证也达到全面作战能力。

2018 年 5 月 11 日,美国空军网络司令部(当时为第 24 航空队)负责建设的 39 支网络任务部队达到全面作战能力,包含 1700 多名人员,达到人员满编数量的 90% 以上。同年 5 月 17 日,美国网络司令部宣布,所有 133 支网络任务部队已达成全面作战能力,提前完成预定目标。

根据 2021 年 5 月发布的 2022 财年国防授权法案,美军在 2022—2024 财年内,将已有的 133 支网络任务分队扩编到 147 支,增加 14 支分队,人员增编约 600 人,其中约 40% 来自空军(5 支分队)、陆军(5 支分队)和海军(4 支分队)各占约 30%。预计实施进度是,2022 财年增加 2 支作战任务分队和 2 支作战支援分队,2023 财年增加 5 支分队,2024 财年增加 5 支分队。其中,海军将分别在 2022 财年和 2024 财年各组建 2 支分队,属性为 2 支作战任务分队和 2 支作战支援分队,陆军在 2022 财年增加 2 支分队。

2023 年 6 月,多方消息来源称,美海军由于准备不足,将优先建设网络培训团队,导致无法按时完成原定的 4 支网络任务分队扩增计划,进而可能导致需要 5 年时间完成此轮规模扩增。

(二)基本情况

网络任务部队是由网络司令部保留的一支优势网络空间作战力量,接受网络司令部下属总部指挥,主要完成现有联合作战体制下战术层面的联合作战支援,共有 6000 多名现役军人和文职人员。网络任务部队由网络保护部队、国家网络任务部队、网络作战任务部队三部分组成,由于新的人员扩增详情尚不清晰,以下仍采取原 133 支网络任务分队的有关数据。

(1)网络保护部队(CPF)。网络保护部队负责保护国防部信息网络或其他蓝色网络空间①,由 68 支网络保护分队(CPT)组成,每支 39 人,进一步分为 4 个任务领域:国家、国防部信息网络、作战司令部支援和军种支援,即 18 支国家网络保护分队、6 支国防部信息网络保护分队、20 支作战司令部网络保护分队和 24 支军种网络保护分队,负责运行并保护全球范围内的国家网络、军用网络和国防部信息网络等。每支网络保护分队通过整合和同步各种网络安全功能,如网络漏洞评估、渗透测试、漏洞修复、猎杀网络上的敌对活动,提供任务保护、发现和反渗透、网络威胁仿真、网络战备和网络支持等核心能力。此外,网络保护分队将与机构间合作伙伴和关键基础设施运维者共享威胁情报,以加强整体网络防御。

(2)网络国家任务部队(CNMF)。国家网络任务部队负责保护非国防部蓝色网络空间,击败针对国家的战略威胁,保护美国国家关键基础设施。网络国家任务部队由 13 支国家任务分队(NMT)、8 支国家支援分队(NST)和 18 支国家网络

① 术语"蓝色网络空间"表示网络空间中受美国及其任务伙伴保护的领域,以及国防部下令保护的其他领域。

保护分队组成,由国家网络任务部队总部指挥。其中,国家任务分队主要负责对"红色"(敌方)和"灰色"(非敌、非友、非我)网络空间实施监视、阻断与投送行动,以阻止敌达成目标,必要时实施攻击以摧毁敌能力;国家支援分队负责对国家任务分队和国家网络保护分队提供侦察、分析和技术等支援;国家网络保护分队编制 39 人,负责保护美国国家关键基础设施。2022 年 12 月 19 日,网络国家任务部队正式成为美国网络司令部下属的统一司令部。2024 年 1 月,海军陆战队少将洛娜·马洛克担任网络国家任务部队指挥官。

(3)网络作战任务部队(CCMF)。网络作战任务部队由各军种网络空间联合部队总部指挥,实施网络空间作战以支持地理和职能作战司令部的任务、计划和优先权,由 27 支战斗任务分队(CMT)和 17 支战斗支援分队(CST)共 44 支分队组成。其中,战斗任务分队主要负责进攻性网络空间作战以支援作战司令部,为作战指挥官提供优先考虑事项及任务支持。战斗支援分队负责对战斗任务分队提供侦察、分析和技术等支援,一个战斗支援分队支援 3~5 支网络战斗任务分队。图 3-6 描述了网络司令部组成和网络任务部队各单位的编组和从属关系。

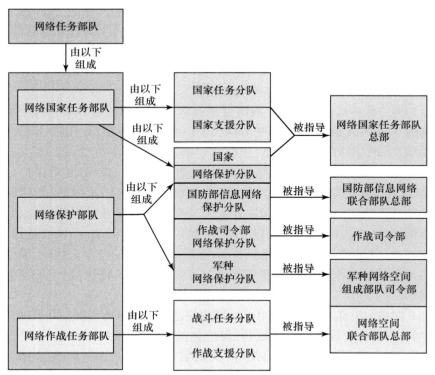

图 3-6 国防部网络任务部队关系

网络任务部队的 133 支分队在各军种的分布情况如表 3-1 所示。

表 3-1 网络任务部队的 133 支分队在各军种的分布情况

分队	国家任务	国家支援	战斗任务	战斗支援	网络保护分队		合计
	13 支	8 支	27 支	17 支	68 支/2652 人		133 支/6187 人
海军	4 支	3 支	8 支	5 支	20 支	国家网络 18 支 军种网络 24 支 国防部信息网络 6 支 作战司令部 20 支	40 支/1860 人
空军	4 支	2 支	8 支	5 支	20 支		39 支/1821 人
陆军	4 支	3 支	8 支	6 支	20 支		41 支/1899 人
陆战队	1 支	无	3 支	1 支	8 支		13 支/607 人

网络司令部还对网络任务部队进行划分以支持联合作战司令部。具体来说，网络任务部队在网络司令部的联合部队网络总部(JFHQ-C)架构下集中支持不同作战司令部。具体分工如下：①海军陆战队网络空间联合部队总部定向支援特种作战司令部(USSOCOM)；②陆军网络空间联合部队总部定向支援中央司令部(USCENTCOM)、美国非洲司令部(USAFRICOM)和美国北方司令部(USNORTH-COM)；③海军网络空间联合部队总部定向支援美国印太司令部(USPACOM)和美国南方司令部(USSOUTHCOM)；④空军网络空间联合部队总部定向支援美国欧洲司令部(USEUCOM)、美国战略司令部(USSTRATCOM)和美国太空司令部(USSPACECOM)；⑤国防部信息网络联合部队总部定向支援美国运输司令部(USTRANSCOM)，主要开展防御性行动①。

（三）建设发展

网络任务部队的建设可分为两个阶段，力量生成阶段和持续战备阶段。力量生成阶段指美国网络司令部宣布网络任务部队达成全面作战能力之前。这一阶段美国网络任务部队的建设重点在于"力量生成"，具体包括人员调配、岗位匹配、装备配置、模拟训练、专项考核等。

在网络司令部宣布网络任务部队达成全面作战能力之后，美国国内普遍发出质疑，认为网络任务部队虽然达成全面作战能力，但并不符合网络空间司令部的战备标准。2019 年 3 月，美国政府问责办公室发布报告称，为了快速培训网络任务部队，网络司令部尽可能使用了现有资源，但目前网络任务部队中许多分队补充的并不是训练有素的人员；并且截至 2018 年 11 月，133 支网络任务部队中，有相当多分队员额不满，无法满足美国网络司令部的战备标准，距离实现全面建设还有很大差距。

---

① 运输司令部原由空军网络空间联合部队总部定向支援，但太空司令部成立后，由于空军和太空军的渊源，也由空军网络空间联合部队总部定向支援。鉴于空军网络空间联合部队总部定向支援单位过多，且运输司令部主要负责保障任务，在网络空间领域更多开展防御性行动，故美军在网络司令部的联合部队网络总部(JFHQ-C)架构外调整国防部信息网络联合部队总部定向支援美国运输司令部。

并且网络司令部也对外强调,达成全面作战能力仅仅意味着网络任务部队已具备执行任务所需的人员配备、训练和能力要求,但这不是评估整体战备状态,后续仍将不断进行能力提升。2018年,时任网络司令部司令保罗·M.中曾根表示,"随着网络任务部队组建告一段落,我们将从部队组建转向可持续的战备。必须确保拥有做好准备、随时可用的平台、能力及权限,以便能够在需要时发挥作用。"

因此持续战备阶段的工作重心从"力量生成"转向"能力生成",从建设本身调整为面向任务的维护及优化,具体包括设定评判检验标准、保障作战人员稳定并得到培训、提供高性能装备工具等,以维持战备水平和快速响应能力。同时,美国网络司令部也在积极探索网络任务部队编组的最佳方案。2024年2月,美海军第10舰队(海军网络司令部)司令克雷格·埃施巴赫指出,海军近期计划对舰队网络任务部队人员和训练进行调整,以解决战备问题。

自2021年开始,在向前防御、持续交战等理念的牵引下,美国网络司令部开始重点实施"前出狩猎"行动①,向海外盟友国家派遣网络任务部队。目前,"前出狩猎"行动由网络国家任务部队完全负责,已成为美国网络司令部的年度重点工作,被视为"增长型业务",并安排年度经费予以保障。据统计,截至2023年3月,美国网络司令部已在22个国家执行了47项此类任务,而根据美国网络司令部司令蒂莫西·霍于2024年4月10日在美国参议院所作证词,美国网络国家任务部队在2023年这1年内就在17个国家开展了22次"前出狩猎"行动,行动频度急剧上升。

总的来看,网络任务部队的建设发展在经历了早期的重规模、分散建的阶段后,目前已经开始了全新一轮的发展阶段。美军在规模持续扩张的同时,也高度关注人员能力,多次强调要保持"战备就绪",并未片面追求数量而牺牲质量。美国网络司令部正在聚焦核心任务,不断加强统筹,力争统一训练标准、统一人员能力,并通过优化组织编配、参与实战练兵等方式,谋求网络任务部队这一精英力量的高水平发展。

第二节　美国陆军网络空间防御作战力量

在美国各军种中,陆军最为频繁地出台发布有关网络空间作战的条令和战略政策,将网络力量建设作为推进陆军现代化进程的关键因素,决心按照正规军事化组织的标准和结构打造一支能力更强、现代化水平更高、战备建设更充分的网络力量。目前,美国陆军已形成由陆军网络理事会、陆军网络学院(西点军校内)、

---

① "前出狩猎"行动最早可追溯到2018年美国网络司令部派遣网络任务团队现场接入黑山政府网络,实施针对俄黑客威胁的协作防御行动,不过直至2021年5月,美军才正式确立了"前出狩猎"作战框架,"前出狩猎"成为标准化的常态正式任务。

陆军网络卓越中心和陆军网络司令部组成的美国陆军网络空间"四分体"机构体系,对应了网络空间作战相关的协调机构、培训机构、研究机构和作战力量,系统支撑了美国陆军网络空间作战能力的形成。其中,美国陆军网络空间作战力量整体上由陆军网络司令部及其附属网络空间部队与陆军预备役中的网络空间作战力量组成。近年来,在美军多域战概念的牵引下,美军网络空间作战和电子战高度融合,并逐步向战术级部队延伸。

一、陆军网络司令部

(一) 基本情况

美国陆军网络司令部(ARCYBER)是美国网络司令部下属的陆军总部,同时也是陆军军种职能司令部(ASCC),原番号"第二集团军"("第二集团军"番号于2017年1月撤销)。美国陆军网络司令部现任指挥官为陆军中将斯蒂芬·G.福格蒂,前总部位于弗吉尼亚州贝尔沃堡,已于2020年迁往佐治亚州戈登堡(后更名为艾森豪威尔堡)。

陆军网络司令部根据授权或指示,负责指挥和开展综合电子战、信息战和网络空间行动,确保网络空间和信息环境中的行动自由,并通过网络空间和信息环境打击敌人以保卫国家。陆军网络司令部认为运维和防御国防部信息网络陆军部分是上述任务中最为复杂的,目前陆军网络司令部主要通过5个区域性网络中心(RCC)(本土、太平洋、韩国、西南亚和欧洲)实施24小时不间断的国防部信息网络运维和防御行动,为全球各地的陆军部队提供支持。

截至2024年1月,美国陆军网络司令部约有2.1万名现役、文职人员和雇员,下属作战单位主要有美国陆军网络企业技术司令部(NETCOM)、第780军事情报旅(网络)、第1信息作战司令部以及网络保护旅等。各主要作战力量地理分布如下。

(1) 弗吉尼亚州贝尔沃堡:第1信息作战司令部。

(2) 马里兰州米德堡:第780军事情报旅。

(3) 亚利桑那州华楚卡堡:美国陆军网络企业技术司令部。

(4) 佐治亚州艾森豪威尔堡:网络保护旅和网络空间联合部队总部——陆军网络司令部总部。

其组织架构如图3-7所示。

(二) 历史沿革

早在20世纪90年代,为确保全球信息栅格陆军部分的安全高效运行,陆军进行了一系列组织结构调整,逐步形成基于技术、防御为主、重在应急的网络空间作战基本组织架构。

2002年8月,陆军建立了美国陆军网络企业技术司令部/第9陆军信号司令部,负责陆军企业级信息网络的运营、管理和保卫。在具体实践中,陆军逐渐认识

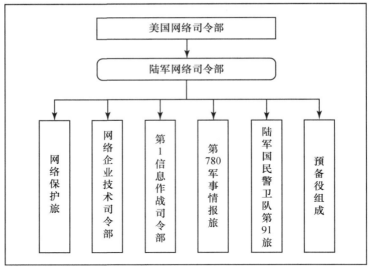

图 3-7　美国陆军网络司令部组织架构图

到计算机网络防御与运维的协同极其重要,因此 2004 年,将美国陆军网络企业技术司令部下属的陆军全球网络作战与安全中心(AGNOSC)和第 1 信息作战司令部下属的陆军计算机应急响应小组(ACERT)合并为 ACERT/AGNOSC 战区作战中心,以提升陆军计算机网络防御的健壮性。

2006 年 9 月,陆军认识到计算机网络作战正在演变为网络空间作战,责令第 1 信息作战司令部总体负责陆军计算机网络作战的集成、协调和同步。但是,仅第 1 信息作战司令部并不能完全集成整个计算机网络作战,因此 2008 年 1 月,陆军授权网络企业技术司令部和美国陆军情报与安全司令部(INSCOM)分别负责网络防御和网络攻击业务,并接受陆军太空和导弹防御司令部/陆军战略司令部的领导。

在美国网络司令部成立前,陆军网络空间作战力量都以分队形式分散在各军种和联合部队内部。为整合网络空间作战力量,根据国防部成立美国网络司令部的备忘录,陆军决定重组陆军太空和导弹防御司令部/陆军战略司令部,将其重新命名为陆军网络司令部(ARFORCYBER)。2010 年 5 月 11 日,陆军部指示成立一个独立司令部——陆军网络司令部,计划在 2010 年 6 月 29 日之前实现初始作战能力,在 2010 年 10 月 1 日之前形成全面作战能力;并且于 2010 财年第 3 季度之前在贝尔沃堡建立陆军网络空间作战与一体化中心(ACOIC)。根据指示,陆军网络司令部对网络企业技术司令部和陆军情报与安全司令部进行作战控制以实施网络空间作战。

2010 年 10 月 1 日,美国陆军网络司令部正式成立,番号为"第 2 集团军"。2014 年,陆军发布第 2014-01 号通令,确定陆军网络司令部为美国网络司令部的陆军总部,并明确第 2 集团军为陆军首席信息官/G-6 直属单位。2016 年 7 月 12

日,陆军发布第2016-11号通令,正式确定陆军网络司令部为陆军军种组成司令部。至此陆军网络司令部职能愈加成熟,作为网络司令部下属军种网络空间组成部队总部,可对所属网络空间作战力量实施指挥控制;作为陆军军种职能司令部,在资源配额上与其他的军种职能司令部平齐,可保障司令部优先事项的发展。2020年6月1日,陆军网络司令部将其对该军种网络的部分网络防御职责转移到陆军网络企业技术司令部。网络企业技术司令部接管了该军种位于全球各战区的区域网络作战中心的职责。调整后,陆军网络司令部可以聚焦战役层面,在电子战和信息战等领域投入更多精力;网络企业技术司令部则负责更广泛的战术行动,负责提供网络运维和网络安全服务。2021年2月3日,美国陆军发布第2021-04号命令,正式将第1信息作战司令部的行政控制与作战控制权全部移交陆军网络司令部,正式与陆军情报与安全司令部脱离。

经过多年建设,美国陆军网络力量组织结构已经基本形成。组织运用方面,形成了信号部队主管网络防御、军事情报部队主管网络进攻的模式。其中陆军网络空间作战与一体化中心(ACOIC)作为陆军网络司令部唯一的作战中心,负责网络空间作战指挥控制和协调同步。在网络防御上,整合原有战区网络作战和安全中心、战区计算机应急响应小组成立区域网络中心,进一步精简指挥程序,改善陆军网络防御态势,为陆军部队提供企业级的网络防御和运维支持,从而更加高效地支援作战司令部的行动。力量建设方面,一是重视预备役[①]网络作战力量建设。美国陆军网络司令部推动整体作战力量建设,重视陆军国民警卫队和后备役网络作战力量建设,除打造41支现役网络任务分队外,还建设了11支陆军国民警卫队网络保护分队和10支后备役网络保护分队,形成了"现役+陆军国民警卫队+后备役"的力量模式。二是注重战术级网络作战力量建设。受网络战力量专业性强、网络手段的使用影响巨大等因素制约,美军网络空间作战力量通常编配到战略级和战役级单位。近年来,美国陆军在多域作战概念的牵引下,融合网络战和电子战,提出网络电磁行动概念,逐渐探索战术边缘网络战力量的运用。2017年,美国陆军第一支多域特遣部队(MDTF)正式成立,规模为2200人,下设营级情报、信息、网络、电子战、太空分队(I2CEWS),该分队后改称为多域效果营(MDEB),辖有1个军事情报连(聚焦陆、海、空等情报侦察)、1个太空情报连(聚焦太空情报侦察)、1个信号连、1个增程传感与效应连、1个信息防御连。2019年1月,美国陆军在第17野战炮兵旅内组建了第一个多域效果营,当时设有1个网络连和电子战连,主要任务就是以攻防行动保护陆军战术无线网,应对黑客攻击与电子干扰。而美国陆军共计划以各野战炮兵旅为基础组建5支多域特遣部队(美国陆军共5个野战炮兵旅,将相继改组)。根据美国陆军于2024年2月27日发布的《陆军部

---

　　① 本书中将包括国民警卫队及后备役(Reserve)部队在内的非现役武装部队统称为预备役力量。

队结构转型》(*Army Force Structure Transformation*)白皮书,陆军将调整战区力量部署,完成 5 支(已有 3 支)战区级多域特遣部队的建设,其中第一支和第三支作战任务面向印太方向。除多域特遣部队外,美国陆军也在加速组建战区级信息战分队,并利用人工智能技术强化网络防御,以加强信息域作战能力。根据 2024 年 2 月底批准的兵力结构转型计划,美国陆军将组建 3 个战区信息优势分队(TIAD),其中一个专注于太平洋,一个专注于欧洲,另一个是陆军网络司令部的跨地区组织。TIAD 将在战区层面同步信息能力,预计将与战区陆军保持一致,并与多域特遣部队和远征网络团队等其他战区级机构协调。TIAD 的关键技能包括网络空间和电子战行动、民政行动、心理行动、信息行动、军事欺骗、行动安全和公共事务。TIAD 将使指挥官增强对跨区域威胁行为者在信息空间活动的态势感知,同时根据授权和指示来规划和投送针对上述威胁的信息效果。每个 TIAD 将配备 65 名士兵,预计将在 2025 财年末启动,在 2026 财年中期形成初始作战能力。

(三)相关网络空间作战力量简介

根据美国陆军网络司令部官网信息,其下属网络空间作战力量及各自主要职能为:美国陆军网络企业技术司令部担负国防部信息网络运维任务;网络保护旅、第 91 网络旅以及后备役网络保护旅承担防御性网络空间作战任务;网络空间联合部队总部①(向美国中央司令部、美国非洲司令部和美国北方司令部提供进攻性网络作战)、第 780 军事情报旅(陆军)(提供进攻性网络作战力量)、第 11 网络营(隶属于第 780 军事情报旅(陆军),训练并向军及以下部队部署网络电磁行动分队)担负进攻性任务;第 1 信息作战司令部、美国陆军民政和心理作战司令部及其下属的第 151 战区信息作战大队(美国陆军后备役唯一的战区信息作战大队)、第 71 战区信息作战大队(隶属得克萨斯州国民警卫队)、第 56 战区信息作战大队(隶属华盛顿州国民警卫队)负责信息作战(如心理战、军事欺骗等);网络军事情报大队负责提供情报。主要作战力量如下。

1. 第 1 信息作战司令部

第 1 信息作战(IO)司令部是陆军唯一的现役信息作战旅级单位,由总部(含 S-1 人事参谋组、S-2 情报参谋组、S-3 作战参谋组、S-4 后勤参谋组、S-6 通信参谋组、军法官、资源管理组和合同管理组等)、总部直属队(HHD)、两个信息作战营以及预备役组成。司令部总部位于弗吉尼亚州贝尔沃堡,指挥官为陆军上校级别,其组织架构如图 3-8 所示。

第 1 信息作战司令部的任务是在全球范围内组织、训练和部署多功能信息作战部队,为陆军、作战指挥官提供全球性信息作战和网络空间作战支持,确保信息优势,其下属单位组成和职能如下。

(1)第 1 信息作战营:负责对现役和预备役部队的多个远征信息作战部队进

---

① 应为网络空间联合部队总部(陆军)。

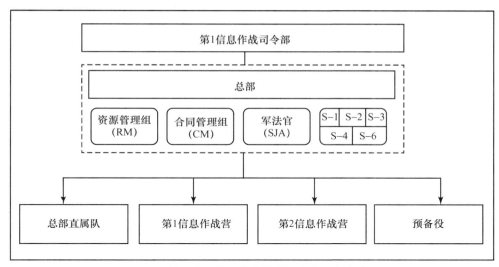

图 3-8 美国陆军第 1 信息作战司令部组织架构图

行培训和全球部署,协助制订信息战计划,利用社交媒体等开源信息,分析部队面临的信息环境态势,以保障作战安全,全面支持陆军、联合特遣部队和作战司令部。

(2)第 2 信息作战营:负责在全球范围内部署多功能的信息作战团队,通过部署的计算机网络作战(CNO)支持团队来计划、同步和执行陆军计算机网络作战,确保近距离和远程网络访问,以改善部队在复杂信息环境中的战备水平。

此外,第 1 信息作战司令部部署了各种任务专职型团队以支持各类专项任务,主要有信息作战现场支援团队(FST)、信息作战漏洞评估团队(VAT)、作战安全(OPSEC)支持要素(OSE)、信息战/网络对抗部队、陆军信息作战中心(AIOC)、专业的信息作战培训团队等。

2. 第 780 军事情报旅

第 780 军事情报旅于 2011 年 12 月 9 日正式成立,总部位于马里兰州米德堡,编制人数约 1800 人,下辖第 781、第 782 军事情报营以及第 11 网络营,指挥官为陆军上校级别。第 780 军事情报旅主要负责陆军进攻性网络空间行动,包括信息情报采集、动态防御、网络攻击等任务,为国家和作战司令部的进攻性网络空间作战需求提供部队,并维护陆军的网络空间作战基础设施。

第 781 军事情报营位于马里兰州米德堡,成立于 2008 年 7 月 2 日,最初叫作陆军网络作战营,负责向陆军旅战斗队提供战术支持。

第 782 军事情报营则位于佐治亚州艾森豪威尔堡,下辖陆军全部 8 支战斗任务分队和 6 支战斗支援分队,主要与第 706 军事情报组合作开展工作。

第 11 网络营(前身为第 915 网络战营),成立于 2022 年 12 月,按计划目前已建有 5 支网络电磁行动分队(Expeditionary Cyber Teams,ECT),并计划于 2027 年 9

月前设置 12 支,以增强军及以下单位的网络、电磁战和信息作战能力,弥补战术部队和网络司令部之间的鸿沟,为陆军战术指挥官提供更强的网络作战能力。网络电磁行动分队具备增强的电子战和网络战能力,主要负责通过无线电频率效应支持战术、地面网络作战、电子战和信息作战,可直接配属于旅战斗队,为其提供即时的战术网络攻击能力。

(四) 网络空间防御作战力量详情

陆军网络司令部所属网络防御作战力量主要有如下几部分。

1. 网络保护旅

美国陆军网络保护旅(CPB),又成为"猎人旅",成立于 2014 年 4 月 2 日,总部位于佐治亚州艾森豪威尔堡,指挥官为陆军上校级别。网络保护旅是一支网络空间内的机动力量,通过狩猎特定威胁阻断和慑止敌方的进攻性网络空间行动,其使命是整合网络防御行动,快速评估网络安全态势,并及时采取行动应对网络突发情况,以击败网络空间威胁,保卫陆军和国防部网络。不同于传统的陆军信号部队,网络保护旅并不负责网络的运行维护,而是专注于动态防御,通过对网络空间威胁的实时监控,并结合情报部门信息,保护陆军关键基础设施。

在组织架构上,网络保护旅下辖陆军全部 20 支现役网络保护分队,最初下设第 1 网络营和第 2 网络营。第 60 信号营(进攻性网络作战),又称为"胜利营",于 2021 年 10 月成立,2022 年 3 月归隶于网络保护旅。

2. 网络企业技术司令部①

网络企业技术司令部(NETCOM)是陆军单一信息技术服务提供者,也是陆军开展网络运维和防御的主要作战力量。司令部总部设在亚利桑那州华楚卡堡,指挥官同时兼任陆军网络司令部负责网络运维和防御作战的副司令,为陆军少将级别。目前,该司令部下辖第 2 信号旅、第 7 信号司令部(战区)、第 311 信号司令部(战区)、第 335 信号司令部(战区),总计约 16000 名现役、文职和承包商,部署在全球 22 个国家,为陆军、联合部队和盟国部队提供信息通信支持。其组织架构如图 3-9 所示。

(1) 第 7 信号司令部(战区)。

第 7 信号司令部(战区)成立于 2008 年 7 月,总部位于佐治亚州艾森豪威尔堡,由美国陆军部队司令部(FORSCOM)进行作战控制,指挥官为陆军准将级别。第 7 信号司令部(战区)负责美国本土陆军网络的集成、安全和防御,通过美国本土的 37 个网络企业中心(Network Enterprise Centers, NEC)为陆军部队提供网络服务、数据和应用接入。并且该司令部是负责国防部信息网络——陆军部分(本土)运维和防御的唯一司令部,下辖本土区域网络中心(RCC-C)、第 21、第 93、第 106 信

① 雷长誉. 美国陆军战略信息部队编制体制情况一览[J]. 知远防务评论,2019(7),21-39.

号旅以及两个战区网络作战与安全中心（TNOSC）。其组织架构如图 3-10 所示。

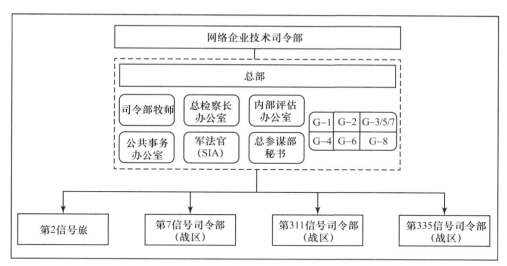

图 3-9 美国陆军网络企业技术司令部组织架构图

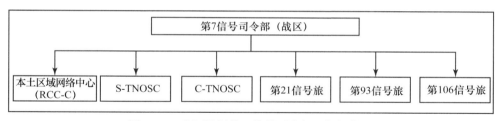

图 3-10 美国陆军第 7 信号司令部组织架构图

① 第 21 信号旅于 2003 年 10 月 16 日组建,位于马里兰州德特里克堡,指挥官同时兼任陆军部队司令部 G-6 职务,为陆军上校级别。第 21 信号旅主要负责运维战略卫星,支持国家指挥机构以及陆军南方司令部,其组织架构如图 3-11 所示,下辖单位有:

第 56 通信营位于得克萨斯州圣安东尼奥拉克兰联合基地,负责安装、操作、维护和管理国防通信设施,为美国南方司令部、美国陆军南方司令部等提供信息通信支持。

第 114 通信营位于宾夕法尼亚州亚当斯县,负责企业服务和网络防御,确保国防部和国家军事指挥中心指挥控制正常运转。

第 302 通信营位于马里兰州德特里克堡,负责运维和防护国防部信息网络系统,为总统、国防部部长、参谋长联席会议、作战指挥官和其他联邦机构提供支持。

② 第 93 信号旅于 2008 年 7 月 14 日重新列入陆军编制,位于弗吉尼亚州尤

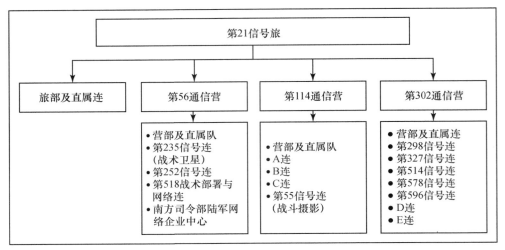

图 3-11 美国陆军第 21 信号旅组织架构图

斯蒂斯堡,指挥官为陆军上校级别,负责指挥美国东部的网络企业中心,以运维和防护美国本土东部的陆军网络。

③ 第 106 信号旅于 2008 年 7 月 16 日重新列入陆军编制,位于圣安东尼奥-拉克兰联合基地,指挥官为陆军上校级别,负责指挥位于美国西部的网络企业中心,运维和保护美国本土西部的陆军网络。

(2)第 2 信号旅。

第 2 信号旅原隶属于第 5 信号司令部,2017 年 8 月,第 5 信号司令部撤销后,欧洲和非洲的信息通信业务全部由第 2 信号旅承担。第 2 信号旅位于德国威斯巴登埃尔本海姆,指挥官为陆军上校级别,负责管理国防部信息网络,以支持欧洲司令部、非洲司令部。目前,第 2 信号旅下辖第 39 战略通信营、第 44 远征通信营、第 52 战略通信营、第 102 战略通信营、第 509 战略通信营、第 6981 民事支援组,以及欧洲区域网络中心,其组织架构如图 3-12 所示。

① 第 39 战略通信营位于比利时谢夫尔空军基地,负责在比利时、荷兰、卢森堡、英国、法国和德国北部建立、运行、防御网络,为陆军、联合部队、多国部队提供任务指挥支持。

② 第 44 远征通信营位于德国鲍姆霍尔德,根据命令,在任何时间、任何地点建立、运行和防御任务指挥系统和网络,以支持作战行动。

③ 第 52 战略通信营位于德国斯图加特,负责建立、运行并防御网络基础设施,为欧洲陆军、非洲陆军、联合部队和多国部队提供灵活的任务指挥手段。

④ 第 102 战略通信营位于德国威斯巴登,任务是建立、运行和防御通信基础设施、信息系统和服务,为任务指挥提供支持。

⑤ 第 509 战略通信营位于意大利维琴察,负责在意大利、巴尔干半岛、黑海地

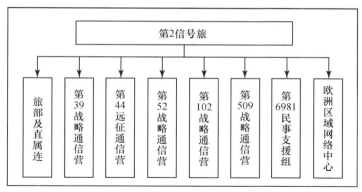

图 3-12　美国陆军第 2 信号旅组织架构图

区、北约和非洲建立、运行、维护和保护国防部信息网络。

⑥ 第 6981 民事支援组位于德国格默斯海姆,由文职人员组成,任务是在欧洲战区进行网络升级、安装或维修线缆。

(3) 第 311 信号司令部(战区)。

第 311 信号司令部(战区)是陆军太平洋司令部的指定战区信号司令部,同时,也是美国陆军后备役司令部(USARC)的下属机构,在军令关系上受美国陆军太平洋司令部的作战控制,在军政关系上由网络企业技术司令部和美国陆军后备役司令部管理和保障。第 311 信号司令部指挥官同时兼任美国陆军太平洋司令部的副参谋长、G-6、太平洋地区区域首席信息官、国土防御联合特遣部队 J-6 等职务,为陆军准将级别。

第 311 信号司令部(战区)现有 3000 多名现役、预备役和文职人员,总部位于夏威夷沙夫特堡,下辖第 1 信号旅、第 516 信号旅,广泛分布于阿拉斯加州、韩国、夏威夷州、加利福尼亚州等,其组织架构如图 3-13 所示。

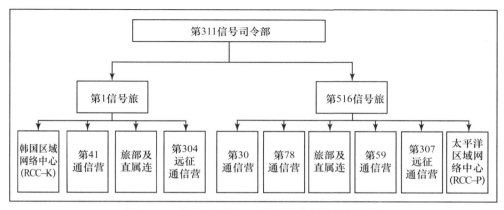

图 3-13　美国陆军第 311 信号司令部组织架构图

59

① 第 1 信号旅。第 1 信号旅位于韩国平泽市汉弗莱斯营,指挥官为陆军上校级别,负责部署、维护、操作国防通信系统,为驻韩美军提供通信支持,下辖第 41 通信营、第 304 远征通信营,以及韩国区域网络中心(RCC-K)。其中韩国区域网络中心是陆军 5 个区域网络中心之一,于 2013 年由原韩国网络作战与安全中心(TNOSC)与韩国区域计算机应急响应中心(RCERT)合并而来。美国陆军第 1 信号旅组织架构如图 3-14 所示。

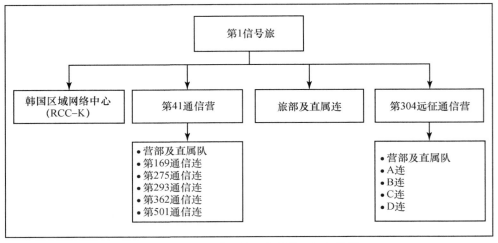

图 3-14　美国陆军第 1 信号旅组织架构图

第 41 通信营下辖 5 个连队,负责为朝鲜半岛的联合国司令部、联合部队司令部、美国驻韩部队以及第 8 集团军提供通信支持。

第 304 远征通信营下辖 4 个连队,其任务是为联合国司令部、联合部队司令部、美国驻韩队、第 8 集团军和朝鲜半岛非国防部美国政府组织提供战术通信支持。

② 第 516 信号旅。第 516 信号旅位于夏威夷州沙夫特堡,指挥官为陆军上校级别,主要为美国陆军太平洋司令部提供可靠的战略战术网络。目前第 516 信号旅下辖第 30 通信营、第 59 通信营、第 78 通信营、第 307 远征通信营以及太平洋区域网络中心(RCC-P),如图 3-15 所示。

其中,第 30 通信营位于夏威夷州,负责为美国太平洋战区陆军司令部、美国陆军驻夏威夷部队提供信息系统与管理服务。

第 59 通信营位于阿拉斯加州埃尔门多夫·理查德森联合基地,配属给陆军阿拉斯加司令部,负责为阿拉斯加境内的联合部队和美国陆军提供任务指挥和战略通信支持。

第 78 通信营位于日本神奈川县的扎马店,配属给陆军日本司令部,负责为日本地区的陆军提供远征通信能力,以实现任务指挥和信息优势。

第307远征通信营位于夏威夷州,支持快速部署,为美国陆军以及联合部队提供安全可靠的远征通信,以支持全谱和战区作战。

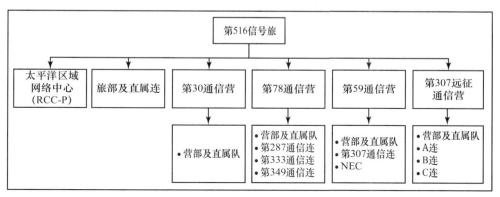

图3-15 美国陆军第516信号旅组织架构图

3. 陆军网络作战和一体化中心

陆军网络作战和一体化中心(ACOIC)驻马里兰州米德堡,是陆军网络司令部指挥、控制与同步的主要机构,是陆军网络空间作战的指挥控制中心,下设10个部门,分别为联络处(G30)、战略技术处(G31)、情报处(G32)、当前作战处(G33)、能力评估处(G34)、计划与实施处(G35)、未来作战处(G36)、目标定位处(G37)、网络企业技术司令部现实作战处(G38)和信息作战处(G39)。其具体职能如下:指导陆军一体化网络防御,包括防护、探测、响应、监控和分析;提供一体化通用作战图,支持陆军网络空间作战行动;管理并向陆军部队转发敌军态势感知;向美国网络司令部提供陆军网络空间作战/情报态势感知;向相关陆军网络空间机构提供情报、监视与侦察资源状态报告;发布命令、指令、任务等,遂行陆军网络司令部指挥控制。此外,该中心有25人常驻美国网络司令部联合参谋机构,以保证与美网络司令部间的密切协作。

二、陆军预备役网络防御作战力量

陆军重视陆军国民警卫队和后备役网络防御作战力量建设,并突出其支援和协调功能。针对网络作战力量的发展问题,陆军认为预备役部门可以协助现役部队分担部分任务,能够在必要时迅速提供具备较高训练水平的增援力量。因其独特的双重法律定位,陆军国民警卫队可以发挥各州与联邦政府机构、民事与军事组织、私营与公共部门之间的桥接作用,"具备发展网络空间能力的天然优势"。因此,陆军在网络作战力量发展过程中注重相关预备役组织的建设。

当前,陆军正在构建21支预备役职能(RC)网络保护分队,其中包括10支美国陆军后备役(USAR)分队和11支陆军国民警卫队(ARNG)分队,使陆军网络任务部队总数达到62支。这些预备役职能网络保护分队的联合训练标准将与现役职能分队相同,最终将整合进入陆军总体的网络任务部队。预备役职能网络保护分队构建初期,受到"持续决议案"的影响,使得陆军国民警卫队网络保护分队建设延期。目前21支预备役职能网络保护分队仍在建设中。

(一)陆军国民警卫队

陆军国民警卫队网络空间作战力量基本隶属于陆军国民警卫队第91网络旅。第91网络旅成立于2017年9月,总部位于弗吉尼亚州贝尔沃堡,下辖5个网络保护营,总人数约950人,遍布在美国31个州。5个网络保护营分别为弗吉尼亚州费尔法克斯陆军国民警卫队第123、第124网络保护营,南卡罗来纳州哥伦比亚陆军国民警卫队第125网络保护营,马萨诸塞州贝德福德陆军国民警卫队第126网络保护营以及印第安纳州印第安纳波利陆军国民警卫队第127网络保护营。

目前每个网络保护营编有四个下属连队,即一个网络安全连、一个网络作战连和两个网络保护分队。其中,网络安全连编制35人,下辖网络安全小组、网络安全支持小组和关键基础架构小组,负责进行漏洞评估、取证分析、关键基础架构评估与支持;网络作战连编制32人,下辖有网络战小组、网络分析小组和网络支持小组,负责网络作战支持、网络战行动以及网络空间情报、监视和侦察;网络保护分队编制39人,负责在军事网络空间进行防御性网络空间作战,根据联邦和州法律,可能会担负网络指挥准备检查、脆弱性评估、网络作战力量支持、关键基础设施评估、战区安全合作活动支持,培训支持以及咨询与援助等任务。

第91网络旅同时也负责支援美国陆军第一支陆军国民警卫队(ARNG)网络特遣部队——回声特遣部队(Task Force-Echo)。该特遣部队是有史以来最大规模的预备役网络部队调动,在第780军事情报旅下运行,为美国网络司令部提供网络空间作战支持。

此外,2014年6月,陆军国民警卫队和美国陆军网络司令部签署了一项谅解备忘录,将陆军国民警卫队第1636网络保护分队纳入陆军网络司令部的指挥和控制之下,处于全时服役状态,将与陆军网络司令部其他现役部队共同接受同等标准的训练,并共同执行所有类型的任务。

(二)陆军后备役

陆军后备役网络空间作战力量主要包括第335信号司令部(战区)及其所属力量,核心是陆军后备役网络保护旅。第335信号司令部(战区)是一个由4000多名现役士兵和预备役士兵组成的陆军预备役性质的司令部,其主要任务是规划、设计、安装、操作、维护、防御和保卫国防部信息网络的陆军部分,为陆军第3集团军、美军中央司令部提供网络和通信支持。

第335信号司令部(战区)成立于1953年2月13日,总部位于佐治亚州,指挥官为陆军准将级别。自成立以来,该司令部历经了多次改组,目前在军政关系上受陆军预备役司令部管理,在军令关系上受美国中央司令部作战指挥以及陆军网络企业技术司令部作战控制。

自 2014 年开始,第 335 信号司令部(战区)开始承担美国陆军后备役网络功能司令部的角色。2015 年 10 月 1 日,第 335 信号司令部(战区)进行了一项重大重组,移交出所有化学、生物、放射和核(CRBN)单位,编入原陆军后备役网络作战大队以及网络司令部、国防信息系统局和第一信息作战司令部各自的陆军后备役组成部分。目前第 335 信号司令部(战区)广泛分布于美国 14 个州,下辖第 359 战区战术信号旅、第 505 战区战术信号旅、陆军后备役网络保护旅等力量。

其中,第 359 战区战术信号旅位于佐治亚州艾森豪威尔堡,负责在全世界范围安装、管理、监视和防御战区级通信和网络系统,下辖第 324、第 392 远征通信营,以及第 982 战斗摄影连,如图 3-16 所示。

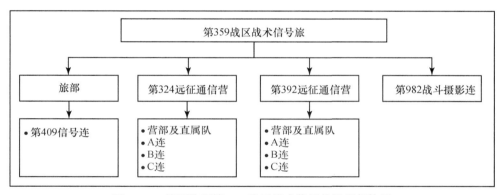

图 3-16　美国陆军第 359 战区战术信号旅组织架构图

第 505 战区战术信号旅位于内华达州拉维加斯,负责安装、操作、维护、保护国防部信息网络通信,为指定部队提供网络规划和工程支持,以支持战区、陆军统一作战,下辖第 98、第 319 远征通信营,如图 3-17 所示。

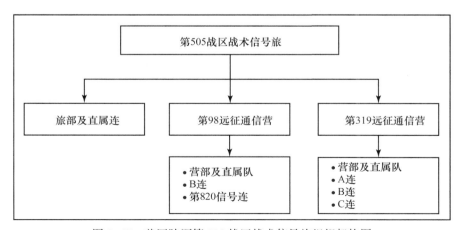

图 3-17　美国陆军第 505 战区战术信号旅组织架构图

陆军后备役网络保护旅,于 2019 年 7 月由原陆军后备役网络保护大队升格而来,其前身为 2016 年 10 月成立的陆军后备役网络作战大队。陆军后备役网络保护旅驻于马里兰州阿德菲,下辖陆军后备役 10 支网络保护分队及美国本土 5 个区域性的保护中心(首都地区、东北、北部、西部、西南部),负责提供训练有素的网络保护分队,并执行网络空间作战。

此外,"9·11"事件后第 335 信号司令部(战区)在科威特设立了第 335(战区)信号司令部(临时),于 2005 年被指定为临时司令部,由美国陆军中央司令部控制。第 335 信号司令部(战区)(临时)总部位于佐治亚州东部,由 2000 多名现役、文职和承包商组成,负责西南亚地区国防部信息网络中陆军部分的规划、施工、安装、维护和防御,为位于西南亚 11 个国家 30 多个地点的联军和联合部队提供通信服务。同时,陆军西南亚区域网络中心(RCC-SWA)也位于科威特阿里夫詹营,第 335 信号司令部(战区)(临时)下属网络作战力量进驻该中心执行支持任务。

第三节 美国空军网络空间防御作战力量

美国空军网络空间作战力量主要由空军网络司令部/第 16 航空队及其下属部队与空军预备役中的网络空间作战力量组成。美国空军第 16 航空队是 2019 年 10 月 11 日新组建的作战单位,由空战司令部原第 24 航空队和原第 25 航空队合并而成。第 16 航空队的组建是为适应现代数字化、网络化和智能化发展趋势的要求,是美空军网络部队朝着一体化、集成化方向转型的重要标志。

一、空军网络司令部/第 16 航空队

(一) 基本情况

空军网络司令部(AFCC)总部位于得克萨斯州圣安东尼奥拉克兰联合基地,现任指挥官为空军中将凯文·B. 肯尼迪(网络司令部前运营总监),番号为第 16 航空队。2024 年 2 月 12 日,美空军部长宣布,第 16 航空队提升至一级司令部级别,在军政关系上由空军直接管理,在军令关系上作为军种网络司令部受美国网络司令部的指挥。空军网络司令部的使命任务是构建、运行、维护和保护空军信息网络以确保作战人员开展军事行动时保持信息优势,同时承担网络攻击任务,为空军、联合部队和国家提供全球网络空间全频谱作战能力。

第 16 航空队由原第 24 航空队和第 25 航空队合并而成,同时将原隶属于第 12 航空队的第 557 气象联队编入,是美国空军全球情报、监视和侦察、网络、电子战及信息战行动的唯一专职作战部门。目前,第 16 航空队下辖第 557 气象联队,第 9 侦察联队,第 319 侦察联队,第 55 联队,第 70 情报、监视与侦察联队,第 363 情报、监视与侦察联队,第 480 情报、监视与侦察联队,第 668 网络空间联队,第 67

网络空间联队等 9 个联队,以及指挥机构第 616 作战中心,共有约 4.4 万空军官兵和文职人员,其组织架构如图 3-18 所示。

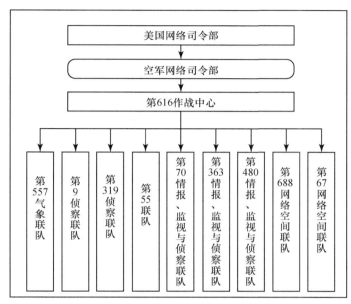

图 3-18　美国空军网络司令部组织架构图

（二）历史沿革

在美军各军种中,空军最早开始组建网络空间作战指挥机构。2005 年 12 月 7 日,时任美国空军秘书长迈克尔·韦恩和参谋长迈克尔·莫斯利将军公布新的空军使命,其中声明:"美国空军的使命是为保卫美利坚合众国及其全球利益,提供在空中、太空和网络空间飞行和作战的主权选择",这是美国空军首次将网络空间任务纳入空军基本任务声明。

2006 年 9 月 6 日,时任美国空军秘书长迈克尔·韦恩和参谋长迈克尔·莫斯利将军签署一份联合备忘录,命令空军教育与训练司令部、空战司令部和空军航天司令部给出关于"网络空间作战司令部"的方案,空军装备司令部则负责制定相关研究发展和采购战略,标志着美国空军开始尝试建立网络空间作战指挥机构。

2007 年 9 月 18 日,美国空军启动"空军临时网络司令部",以期望在 2008 年 10 月正式成立;2008 年 8 月,宣布计划推迟;同年 10 月,宣布在航天司令部下新成立一个编号航空队,即第 24 航空队,取代临时网络司令部,行使计算机网络安全防护和网络空间作战相关职能。2009 年 8 月 18 日,第 24 航空队正式重组成立,成为空军对口的网络空间作战指挥实体,并于 2010 年 1 月 22 日具备初始作战能力;于 2010 年 10 月 1 日具备完全作战能力。

此后,第 24 航空队主要经历了两次较大规模的结构调整,为空军网络空间作战力量定下基本组织架构。

一是 2013 年 9—10 月,根据 2013 年总统财政预算直接撤销空军作战通信团的决议,空军缩减部署的通信能力,以配合空军作战部队规模的缩小。具体调整措施是:撤销第 689 作战通信联队,其下属的空军现役两个战斗通信大队中,第 3 战斗通信大队予以裁撤,第 5 战斗通信大队独立负责空军战斗通信任务,重新编制为直接数据通信单位,直属于第 24 航空队;第 67 网络战联队(67th NWW)和第 688 信息战联队(688th IOW)更名为"网络空间联队(CW)";两个联队下属的第 67 网络战大队(67th NWG)、第 26 网络作战大队(26th NOG)、第 690 网络支持大队(690th NSG)和第 318 信息战大队(318th IOG)统一更名为"网络空间作战大队(COG)"。

二是 2018 年 6 月,因美国国防部网络任务部队的成立与作战能力生成,空军网络空间作战力量进行了大规模调整,进而形成原第 24 航空队最新的组织架构。此次调整主要包括:第 5 战斗通信大队由航空队直属划归第 688 网络空间联队;第 26 网络空间作战大队和第 690 网络空间作战大队由第 67 网络空间联队转隶第 688 网络空间联队;第 318 网络空间作战大队由第 688 网络空间联队转隶于第 67 网络空间联队;第 67 网络空间联队内成立第 567 网络空间作战大队。2022 年 4 月,美空军第 688 网络空间联队正式组建第 692 网络空间作战中队,负责防护空军网络(AFNeT)、空军机密网络(AFNeT-S)、联合全球情报通信系统(JWICS)以及现在的特殊访问计划(SAP)体系网络,进一步提升网络空间领域协作和作战能力。

为适应数字化、智能化、网络化发展需求,2017 年 10 月,美空军第 24 航空队司令表示,美空军正在评估将第 24 航空队与第 25 航空队合并,成立"信息战航空队"。其中,第 25 航空队负责情报、侦察与监视任务,隶属于空战司令部。在美国空军网络司令部中,占比约 60%的网络人员来自第 24 航空队,而 40%的情报人员则来自第 25 航空队。2018 年 7 月,为便于和第 25 航空队合作,整合网络空间作战和空中作战,提升多域作战能力,第 24 航空队由空军航天司令部划归空战司令部统管。

2019 年 3 月,美国空军开始计划创建一个新的信息战编号空军部队。同年 10 月 11 日,美国空军第 24 航空队、第 25 航空队撤编,同时并入新成立的第 16 航空队,第 16 航空队同时作为空军网络司令部的番号部队。2020 年 3 月,第 16 航空队开始将原分别隶属于第 24、第 25 航空队的第 624 和第 625 作战中心合并为第 616 作战中心。2020 年 7 月,时任第 16 航空队指挥官蒂莫西·霍(现任美国网络司令部司令)宣布第 16 航空队形成完全作战能力。

2024 年 2 月 12 日,空军部长宣布将第 16 航空队提升至一级司令部,旨在从网络领域开展竞争并取得胜利。

（三）相关网络空间作战力量简介

空军网络司令部/第16航空队集成了情报、监视和侦察、网络、电子战以及信息行动等多项职能，其中第16航空队所属网络空间作战力量主要有第67网络空间联队和第688网络空间联队，以及负责作战指挥协调的第616作战中心。

1. 第616作战中心

第616作战中心位于得克萨斯州圣安东尼奥拉克兰联合基地，是一个全时运作机构，该作战中心由现有的第624和第625作战中心合并而成，主要任务是集成各作战中心的网络空间、电子战、情报、监视与侦察等多种能力，以简化作战计划的制定流程，并更好地支持作战人员的决策。该中心是美国空军网络空间作战的指挥控制和协调中枢，注重于战役层面的行动指挥，通过第16航空队接受美国网络司令部下达的命令和任务，然后向航空队下属单位下发任务，并向航空队总部汇报，进而执行各种网络任务，以支持空军和联合部队指挥官。此外，该中心运营有空军的"网络指挥和控制任务武器系统"（C3MS）。

2. 第67网络空间联队

第67网络空间联队总部设在得克萨斯州圣安东尼奥拉克兰联合基地，指挥官为空军上校级别。第67网络空间联队作为空军第一支网络战联队，在网络信息作战领域具有悠久的历史。1993年10月1日，联队重组为第67情报联队（67 IW），作战任务由空战转为执行美国空军情报局的全球信息行动；2000年，联队被重新指定为第67信息战联队（67 IOW），通过截获、利用和攻击对手的信息系统实施信息作战，同时负责保护自己的信息系统，以获取信息优势；2006年，该联队成为空军首个网络战联队，2009年8月由空战司令部调整入空军网络司令部（由第8航空队转隶于第24航空队），2013年10月更名为现名称。2020年9月18日，第867网络作战大队成立，原第70情报、监视、侦察联队，第659联队情报、监视、侦察大队所属第41和第75情报中队分别转型为第341和第375网络空间作战中队，并分别转隶至第67和第867网络空间作战大队。目前联队有超过2000名现役、文职人员和雇员，辖有第67、第318、第567和第867网络空间作战大队（见图3-19）。其任务是为空军、联合作战司令部以及其他国家机构提供网络运维、防御、进攻和开发等能力支撑。其中第67网络空间作战大队担负了网络进攻任务，编有空军负责组建的网络任务部队中负责网络进攻任务的8支战斗任务分队和4支国家任务分队；第318网络空间作战大队负责网络开发、测试和运营，并提供网络培训业务，编有负责网络进攻支援的2支国家支援分队和5支战斗支援分队。

3. 第688网络空间联队

第688网络空间联队总部位于得克萨斯州圣安东尼奥拉克兰联合基地，指挥官为空军上校级别。该联队自成立以来逐步从情报领域向电子战领域再向信息战领域转型，并最终在2009年由"空军信息作战中心"（AFIOC）转变为第688信息战联队，并入空军网络司令部，2013年10月更名为现名称。联队目前有超过

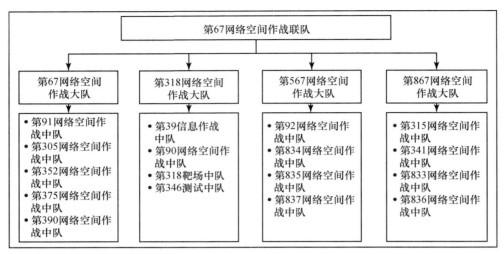

图 3-19　美国空军第 67 网络空间联队组织架构图

3300 名现役、文职人员和雇员,主要辖有第 26 和第 690 网络空间作战大队、第 38 网络空间工程安装大队、第 688 作战支援中队和第 5 战斗通信大队(见图 3-20),分布在全球 15 个点位。该联队主要担负空军战术通信网络的安装部署、网络运维和安全防御等职能,持续开展入侵检测、数据保护和漏洞评估,为空军部队提供工程安装和安全支持能力。其中第 38 网络空间工程安装大队负责为网络空间运营提供灵活的基础设施;第 5 战斗通信大队负责运营复杂网络、交换机和基础通信设备,为用户提供关键语音和高速数据通信服务。4 月,第 688 网络空间联队启动第 692 网络空间作战中队,以整合特殊访问计划(SAP)体系信息技术操作,增强空军的安全和能力。新部队将有助于建立协同效应,并分享在非机密、机密和高度敏感的网络上执行类似任务的团队最佳经验。随着该中队的启用,第 688 网络空间联队将在所有密级网络提供网络安全和运营,包括空军网络(AFNeT)、敏感空军(AFNeT-S)、联合全球情报通信系统(JWICS)以及现在的 SAP 体系网络。

(四) 网络空间防御作战力量详情

空军网络司令部/第 16 航空队所属网络空间防御作战力量主要有第 67 网络空间联队下属的第 567、第 867 网络空间作战大队和第 688 网络空间联队下属的第 690、第 26 网络空间作战大队。

1. 第 567 网络空间作战大队

第 567 网络空间作战大队的总部位于伊利诺伊州斯科特空军基地,指挥官为空军上校级别。主要使用空军"网络空间脆弱性评估/猎人武器系统"(CVA),负责计划并执行网络防御任务,保护关键网络与资产,保持网络空间防御战术、技术和程序的先进性,确保行动自由并拒止敌人。大队目前约有 680 名现役、文职人员和雇员,是空军负责组建的网络防护分队的主体部分,在由第 67 联队所属的第

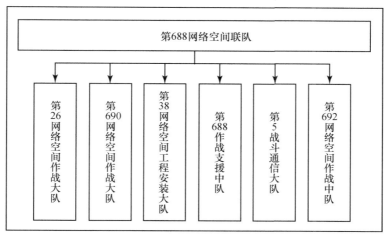

图 3-20　美国空军第 688 网络空间联队组织架构图

67 作战支援中队提供的训练、情报支持下执行专业网络防御任务,下辖以下 4 个作战中队。

（1）第 92 网络空间作战中队。该中队位于得克萨斯州圣安东尼奥拉克兰联合基地,由大约 60 名现役、55 名文职和 50 名合同雇员组成,其使命任务是通过网络空间脆弱性评估和通信安全评估来确保空军和国防部的任务。该中队负责组织、培训和装备 3 支网络保护分队,为美国网络司令部和其他作战司令部提供力量。

（2）第 834 网络空间作战中队。该中队位于得克萨斯州圣安东尼奥拉克兰联合基地,由大约 120 名现役、文职人员和合同雇员组成,其使命任务是开发和利用网络保护团队在保卫空军和国防部关键任务领域的独特优势。该中队负责组织、培训和装备 3 支网络保护分队,为美国战略司令部和美国北方司令部的全球行动提供迅速、精准的防御任务保障。

（3）第 835 网络空间作战中队。该中队位于伊利诺伊州斯科特空军基地,由大约 100 名现役、文职人员和合同雇员组成。其使命任务是保护空军和国防部重要基础设施和任务系统。该中队负责组织、培训和装备 3 支网络保护分队,由空军本军种保留。

（4）第 837 网络空间作战中队。该中队位于伊利诺伊州斯科特空军基地,由大约 120 名现役、文职人员和合同雇员组成,其使命任务是通过防御性网络空间作战提供任务保证。该中队负责组织、培训和装备 3 支网络保护分队,为美国运输司令部提供防御支持。

2. 第 867 网络空间作战大队

总部位于圣安东尼奥拉克兰基地,指挥官为空军上校级别。该大队成立于 2020 年 9 月 18 日,下辖第 315、第 341、第 833 和第 836 四个网络空间作战中队,其中第833、第836和第315网络空间作战中队分别从联队内的第567和第67网络空间作战大队转隶而来,以理清空军网络攻防以及情报搜集任务之间的界面。

（1）第833网络空间作战中队。该中队位于得克萨斯州圣安东尼奥拉克兰联合基地,由大约120名现役、文职人员和合同雇员组成。该中队负责组织、培训和装备3支网络保护分队,向国家网络任务部队提供力量。

（2）第836网络空间作战中队。该中队位于得克萨斯州圣安东尼奥拉克兰联合基地,由大约120名现役、文职人员和合同雇员组成。该中队与第833网络空间作战中队任务一致,同样负责组织、培训和装备3支网络保护分队,向国家网络任务部队提供力量。

（3）第341网络空间作战中队位于马里兰州米德堡。

（4）第315网络空间作战中队位于马里兰州米德堡。

3. 第690网络空间作战大队

该大队总部位于得克萨斯州圣安东尼奥拉克兰联合基地,指挥官为空军上校级别,主要使用空军"网络空间安全和控制武器系统"（CSCS）运营和维护空军全球企业网络。第690网络空间作战大队主要辖有以下6个中队。

（1）第83网络作战中队。该中队位于弗吉尼亚州兰利-尤斯蒂斯联合基地,同时在俄亥俄州赖特-帕特森空军基地和马里兰州安德鲁斯联合基地设有运营地点,由大约367名现役、文职人员和合同雇员组成,其使命任务是使用"网络空间安全和控制武器系统",构建、运营、维护和保卫空军信息网络,以确保全球网络空间优势。具体任务包括目录和认证服务、监控、服务器存储和备份管理、基础设施与边界保护、客户端安全和漏洞管理。该中队接受空军预备役第51网络作战中队的支持以完成任务。

（2）第561网络作战中队。该中队位于科罗拉多州彼得森空军基地,同时在伊利诺伊州斯科特空军基地设有分队,由大约550名现役、文职人员和合同雇员组成,其使命任务是运营"网络空间安全和控制武器系统",确保非密和秘密网络的可用性和安全性;并且提供响应式作战支持,以保证全球109个基地的指挥和控制。该中队接受空军预备役第53网络战中队的支持以完成任务。

（3）第690网络支援中队。该中队位于得克萨斯州圣安东尼奥拉克兰联合基地,其使命任务是提供空中信息网络运行的企业态势感知,以便全方位保证空军在行动中完成任务。此外,该中队操作"网络空间安全和控制武器系统",为6个网络空间作战和网络战中队提供战术指挥和控制。

（4）第690网络空间作战中队。该中队位于夏威夷珍珠港希卡姆联合基地,其使命任务是使用"网络空间安全和控制武器系统",构建、运营、维护和保卫空军信息网络,提供集中的网络空间防御和任务保障,以确保全球网络空间优势。此外,该中队通过目录和身份验证、监控、服务器存储和备份管理、基础架构和电话语音功能等核心服务为太平洋空军的50000多名用户提供直接支持。第690网络空间作战中队下辖有 6 支网络保护分队。

（5）第 690 情报支援中队。该中队位于得克萨斯州圣安东尼奥拉克兰联合基地，编有 100 人，其使命任务是确保机密情报网络运行，使空军、联合部队和情报机构能按时完成战斗指挥官指令。该中队还负责维护空军联合全球情报通信系统和基地部队的涉密互联网协议路由器网络（SIPRNET），为原第 24 和第 25 航空队基地、空军安装和任务支持中心以及 30 多个任务合作伙伴的机密指挥、控制、通信、计算机、情报、监视和侦察能力提供支持。

（6）第 691 网络空间作战中队。该中队位于德国拉姆施泰因空军基地，由大约 200 名现役、文职人员和合同雇员组成，其使命任务是利用"网络空间安全和控制武器系统"确保全球网络空间优势和任务保障。具体任务包括实现目录服务、存储虚拟化、边界管理、基础架构构建、漏洞评估与修复、终端防护和监控，以保障秘密和非密网络空间的机密性、完整性和可靠性。

4. 第 26 网络空间作战大队

该大队总部位于得克萨斯州圣安东尼奥拉克兰联合基地，指挥官为空军上校级别，主要使用空军"网络空间防御分析武器系统"（CDA）、"网络防御武器系统"（ACD）和"内联网控制武器系统"（AFINC），开展防御性网络空间作战，下辖以下 3 个中队。

（1）第 26 网络作战中队。该中队位于亚拉巴马州马克斯韦尔空军基地，由大约 205 名现役、文职人员和合同雇员组成，实施全天候空军企业边界防御和网络运营。其使命任务是使用空军"内联网控制武器系统"和联合区域安全堆栈（JRSS），提供持续的运维、防御和安全服务支持，为空军核心任务提供安全保障。具体任务包括授权服务中断、边界保护、域名系统、电子邮件净化、系统管理、基础设施资产和变更管理、网络安全、漏洞管理、项目管理和 JRSS 服务迁移等。

（2）第 33 网络战中队。该中队位于得克萨斯州圣安东尼奥拉克兰联合基地，其使命任务是检测、响应和防止网络入侵。该中队使用"网络防御武器系统"，在空军保密和非密网络中提供集中的网络空间防御和任务保障，通过事件检测和响应、数字取证、网络和系统日志分析以及态势感知，为超过 100 万用户提供直接支持。

（3）第 68 网络战中队。该中队位于得克萨斯州圣安东尼奥拉克兰联合基地，由大约 90 名现役、文职人员组成，其使命任务是使用"网络空间防御分析武器系统"执行防御性网络空间行动，提供空军唯一的基于内容的防御性网络空间评估，以保护空军信息网络及其管理的数据。该中队在北卡罗来纳州、佛罗里达州和马里兰州设置三个作战地点，并与空军预备役第 51 网络作战中队和第 53 网络战中队合作执行任务。

2020 年 11 月，美空军第 26 网络空间作战大队指挥官表示，美空军计划将隶属于空军网络司令部下的第 690 网络空间作战大队（专注于网络运维）、第 26 网络空间作战大队(专注于安全行动)和第 38 网络空间工程安装大队进行重组,组建一个网络和安全作战大队。此次重组旨在快速实现网络运维人员和网络防御人员之间的融合,有利于作战团队进一步了解网络的构建和配置方式,更好地进行网络防御①。

二、空军预备役网络防御作战力量

美国空军预备役网络防御作战力量分为空军国民警卫队和空军后备役两部分,其中,空军预备役网络空间作战力量主要肩负网络防御、国防部信息网络运维等任务,少量承担进攻性网络空间作战任务的支援职能。

(一)空军国民警卫队

空军国民警卫队与陆军国民警卫队一样,在平时由各州政府指挥,战时则可由联邦政府调动转入现役。根据空军国民警卫队官方信息,其将网络空间作战任务归于其五大任务(飞行任务、地面支援任务、ISR 任务、特种作战和独特使命)中的 ISR 任务,并进一步区分为两部分,即网络作战任务与网络系统任务,可以将二者分别理解为防御性网络空间作战任务与网络运维任务。截至 2023年,空军国民警卫队相关网络空军作战力量分属于 13 个州的 14 个联队中,详情如下。

1. 华盛顿州空军国民警卫队第 194 联队

该联队位于华盛顿州默里营,是空军国民警卫队的第一个非飞行联队,战时归属空战司令部指挥。该联队目前任务包括网络空间作战、空中支援行动、任务支援和医疗支援,其中负责网络空间作战的主要是下属第 252 网络空间作战大队,包括第 143 网络空间作战中队(驻华盛顿默里营)、第 194 情报中队、第 242 战斗通信中队、第 256 情报中队和第 262 网络战中队。第 143 网络空间作战中队主要承担空军内部网络的防御任务并且面向华盛顿州提供网络安全支持;第 262 网络战中队担负工业控制系统的网络防御任务并负责运营所属网络保护分队(CPT)。

2. 罗得岛州空军国民警卫队第 143 空运联队

该联队位于罗得岛州北金斯敦的昆士特空军国民警卫队基地,战时归属空战司令部指挥。联队内主要由第 102 网络战中队使用"空军网络防御武器系统"执行全频谱网络运营和网络态势感知等防御任务。

3. 马里兰州空军国民警卫队第 175 联队

该联队位于巴尔的摩沃菲尔德空军国民警卫队基地,辖 1500 余人,战时归属空战司令部和美国空军欧洲司令部指挥。该联队由第 175 作战大队和第 175 网络空间作战大队组成。其中第 175 网络空间作战大队负责执行网络防御和网络运

---

① 跟踪目前未见后续信息。

维任务,下辖第 175 网络空间作战中队、第 275 网络空间作战中队、第 276 网络空间作战中队和第 275 作战支援中队。

4. 特拉华州空军国民警卫队第 166 空运联队

该联队位于纽卡斯尔空军国民警卫队基地,战时归属空中机动司令部指挥。该联队主要为美国空军提供战术空运、伞兵和货物空投以及世界范围内的航空医疗后送能力,同时还担负一定的土木工程任务和网络作战任务。其中负责网络空间作战任务的是联队直属的第 166 网络作战中队。

5. 爱荷华州空军国民警卫队第 132 战斗机联队

该联队位于得梅因空军国民警卫队基地,战时由空战司令部指挥。该联队执行 MQ-9 无人机作战,以及网络防御和情报监视侦察任务,其中网络防御任务由第 168 网络作战中队执行。

6. 爱达荷州空军国民警卫队第 124 战斗机联队

该联队位于博伊西机场戈温场站,战时由空战司令部指挥,主要任务包括空中支援、指挥与控制、空中作战、特种作战以及网络运维等,其中网络运维任务主要由下属第 224 网络作战中队负责。

7. 堪萨斯州空军国民警卫队第 184 情报联队

该联队位于威奇托的麦康纳空军基地,战时由第 16 航空队指挥,主要负责情报、监视、侦察以及网络和指挥控制任务,由第 184 情报大队、第 184 任务支援大队、第 184 区域支援大队和第 184 医疗队以及第 127 网络作战中队组成,其中第 127 网络作战中队负责网络防御任务。

8. 田纳西州空军国民警卫队第 118 联队

该联队位于纳什维尔的贝瑞菲尔德空军国民警卫队基地,战时由空战司令部指挥,主要任务是为空军提供全面情报、监视和侦察(ISR)支撑,下辖第 118 作战大队、第 118 任务支援大队、第 118 ISR 大队、第 218 ISR 大队和第 118 医疗大队。

9. 俄亥俄州空军国民警卫队第 179 网络空间联队

该联队位于俄亥俄州曼斯菲尔德-拉姆空军国名警卫队基地,2023 年 9 月成立,作为空军国民警卫队首支网络空间联队,担负防御和人才建设等职责,将用尖端技术和能力抵御最前沿网络威胁。2024 年,美国空军拟实施“网络赋能的空中优势”概念,并发展战术性网络能力,从而为空军部队提供作战一体化的网络能力,作为此概念的一部分,美国空军将依靠第 179 网络空间联队为其提供网络能力。目前,美国空军已向该部队投入近 1.5 亿美元,用于建立一个新的网络空间作战大队,并计划在未来 5 年内再投入 3.493 亿美元,用于设施、人力、培训和设备,以将该部队打造成空军国民警卫队“网络赋能的空中优势”部队。

10. 弗吉尼亚州空军国民警卫队第 192 战斗机联队

其下属的第 192 作战大队第 185 网络空间作战中队主要负责网络运维任务,

位于兰利-尤斯蒂斯联合基地,战时归属空战司令部指挥。

11. 马萨诸塞州空军国民警卫队第 102 情报联队

该联队位于科德角奥蒂斯空军国民警卫队基地,战时归属第 16 航空队指挥,主要任务是情报,其他任务包括战斗通信、工程和安装以及国土防御。

12. 宾夕法尼亚州空军国民警卫队第 111 攻击联队

该联队位于威洛格洛夫空军国民警卫队基地,战时由空战司令部指挥,由于该联队运营有 MQ-9 无人机,因此围绕战斗通信与指挥控制形成了较强的网络运维能力。其中网络运维任务主要由下属第 112 网络作战中队承担。

13. 宾夕法尼亚州空军国民警卫队第 193 特种作战联队

该联队位于宾夕法尼亚州米德尔敦-巴特尔克里克基地,战时由空军特种作战司令部指挥,下辖第 211 工程安装中队等单位,主要任务是负责通信运维,其他任务包括通信建设和工程安装。

14. 密歇根州空军国民警卫队第 110 联队

该联队位于密歇根州巴特尔克里克基地,该联队在网络作战方面引领空中力量,为空军国民警卫队参与国际行动提供可靠情报信息和通信支持。其主要担负网络空间作战等行动。

（二）空军后备役

2018 年 11 月 18 日,美国空军在原有第 960 网络作战大队基础上扩编成立空军预备役司令部下首个也是目前唯一的专业网络空间联队即第 960 网络空间联队,隶属于第 10 航空队。该联队下辖第 960 网络空间作战大队和第 860 网络空间作战大队,有 1200 余名人员,负责战斗通信、指挥控制、国防部信息网络运维、防御性网络空间作战、空军六种网络武器系统操作的初始资格培训以及进攻性网络空间作战动态支持等作战任务。

目前,第 960 网络空间联队总部位于得克萨斯州圣安东尼奥拉克兰联合基地,指挥官为空军上校级别,下属作战单位按职能划分为 5 类,具体如下。

（1）培训单位:第 717 信息战中队,驻佛罗里达州赫伯特空军基地;第 960 作战支援中队,驻得克萨斯州圣安东尼奥拉克兰联合基地;第 860 作战支援中队,驻佐治亚州罗宾斯空军基地。

（2）指挥与控制单位:第 717 信息作战中队,驻佐治亚州罗宾斯空军基地;第 854 战斗行动中队,驻得克萨斯州圣安东尼奥拉克兰联合基地。

（3）防御性网络空间作战单位:第 50 网络战中队,驻得克萨斯州圣安东尼奥拉克兰联合基地;第 51 网络作战中队(原第 860 网络作战中队),驻弗吉尼亚州兰利-尤斯蒂斯联合基地,运营有"网络空间安全和控制武器系统";第 52 网络战中队,驻内布拉斯加州奥佛特空军基地;第 53 网络作战中队(原第 960 网络作战中队),驻科罗拉多州彼得森空军基地,运营有"网络空间安全和控制武器系统"和"网络空间防御分析武器系统"。

（4）防御性网络空间作战–响应行动单位：第 42 网络空间作战中队，驻伊利诺伊州斯科特空军基地；第 426 网络战中队，驻得克萨斯州圣安东尼奥拉克兰联合基地，运营有空军"网络防御武器系统"；第 689 网络作战中队，驻亚拉巴马州麦克斯韦空军基地。

（5）战斗通信单位：第 23 战斗通信中队，驻加利福尼亚州特拉维斯空军基地；第 35 战斗通信中队，驻俄克拉荷马州廷克空军基地；第 55 战斗通信中队，驻佐治亚州罗宾斯空军基地。

其组织架构如图 3-21 所示。

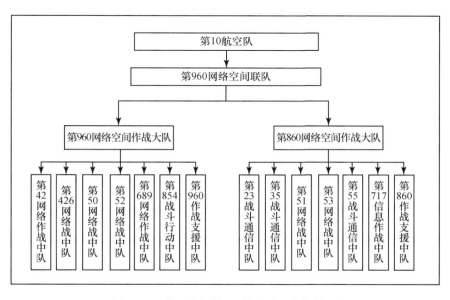

图 3-21　美国空军第 10 航空队组织架构图

第四节　美国海军网络空间防御作战力量

美国海军是第一个组建计算机网络作战专业部队的军种①。美国海军网络空间作战力量建设经历了海军计算机网络防御特遣队到海军"网络化部队"新构想的过程，其专业网络力量主要包括舰队网络司令部/第 10 舰队（FCC/C10F）和海军信息部队（CYBERFOR）管理的有关力量，其中海军信息部队主要负责提供部队、培训、现代化和维护，管理海军网络力量的人力、训练和装备保障，而舰队网络司令部/第 10 舰队主要负责网络空间作战任务。

---

① 美国海军网络战司令部战略计划（2009—2013 年）。

一、舰队网络司令部/第 10 舰队

（一）基本情况

舰队网络司令部/第 10 舰队总部位于马里兰州米德堡，现任指挥官为海军中将雷格·克拉伯顿（曾任海军第 12 航空母舰打击群指挥官）。美国舰队网络司令部（FCC）/第 10 舰队是直接受命于海军作战部长（CNO）的二级司令部。根据授权，海军舰队网络司令部主要担负三个主要角色，一是美国网络司令部下属负责网络空间作战行动的海军职能司令部；二是国家安全局/中央安全局下属的海军军种密码职能司令部；三是美国战略司令部下属负责太空行动的海军职能部门。同时舰队网络司令部/第 10 舰队也是美军各军种中唯一将军种网络司令部和密码职能组成部队合二为一的单位。

从使命任务看，美国舰队网络司令部/第 10 舰队担负具体作战任务，主要对全球部署的海军网络作战力量实施作战控制权，有效统筹海军信息网络运维、防御性网络空间作战、进攻性网络空间作战、太空作战以及信号情报工作。并且，舰队网络司令部还被指定为网络空间联合部队总部海军分部，定向支援美国印太司令部和美国南方司令部。具体职能如下。

一方面作为海军的兵种司令部，舰队网络司令部的任务是：规划、协调、整合、同步、指挥和开展全频谱网络空间作战活动，以确保海军在网络空间或通过网络空间的行动自由，并同时拒止对手。其使命包括以下几方面。

（1）作为网络、密码/信号情报、信息作战、电子战和太空能力的权威作战中心支持海上和岸上部队。

（2）指挥海军全球网络空间作战，阻止和击败侵略，并确保在网络空间或通过网络空间实现军事目标的行动自由。

（3）按指示组织和指挥海军全球范围内的密码作战，支持信息作战、太空规划与作战。

（4）按指示执行网络任务。

（5）指挥、运行、维护、保护和保卫国防部信息网络海军部分（DODIN-N）。

（6）提供整合的网络、信息作战、密码和太空能力。

（7）提供全球海军网络通用作战图。

（8）开发、协调、评估、优化海军网络、太空、信息作战和电子战需求。

（9）评估海军网络的战备状态。

（10）对所属部队实施行政和行动管理。

另一方面，作为海军的编号舰队，第 10 舰队的任务是：计划、监控、指导、评估、沟通、协调，以对所属部队进行作战控制，通过网络空间、太空和电磁频谱为全球海军指挥官提供支撑，并确保成功执行美国舰队网络司令部下达的任务。其使命包括以下两方面。

（1）作为舰队网络司令部的编号舰队，对所属的海军部队进行行政管理。

（2）与其他海军、联盟和联合任务部队在网络、电磁和太空三个作战域开展网络战、电子战、信息作战和信号情报四个方面的协作。

目前，第 10 舰队已发展成为一支由 19000 多名现役、预备役和文职人员组成的作战部队，由 27 个现役司令部、40 个网络任务部队以及 29 个预备役司令部组成，涉及 50 多万台终端用户设备，约有 7.5 万台网络设备（如路由器、服务器）以及大约 4.5 万个跨越多个安全域的应用程序和系统。司令部下属作战力量按照海军典型特遣部队方式编组，目前设有 7 个特遣部队（CTF）和 3 个特遣大队（CTG），并通过海上指挥中心提供作战指导。图 3-22 为海军舰队网络司令部/第 10 舰队的组织架构图。

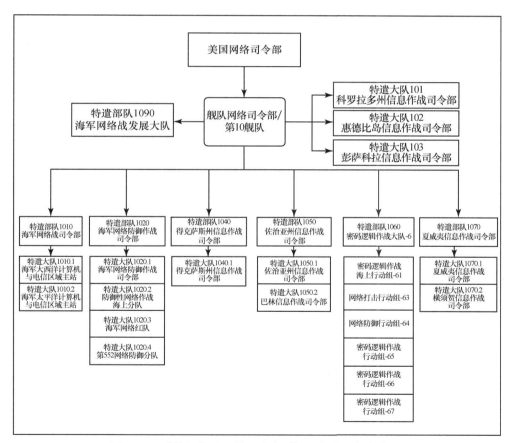

图 3-22　美海军舰队网络司令部/第 10 舰队组织架构图

（二）历史沿革

美国海军早在 21 世纪初就开始为维护网络空间安全利益，执行网络空间作战任务，筹建和设立相关机构。2001 年年初，美国海军作战部长正式授权海军组建网络特遣部队。同年8月,海军作战部长宣布合并原计算机电信司令部和海军/陆战队内联网特遣部队,组建海军网络作战司令部(Naval Network Operations Command,NNOC),负责管理海军主要信息技术项目。2002年3月,海军成立海军网络战司令部(Naval Network Warfare Command,NNWC),作为海军航天活动、信息技术、网络和信息作战的核心权威部门。2002年5月1日,原网络作战司令部与海军航天司令部合并,成立海军网络和航天作战司令部,隶属新成立的海军网络战司令部。该司令部同时下辖舰队信息作战中心和海军计算机网络防御特遣部队。

2009年7月23日,海军发布名为《舰队网络司令部/第10舰队司令部实施计划》的备忘录,宣布将于2009年10月1日正式成立舰队网络司令部/第10舰队,作为美国网络司令部下属的军种组成司令部,负责在全球范围为海军网络空间、信息、计算机网络、电子和太空等领域提供作战支持。备忘录宣布原海军网络战司令部于2009年12月18日纳入舰队网络司令部管辖,继续执行原网络和空间行动使命。但出于种种原因,舰队网络司令部/第10舰队的正式成立比原定计划有所推迟,直到2010年1月11日,海军作战部才正式发布组建舰队网络司令部/第10舰队的备忘录,确定司令部于2010年1月29日开始运行,2010年10月1日全面投入运行。此外,备忘录还明确了舰队网络司令部/第10舰队的职能与指挥关系。同日发布的另一个备忘录宣布2010年1月18日开始组建网络部队,并正式合并原海军网络战司令部。

2017年10月,美国舰队网络司令部宣布海军负责组建及培训的40支网络任务分队形成全面作战能力,较规定时间提前近一年时间。在此前后舰队网络司令部也进行了一定规模的组织结构调整,主要如下。

一是2017年6月,将1060特遣部队(CTF 1060)由原马里兰州信息作战司令部改组为密码逻辑作战大队-6(Cryptologic Warfare Group Six,CWG-6),同时成立的还有三个下属单位:密码逻辑作战海上行动组-61(Cryptologic Warfare Maritime Activity 61)、网络打击行动组-63(Cyber Strike Activity 63)和网络防御行动组-64(Cyber Defense Activity 64)。2018年8月,又新成立三个密码逻辑作战行动组(Cryptologic Warfare Activity 65、66、67)。

二是2018年前后撤销原诺福克信息作战司令部/CTF 1030,其下属的三个特遣大队:CTG 1030.1由原诺福克信息作战司令部改为诺福克信息战训练大队(Information Warfare Training Group,IWTG);CTG 1030.2由原圣地亚哥信息作战司令部改为圣地亚哥信息战训练大队,由于职能转变为人员训练,所以两者共同转隶于海军信息部队司令部;而CTG 1030.3惠德比岛信息作战司令部则作为作战力量直接隶属于舰队网络司令部,番号为CTG 102。

三是撤销原科罗拉多信息作战司令部CTF 1080,缩减为直接隶属舰队网络司令部的特遣大队(CTG)101/科罗拉多信息作战司令部。

四是原隶属于海军网络防御作战司令部的 CTG 1020.3/彭萨科拉信息作战司令部直接隶属于舰队网络司令部,番号为 CTG 103。

（三）相关网络空间作战力量简介

1. 海上作战中心

为了有效规划、执行、控制和监视作战行动,第 10 舰队成立了海上作战中心（MOC）,海上作战中心接受美国网络司令部联合作战中心指挥,负责第 10 舰队所属部队的指挥控制,并根据任务要求与其他数个舰队、司令部和机构实施对接,以实施海军网络空间防御和进攻行动。

2. 海军网络战发展大队（NCWDG）/CTF 1090

海军网络战发展大队前身为休特兰海军信息作战中心,总部驻弗吉尼亚州萨福克,为舰队网络司令部下属的一个三级司令部,指挥官为海军上校级别,其主要任务是支援舰队作战。此外,该大队还担任海军网络战创新中心的职能,负责作战研究与发展,进行技术研发,利用快速原型构建和采购授权为美国海军创建、测试和提供先进的网络、密码和电子战能力。

（四）网络空间防御作战力量详情

舰队网络司令部网络空间防御作战力量主要包括海军网络战司令部/CTF 1010 和海军网络防御作战司令部/CTF 1020,为所属舰队提供网络指导、维护和岸基传输,探测网络威胁,保护网络安全。同时,美国海军将其负责建设的 20 个网络保护分队部署在全球各地,分散在各特遣部队,特别是信息作战司令部中,如佐治亚信息作战司令部/CTF 1050、彭萨科拉信息作战司令部/CTG 103、夏威夷信息作战司令部/CTF 1070 各辖有 3 支 CPT,得克萨斯信息作战司令部/CTF 1040 和密码逻辑作战大队-6/CTF 1060 则分别辖有 CPT 554 和 CPT 550,另外还有 5 个海上网络防御行动小组部署在航空母舰战斗群和两栖待命群中。

由于海军立足于全球作战这一特殊的作战环境,其特有的特遣部队编制结构也使得其所属各支舰队和战区特遣作战部队在网络空间作战方面集成了各种作战力量,从而为海军各舰队提供网络空间支持。美海军网络空间防御作战力量详情如下。

1. 海军网络战司令部（NNWC）/CTF 1010

海军网络战司令部为舰队网络司令部下属的一个三级司令部,指挥官为海军上校级别,总部位于弗吉尼亚州诺福克。海军网络战司令部成立于 2002 年 7 月 11 日,由原海军计算机与电信司令部、舰队信息战中心、原海军太空司令部等 23 个海军信息技术与信息作战单位组成,重点负责海军网络防御与运维。2005 年 9 月,海军保密大队司令部（NSGC）解散,新建一批海军信息作战司令部,由网络战司令部统一领导。至此,海军情报、通信、电子战、信息作战、太空能力实现了初步整合,海军网络战司令部成为信息作战、计算机网络和太空行动的领导部门。作为职能司令部,海军网络司令部主要负责执行战术级指挥和控制,以指导、运营、维护和保护国防部信息网络海军部分,为海军和联合部队提供联合太空能力;而作为1010特遣部队,海军网络司令部主要负责海军计算机和电信站的战术指挥控制,为全球海军部队提供安全的、无缝的、可互操作性的通信和网络系统能力,以满足舰队指挥官的任务需求。

目前,海军网络战司令部所属网络防御作战力量主要是太平洋计算机与电信区域主站(NCTAMS PAC)和大西洋计算机与电信区域主站(NCTAMS LANT),同时还下设远东、巴林、那不勒斯三个海军计算机和电信站,及海军卫星运行中心(CTG1010.3NAVSOC),该中心于2021年10月转隶至太空军。值得注意的是,各海军计算机和电信站在平时网络运维方面受海军网络战司令部(NNWC)/CTF 1010指挥,但担负网络防御任务时受海军网络防御作战司令部(NCDOC)/CTF 1020指挥。

(1)太平洋计算机与电信区域主站,下辖加利福尼亚州圣地亚哥计算机与电信站、关岛计算机与电信站以及普吉特海湾特遣队,编制760人左右,主要负责运行,维护和保护太平洋区域的国防部信息网络海军部分,并且管理着密西西比河西部到阿曼海湾以东的广阔海域的海军通信,从而为太平洋和印度洋海域的海上/岸上海军、联合部队、机关和盟军提供指挥、控制、通信、计算机和情报作战服务。

(2)大西洋计算机与电信区域主站,不仅是一个主要的信息和处理节点,还是一个区域性总部,下辖佛罗里达州杰克逊维尔分遣队、波多黎各雷达发射站、拉穆尔分遣队、关塔那摩分遣队、卡特勒分遣队、西班牙罗塔分遣队、希腊苏打湾分遣队和汉普顿计算机与电信站等46个单位,广泛分布在东海岸沿岸、北达科他州以及波多黎各、古巴、冰岛、西班牙、希腊和非洲等海外地区。目前大西洋计算机与电信区域主站约有2500名现役、文职和承包商,负责运行、保护具有响应性、弹性和安全性的计算机和电信系统,直接支持187个海上单位、4223个信息平台和190000个基地通信用户,为全球海事和联合部队提供信息优势。

2. 海军网络防御作战司令部(NCDOC)/CTF 1020

海军网络防御作战司令部成立于2006年1月10日,总部位于弗吉尼亚州诺福克,是舰队网络司令部下属的一个三级司令部,指挥官为海军上校级别。该司令部作为国防部唯一一个具有三级计算机网络防御服务资质的单位,以及海军唯一一支网络防御作战力量,主要负责执行防御性网络空间作战任务,对美国海军全球性的计算机网络及70多万个用户进行全时的网络威胁防御和网络保护,并指挥地区防御性网络空间作战特遣小组遂行战术任务,确保作战行动的一体化,通过积极的网络防御保障全球性的力量投送能力,为舰队提供网络安全支持。2017年,一体化海军红队(Integrate Navy Red Team)和552网络保护分队调整加入海军网络防御作战司令部,共同组成了目前司令部下辖的四支特遣大队。目前,海军网络防御作战司令部由700多名现役人员、约170名文职人员和130多名承包商组成。

3. 信息作战司令部(彭萨科拉)/CTG 103

以信息作战司令部(彭萨科拉)为例简要介绍美国海军舰队网络司令部所属的主要负责舰队和战区作战以及作战支持的各信息作战司令部。信息作战司令部(彭萨科拉)位于佛罗里达州彭萨科拉,指挥官为海军中校级别,规模为 350 人左右。信息作战司令部(彭萨科拉)前身为 1993 年成立的海军安全小组(NSGA 彭萨科拉),于 2005 年 9 月 30 日在海军网络战司令部的领导下进行了重组,并更名为海军信息作战司令部(NIOC 彭萨科拉),后转隶于海军网络防御作战司令部,成为 CTG 1020.3,目前信息作战司令部(彭萨科拉)作为作战支援机构,直接隶属于舰队网络司令部,番号为 CTG 103。

2013 年,信息作战司令部(彭萨科拉)成为海军战斗支持分队(CST)卓越中心,负责组建海军网络任务部队的全部 5 支战斗支持分队。战斗支持分队主要执行目标开发、目标发现和分析、计划和同步以及智能和恶意软件分析,为作战司令部的作战行动和计划提供支撑。此外,海军信息作战司令部(彭萨科拉)还辖有 3 支网络保护分队(CPT),在全球范围内完成网络防御任务。

二、海军信息部队司令部

海军信息部队(NAVIFOR)司令部是美国舰队司令部下辖的一个三级司令部,总部位于弗吉尼亚州萨福克,司令部机关有近 600 人,现任指挥官为海军中将凯利·埃施巴赫。

作为舰队部队司令部下属的信息战职能司令部,其职能范围涵盖密码/信号情报、网络战、电子战、信息作战、情报和太空领域,主要使命是凭借和发挥其在信息战领域的领导地位和技术优势,担负信息部队包括网络部队的建设(训练和装备)任务,提供敏捷、技术优越、训练有素、装备精良并经过认证且战备状态良好的信息战部队,以确保海军部队能够果断地威慑、竞争和取胜。海军信息部队司令部对所属所有部队实施行政控制,所属部队的作战控制权则归舰队网络司令部所有。

2009 年 6 月,为了组织、统一并集中海军信息能力,美海军作战部整合了下辖的情报(N2)和通信网络(N6)两大参谋部门,成立信息优势部,由负责信息优势的海军作战部副部长领导。至此,美国海军向"空间、网络、情报"三者融合更进了一步,标志着美海军在信息作战建设与发展方面迈出了革命性的一步。

信息优势部主要承担海洋学办公室、网络战部门、无人机、电子战以及 E-2D、E-6 等平台的资源管理工作。同年 10 月,美海军抽组信息战、情报、太空,以及气象/海洋学等相关力量组成信息优势部队,由负责信息优势的副部长领导。

2010 年 1 月,随着网络部队司令部、舰队网络司令部/第 10 舰队的成立,信息战部队的人事、训练和装备工作分散在信息优势部、网络部队司令部、舰队网络司令部/第10舰队、海军情报办公室、海军气象与海洋学司令部等多部门中。

2014年10月,美海军在网络部队司令部的基础上新建信息优势部队司令部,转隶于美国海军舰队司令部,作为新的舰种司令部将信息优势部队的人事、训练和装备工作统一收归旗下。信息优势部队也成为与海军航空兵、潜艇、水面舰艇地位一致的兵种,得以独立、统一、全面发展。2014年10月1日,舰队网络司令部/第10舰队下属海军网络战司令部、海军网络防御作战司令部、海军信息作战司令部及所属分队、海军网络战发展大队、大西洋计算机与电信区域主站及所属分队、各海军计算机与电信站的行政管理权正式移交给海军信息优势部队司令部。2016年2月9日,信息优势部队司令部更名为信息部队司令部,对美国海军气象与海洋司令部、海军和陆战队频谱中心、海军通信保密器材系统司令部、舰队情报分遣队和舰队情报适应部队分遣队拥有行政管辖权。

2023年6月29日,美国海军作战部长称,海军现有网络密码技术员将直接调整为网络战技术员,不再参与密码工作。海军信息部队司令凯利·埃施巴赫透露,海军目前共有网络密码技术员2288人,其中93%已完成调整,专门从事网络战;未来几年,随着海上网络战军官和网络战技术员的相关制度落地、工作稳定运行后,海军信息战部队将发展新的海上网络战能力。

第五节　美国海军陆战队网络空间防御作战力量

美国海军陆战队网络空间作战力量规模最小,主要包括美国海军陆战队网络空间司令部(MARFORCYBER)和远征部队队属相关力量。美国海军陆战队网络空间司令部是美国网络司令部下属的海军陆战队军种职能部门。海军陆战队网络空间司令部包括一个司令部总部、一个联合部队总部(海军陆战队网络空间联合部队总部)和两个大队级下属司令部,即海军陆战队网络空间战大队(MCCYWG)和海军陆战队网络空间作战大队(MCCOG)。同时前文所述的阿瑞斯联合特遣部队目前也转至海军陆战队网络空间司令部下,共约1700人。

2010年1月21日,海军陆战队网络空间司令部在马里兰州米德堡组建成立,现任指挥官是海军少将瑞安·赫里蒂奇,主要负责实施全谱网络空间作战行动,主要包括:运行和防护海军陆战队企业网络(MCEN);在海军陆战队企业网络和联合部队网络内开展防御性网络空间作战行动;根据上级指示开展进攻性网络空间作战,为联合部队提供支援保障。

海军陆战队负责建设8支网络保护分队,其武器系统主要由可部署的任务保障系统(DMSS)硬件和软件工具构成,可用于完成上级指派的各类任务。其中,有

3 支网络保护分队为军种保留分队,面向本军种内的任务。

目前,海军陆战队已启动为期 2 年的海军陆战队企业网络指挥控制现代化计划,计划包括建立三个网络营和三个网络机构。其中在海军陆战队网络空间作战大队下设三个网络营:第 1 网络营于 2020 年 6 月 4 日在加利福尼亚州彭德尔顿海军陆战队基地成立,负责国防部信息网络安全、运行和防护,同时执行防御性网络空间作战,以支持第一海军陆战队远征部队、海军陆战队西部基地和训练司令部等单位,第 2 网络营、第 3 网络营于 2021 年在勒琼营和福斯特营成立。2020 年 9 月 2 日,在弗吉尼亚州匡迪科成立国家重要地区(NCR)网络机构,对国家重要地区内的海军陆战队企业网络进行指挥控制,另计划设立欧洲/非洲区域网络机构以及海军陆战队预备队新奥尔良网络机构。

1. 海军陆战队网络空间作战大队

2016 年 12 月,海军陆战队网络空间作战大队正式成立,该机构前身为海军陆战队网络与作战安全中心(MCNOSC),从一个保障机构转变为一个作战机构,前任指挥官海军上校道格拉斯·莱莫特于 2019 年 5 月 3 日被海军陆战队网络司令部司令解除职务,宣布由海军上校温迪·戈耶特接任。

海军陆战队网络空间作战大队执行海军陆战队国防部信息网络运维和海军陆战队防御性网络空间作战任务,以增强跨越作战领域的行动自由。海军陆战队网络空间作战大队(MCCOG)作为计算机网络防御服务提供商(CNDSP)和海军陆战队全球网络作战和安全中心(GNOSC),其核心任务包括以下几方面。

(1)为陆战队空地特遣部队(MAGTF)提供网络空间作战支持。

(2)计划和指挥海军陆战队企业网络(MCEN)运维。

(3)计划和指挥海军陆战队防御性网络空间作战(DCO)。

2. 海军陆战队网络空间战大队

2016 年 3 月,海军陆战队网络空间战大队成立。按照海军陆战队网络司令部的指示,海军陆战队网络空间战大队主要为分配部队提供组织、训练、装备以及行政支持,并计划和开展全频谱网络空间作战,以支持军种、作战司令部、联合部队的需求。同时,海军陆战队网络空间战大队负责海军陆战队所属网络任务部队的认证,明确能力、训练需求,实施训练及认证,保持其战备水平。

MCCYWG 的核心任务包括以下几方面。

(1)开展人事管理,确保网络任务部队的运营准备就绪。

(2)确保所有人员都按照美国网络司令部联合网络空间培训和认证标准接受培训,并具备履行海军陆战队网络空间司令部任务基本任务清单(METL)中列出的所有职责和任务的能力。

(3)计划并在获得授权后进行进攻性网络空间作战,包括计算机网络利用,网络空间情报、监视和侦察以及环境作战准备。

(4)计划和实施指定的防御性网络空间作战,以应对针对海军陆战队企业网络的威胁,支持作战司令部(COCOM)指定网络和国防部信息网络。

(5)就部队使用问题向海军陆战队网络空间司令部提出建议。

(6)提供作战计划要求的主题专业知识。

3. 防御性网络空间作战—内部防御措施连

海军陆战队行动概念(MOC)中,阐明了未来海军陆战队需要面临的作战环境及其具备的鲜明特征,海军陆战队员将需要利用网络空间实施机动。为应对海军陆战队行动概念中提出的需求,2016年,海军陆战队采取了代号为"部队规划2025(Force Design 2025)"的新举措,包括为每一支海军陆战队远征部队(MEF)增设防御性网络空间作战—内部防御措施连和电子战连。

其中,防御性网络空间作战—内部防御措施连隶属于海军陆战队远征部队通信营,负责防护海军陆战队远征部队通信网络,为指挥官提供可靠的指挥与控制能力。防御性网络空间作战—内部防御措施连主要采取机动方式,通过主动探寻可规避常规安全措施的内部高级威胁、开展意外事件响应行动、实施数字取证活动等,为已部署的网络、数据存储以及武器系统提供安全防护。2017年5月,海军陆战队网络司令部领导开展防御性网络空间作战—内部防御措施连训练试点项目,进一步探索该连队的组织运用概念。2018年7月,第2海军陆战队远征部队信息大队组建了首个防御性网络空间作战—内部防御措施连,负责查找和减少海军陆战队远征部队的网络漏洞,增强陆战队远征部队的作战能力。该连将完全独立于陆战队网络空间司令部组建的网络保护分队组织结构,重点针对某些情报、某种威胁或某个事件采取具体行动,不负责日常网络保护,并随同远征部队前沿部署。目前,海军陆战队在三个远征信息大队分别下设防御性网络空间作战—内部防御措施连,其中第一远征军信息大队第9通信营防御性网络空间作战—内部防御措施连位于加利福尼亚州彭德尔顿营地,第二远征军信息大队第8通信营防御性网络空间作战—内部防御措施连位于北卡罗莱那州勒琼营地,第三远征军信息大队第7通信营防御性网络空间作战—内部防御措施连位于日本冲绳县。

4. 海军陆战队网络运行与安全中心

海军陆战队网络运行与安全中心主要负责指挥网络运行和防御、进行情报搜集与分析。该中心下设有4个地区网络运行与安全中心,分别为如下4个地区提供支援,构成了海军陆战队国防部信息网络运维和防御行动的基干力量,为地区内驻守的海军陆战队提供信息技术服务。

(1)美国海军陆战队太平洋部队(太平洋)。

(2)美国海军陆战队预备役部队(预备役)。

(3)美国海军陆战队部队司令部(大西洋)。

(4)国家首都地区(首都)。

5. 海军陆战队信息司令部(MCIC)

2023 年 1 月 13 日,海军陆战队信息司令部(MCIC)正式成立,总部位于马里兰州米德堡。该司令部是两星司令部,主要职能是部署数据运行,实现太空、网络、情报等领域工作的同步。虽然该司令部与海军陆战队网络空间司令部没有隶属关系,但海军陆战队网络空间部队司令同时兼任该司令部司令(即"双帽"体制)。其组织架构如图 3-23 所示。

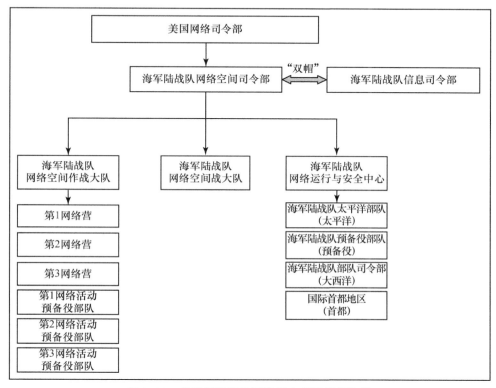

图 3-23　美海军陆战队网络司令部组织架构图

第六节　美国海岸警卫队网络空间防御作战力量

美国海岸警卫队网络空间防御作战力量主要包括海岸警卫队网络司令部以及海岸警卫队预备役实体。2023 年 7 月,美国海岸警卫队的网络部队向美国国防部申请成为国防部网络军队的一部分,提交被认定为网络任务部队成员的有关请求。目前,美国海岸警卫队的部分人员已经在网络国家任务部队中服役。

1. 海岸警卫队网络司令部

美国海岸警卫队隶属于国土安全部,为应对美国海上基础设施日益增长的恶意软件和勒索软件威胁,于 2013 年正式成立美国海岸警卫队网络司令部(CGCY-

BER),其司令为少将级别。海岸警卫队网络司令部总部位于华盛顿特区,是美国网络司令部和国防部重要的跨部门合作伙伴。海岸警卫队网络司令部为美国网络司令部提供支援应对国内外威胁的能力,目前拥有超 500 人,职能部门有网络情报部(CGCC-2)、作战部(CGCC-3)、评估与授权部(CGCC-AA)、作战支援部,下属网络防御作战力量主要有三支网络保护分队(CPT 1790、CPT 2013、CPT 2003)以及一支网络红队,司令部其主要职能如下。

（1）保卫海岸警卫队网络空间:运维部署海岸警卫队企业任务平台,以确保在所有领域执行海岸警卫队的任务,并积极保卫国防部信息网络。

（2）使海岸警卫队能够开展行动:在网络空间或通过网络空间产生影响,使海岸警卫队能够在海上、空中、陆地和空间开展行动。

（3）海上运输保护系统:在网络空间或通过网络空间发挥作用和能力,保护海上重要基础设施。

美海岸警卫队网络司令部组织架构如图 3-24 所示。

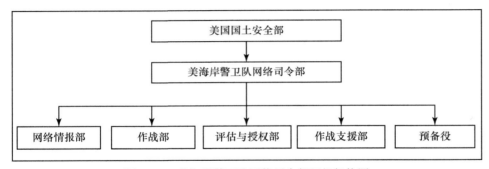

图 3-24　美海岸警卫队网络司令部组织架构图

2. 海岸警卫队预备役实体

2022 年 11 月 21 日,美国海岸警卫队发布"建立网络预备役部队和预备役网络入伍及首席准尉职位征集公告",宣布正在创建 3 个预备役实体以加强其网络能力,已经建立了后备役网络保护分队 CPT 1941。此外,海岸警卫队网络空间部队办公室负责实施网络任务专家(CMS)评级的团队正在组建一支 39 人组成的预备网络保护小组,并设立 48 名预备役网络顾问职位,这些人员将被分配到海岸警卫队作战指挥部。据悉,美国网络司令部正在组建一支由 15 名成员组成的海岸警卫队网络预备队。这些海岸警卫队网络预备役部门将由网络任务专家和情报专家级别的入伍成员、网络任务管理专业准尉和委任军官组成。

第四章　美军网络空间防御作战指挥控制体制

美军实行"军政""军令"分离指挥控制体制,网络司令部、各军种、各作战司令部下属网络空间作战力量之间形成了复杂的行政管理和作战指挥关系。在美军网络空间作战任务中,国防部信息网络运维和防御性网络空间作战是美军网络空间作战的首要任务,约占总体网络空间作战任务的85%。同时,相比网络空间攻击,网络空间防御需要各层级的密切协调配合,因此防御性网络空间作战指挥控制远比进攻性网络空间作战指挥控制复杂。

第一节　美军联合作战指挥控制体制

一、"军政""军令"分离指挥控制

根据美军联合作战条令(JP)的定义,美军现行的指挥控制体制主要通过"军政""军令"两条控制链进行实施,如图4-1所示。

其中,"军政"主要解决作战力量"所有权"问题,主要指行政控制(Administrative Control,ADCON),通常按照"总统—国防部部长—军种部",由各军种行使,其主要职能包括部队编制、装备人员训练、后勤保障、人员管理等。

"军令"主要解决作战力量"使用权"问题,根据美军现有作战指挥体制,由总统和国防部部长通过参谋长联席会议对各联合司令部乃至作战部队实施作战指挥,作战指挥的核心环节是联合司令部。随着美军升级网络司令部以及成立太空司令部,美军现有太平洋司令部、中央司令部、欧洲司令部、非洲司令部、北方司令部、南方司令部、战略司令部、特种作战司令部、运输司令部、网络空间司令部、太空司令部等11个联合作战司令部。联合作战司令部又可分为7个地理作战司令部(战区作战司令部)和4个职能司令部,其中,战区作战司令部主要负责海外驻军的作战和指挥,职能司令部主要负责美军日常战略和训练、军队改革、联合演训、军事创新等军事转型任务,不承担具体的作战任务,同时也担负一定的作战任务[①]。

---

① 袁文先. 司令部建设论[M]. 北京:国防大学出版社,2003.

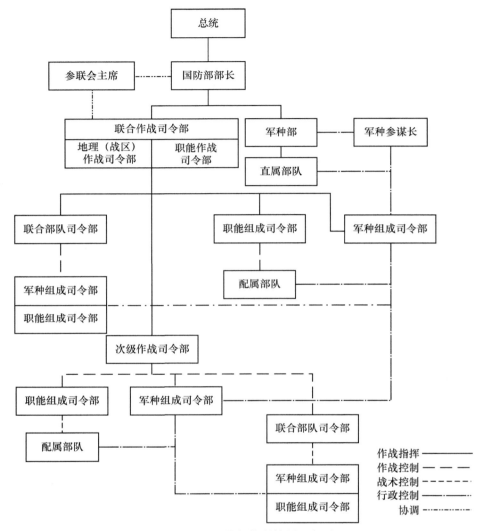

图 4-1　美军指挥控制体制示意图

二、四种指挥控制关系

美军按作战指挥权将指挥关系进行了如下四种基本划分。

1. 作战指挥权（Combatant Command，COCOM）

对部队的作战指挥权可看作是指挥官"拥有"部队。除最高统帅和国防部部长外，作战指挥权只授予战区联合司令部、联合特遣司令部和特种司令部的司令官，权限包括组建与使用司令部与部队；确定联合部队内部的指挥关系；挑选所需指挥官和参谋人员；对军事行动下达指示，规定作战目标；协调与批准行政管理和维持纪律等方面的措施;组织联合训练与后勤保障等。作战指挥权基本拥有完成作战任务所需要的一切权力。

2. 作战控制权(Operation Control,OPCON)

对部队的作战控制权可看作是指挥官"租用"部队。作战控制权通常只授予战区联合司令部一级或以下任何一级指挥官以实现对部队的控制。除没有后勤、行政、纪律、编制和训练等方面的权力外,其他权力和作战指挥权基本相同,作战控制权对作战指挥权起补充作用。

3. 战术控制权(Tactical Control,TACON)

对部队的战术控制权可看作是指挥官"短期租用"部队。战术控制权是授予战区联合司令部一级或以下任何一级指挥官行使的一种"临时性"权力,主要指对所战术控制部队的调遣和机动实施的局部指挥和控制。战术控制权用于指导"短期配属"部队的调遣和机动,但不能指导行政与后勤支持,无权改变部队组织结构。

4. 支援/被支援(Supporting/Supported)

支援/被支援规定部队之间的支持和受支持关系。支援授予方在指挥高层,通常由国防部部长确定各战区作战部队内部的支持关系和轻重缓急,只要明确了支援关系,被支援指挥官就有权对支援行动行使全面指挥权。

除以上四种基本的指挥控制关系之外,美军网络空间作战指挥还有更细分的直接支援(Direct Support)、协调(Coordination)、网络空间作战指令权(Directive Authority for Cyberspace Operations,DACO)。其中,网络空间作战指令权类似于一种技术操作指令,由参谋长联席会议主席执行令确立,可以对国防部信息网络进行全范围内的同步保护,如国防部信息网络联合部队总部指挥官对负责全球国防部信息网络运维和防御性网络空间作战—内部防御措施的所有国防部各构成部门拥有网络空间作战指令权。由于美国国国防部网络力量和各军兵种网络力量的分散性,以及美军主要实行联合作战指挥体制,各网络力量在编配使用上与上级联合司令部,或与同级和下级司令部之间会因各种具体情况的不同而构成以上多种不同的指挥关系,其中作战控制、支援和协调等关系使用较多。

第二节　美军网络空间作战指挥控制体制演进脉络

一、总体演进历程

关于美军网络空间作战指挥的讨论开始于20世纪90年代末期。美军最早建立的高层网络防御作战机构是作为国防信息系统局组成机构的计算机网络防御联合特遣部队(JTF-CND),由时任国防部部长批准设立,并直接向其报告,主要负责保护五角大楼在美国本土和全球范围内的网络系统。1999年年末,计算机网络防御联合特遣部队发展为计算机网络作战联合特遣部队(JTF—CNO)。

2002年,计算机网络作战联合特遣部队重组并归建到战略司令部下,计算机网络防御任务自此归属于美国战略司令部的职责范围。2004年版《统一指挥计划》作为美军顶层文件正式赋予战略司令部网络空间整合与协调职责,并由战略司令部与联合部队司令部①分担 C⁴ISR 相关任务。2008年版《统一指挥计划》进一步明确了美国战略司令部司令负责网络空间作战的同步计划制订,并在采取此类行动时与其他作战司令部、各军种协调,并根据指示与美国政府的相关机构协调。

2009年6月,网络司令部作为战略司令部下属的次级司令部成立,以整合网络空间作战力量和资源,专门负责网络空间作战。至此,网络空间防御作战指挥权和作战控制权分别归属战略司令部和网络司令部。根据2011年版《统一指挥计划》,美军进一步加强了网络空间作战的全局指控,除美国战略司令部仍保留网络空间作战指挥权外,美国网络司令部在网络空间作战上有绝对的作战控制权。

2018年5月,美国网络司令部升级为与战略司令部平级的一级作战司令部,具备了网络空间作战指挥权。根据联合作战条令2018年新版《网络空间作战》,美国网络司令部具有网络空间作战指挥权,并将网络空间作战控制权赋予下属各总部。

二、相关问题讨论②

美军网络空间作战指挥控制体制的建立是不断迭代发展和逐渐完善更新的过程,并不是一蹴而就的。在此过程中,各军种、战区作战司令部,以及学术界均从不同角度分析了各种指控模式的利弊,进行了激烈的讨论,相关讨论在界定网络空间作战利益各方的职能方面提供了不同的见解,具有一定借鉴意义。因此,这里重点从学习借鉴的角度,分析梳理美军网络空间作战指挥控制体制演进过程中的不同观点,希望能给读者带来一些启发。

(一)问题来源

自2008年版《统一指挥计划》明确赋予美国战略司令部指导全球信息栅格③运维和防御的职责,关于网络空间作战指挥控制的相关问题一直在美军内部被广泛讨论,讨论的焦点是战略司令部和战区作战司令部之间的职责问题,即网络空

---

① 联合部队司令部的前身是冷战时期的美军大西洋司令部,20世纪90年代更名,主要负责训练部队,并研究美军的改革和转型,担负联合军种训练任务,制定联合军种作战条令,2010年被撤销。

② 美军网络空间作战指挥相关问题的讨论,主要集中在网络空间作战概念演进的第二阶段——网络作战(NetOps)阶段,因此本书主要介绍网络作战的作战指挥存在的相关问题。

③ 美军第二代国防信息基础设施,2013年6月的美国军语词典 JP1-02 中明确废止"全球信息栅格"这一词汇,用"国防部信息网络(DODIN)"代替。

间作战统一集中的指挥控制以及战区在其责任区中的职权之间的矛盾问题。

2008 年版《统一指挥计划》明确美国战略司令部司令的具体职责包括：指导全球信息栅格运维和防御；制订针对网络空间威胁的计划；在生成跨责任区网络空间效能前与其他作战司令部和美国政府相关机构协调；根据指示，就网络空间相关事务向美国国家机构、美国商业实体和国际机构派出军事代表；促进网络空间能力；与战区作战司令部协调，整合支援网络空间作战的战区安全合作活动、部署和能力，并向国防部部长提出优先事项建议；制订作战环境准备计划，并根据指示执行作战环境准备计划，或与战区作战司令协调同步执行作战环境准备计划；根据指示实施网络空间作战。

根据《统一指挥计划》，战区内所有力量受控于单一指挥官，该指挥官掌握必要权力来指导所有力量部署以推进同一目标，禁止两个指挥官在任何时刻对相同部队行使效力等同的指挥权，其目标是确保指挥官对任何作战目标都能做到统一步调。但 2008 年版《统一指挥计划》赋予美国战略司令部指挥官指导和防御全球信息栅格（GIG）的责任。按照此规定，战略司令部和战区作战指挥官在网络空间作战指挥与控制上有较多问题需要协调解决。因为按 2008 年版《统一指挥计划》，网络空间作战指挥与控制职能更多赋予了美国战略司令部，并没有为战区司令部、指挥官战区网络空间作战设定合适的权力，而战区司令部在其责任区内则需要依赖国防部信息网络实施作战，并对所有作战力量和作战问题拥有单一指挥权。自此关于战略司令部和战区作战司令部之间的职责问题开始广泛被讨论。

（二）军种观点

尽管各个军种的定位不尽相同，但是在网络空间作战中追求高效、合理的作战方法是他们共同的主题。不同的部队肩负着不同的职责，他们建立了独立的作战网络、应用设施和辅助工具来满足自身需求，并将其连接到全球信息栅格。每个军种都要负责运维一部分全球信息栅格，这在一定程度上需要各军种间作战链的集中化管理，这样才能获得所期待的作战效率和投入回报率。

关于对全球信息栅格进行集中化控制的主要理由是网络空间作战的全球性特质。国防部以网络为中心的目标是提高军事态势感知以及显著缩短决策周期，该目标的实现只能通过网络和企业服务的横向融合，所有这些都需要集中控制。为了更好地利用紧缺资源，国防部必须从全球性的角度来考虑何时何地调拨何种资源。对卫星传输波段、标准战术入口站点、带宽等资源的分配以及网络空间作战部队自身支持特定的任务，都必须要在充分理解全球性影响的前提下执行。从军种的角度来看，集中化和企业化管理使得运维和防御其网络所需的部队结构扁平化。

在海军方面，他们指出海上部队的一个本质性特点就是全球流动性，海军部队作战时会不断地在各个战区作战司令部之间穿插。尤其是像航母战斗群这样的单位，一旦被部署出发，就不可能一直在一个战区。另外，即使是战区作战司令部所采取的战区级别的行动,也有可能产生全球性的影响。网络防御态势的调整可能对军种内联网带来巨大的经济负担,而且作战司令部还有可能无法了解到调整行为的具体细节结果。

对国防部网络的威胁也是全球性的。敌人不可能轻易地攻击地球两端的实体基础设施,但是在网络空间,这样的事情经常发生。有关攻击的信息必须在全球范围内快速共享,以确保攻击者使用的方法可以在整个全球信息栅格中被识别和防御。病毒的爆发是毫无争议的全球性事件,如果认识不到这一点的话,美军将会受到更大的损失。

海军强调没有任何事件的影响会仅限于某个战区范围,所有关于网络空间作战的努力都必须是全球性的。他们的理由是网络空间作战是没有地理界限的,战场空间由国防部全体平等共享,为了获得信息优势,国防部必须能够通过快速地在全球范围内分享信息,来操作和聚集效能。

此外,空军和海军都指出,网络空间作战部队不是分配给作战司令部指挥官的。无论是空军还是海军,在作战司令部的责任区内都没有专业的网络空间作战组织(如军种战区网络作战与安全中心),在战区的大多数网络力量只是安装和维护人员。最后,空军和海军都指出,战略司令部是官方文件中唯一提到的负责全球信息栅格的作战司令部。

(三)战区作战司令部的观点

对地理作战司令部来说,在网络空间作战的指挥控制方面有两个需要关心的问题。一是需要对战场信息栅格进行及时的控制,二是需要把网络变成一个武器系统,让指挥官们可以像对常规的武器系统一样共同利用网络资源,利用网络全方位的优势来进行全面的战斗。军种网络空间作战部队的集中化必须对战区作战司令部透明,并且不能损害战区作战司令部在必要时对网络实施作战和直接行动的能力。相关军种必须能够有效地对来自多个被支援作战司令部的指示进行优先排序和响应,就像它们在战区维持网络空间作战部队时所做的那样。随着前沿部署的部队越来越依赖于通过全球信息栅格提供的能力,这种情况会进一步恶化。当集中化导致军种部队无法或不愿响应作战司令部指挥官的需求时,作战司令部指挥官对网络空间作战的辅助和对抗作用因此而受到了损害。

1. 中央司令部的观点

美国中央司令部认为,在多数情况下战区作战司令部必须对网络空间拥有绝对的作战指挥与控制权,以支持战区作战司令部责任区内的优先事项。美国中央司令部建议对网络空间指挥与控制采取一种混合模式,整合战区作战司令部和军种网络组成指挥机构,建立一个区域网络中心(RCC)跨越整个责任区来同步和协调网络力量。

2. 欧洲司令部的观点

美国欧洲司令部的网络空间指挥控制理念更侧重于在欧洲司令部责任区内

通过网络空间作战达成作战效应,而不是对网络资产和网络机构进行特殊的指挥控制。欧洲司令部由其下属作战部J3副部长,来担任联合部队网络中心主任和美国网络司令部网络集成中心主任,从而将网络空间作战规划与情报、作战、信息技术和通信保障等有效整合。在该框架下,美国欧洲司令部希望将网络司令部的网络支持要素(CSE)和国防信息系统局的战区网络作战中心整合到联合部队网络中心作战和计划部门中。

3. 太平洋司令部的观点

美国太平洋司令部的观点与美国中央司令部类似,强调在责任区内的统一原则。美国太平洋司令部对在其责任区内网络空间作战的指挥控制提出了四点目标,其中第一(也是最主要的)目标是确保战区作战司令部指挥官像其他作战域一样,在其责任区内具有网络空间作战领域内统一的指挥控制权。

4. 南方司令部的观点

美国南方司令部在实现网络空间的角色、责任与授权之间的平衡等问题上的观点与其他战区作战司令部类似,承认网络空间是一个全球域,但在责任区内,还是有其特殊性的。美国南方司令部认为网络司令部和战区作战司令部需要进行协调以确保统一行动,即通过联合网络中心与南方司令部联合作战中心联合实施或协调。

(四) 学术界的观点

美军学术界也对战略司令部和战区作战司令部之间的职责问题展开研究,提出了系列解决方案。学术界普遍认为,随着2008年版《统一指挥计划》的颁布,美军的网络空间作战指挥与控制体系出现了混乱,造成了战区作战司令部指挥官无法达到统一指挥与统一步调。与此同时,学术界一致认为,在维持战略司令部全球性网络空间作战主导地位的同时,应赋予战区作战司令部对其战区内网络空间作战的绝对控制权。

1. 重新定义全球信息栅格以划清责任边界

2009年,美国陆军战争学院罗伯特·A.巴克发表的《网络作战的指挥与控制》指出,目前的网络作战指挥与控制体系是为支持美国战略司令部的任务而制定,并没有为战区作战司令部指挥官在其战区网络中设定合适的权力。并且全球网络作战联合特遣部队(JTF-GNO)不能在一个战区作战司令部指挥官的联合战场网内决定影响网络作战的事情。网络指令必须在战区作战司令部指挥官的协调下,确保这样做不会干扰当前的作战。另外,各军种在战区作战司令部指挥官的作战控制下,对已部署的本军种战术网络也无权指示变更。军种网络作战权限仅可通过各自的作战基地网络扩展。

作者认为当前对全球信息栅格的定义是导致上述问题的一个关键因素。国防部将全球信息栅格定义为"拥有和租用的所有通信与计算系统和服务、软件、应用、数据、安全服务以及其他对获得信息主导权必要的相关服务。"这个定义并没有划定战区作战司令部指挥官的联合战场网络和全球信息栅格的区别,也没有确定军种网络和联合战场网络要有效指挥与控制的作战边界。基于此,作者提出重新定义全球信息栅格以划清责任边界,并提出战场信息栅格(TIG)概念,将整个全球信息栅格划分为3层。第0层包括两部分,第一部分是国防信息系统局(DISA)运维、管理的网络,由国防信息系统局自有或租用的所有通信与计算系统、电信与国防部管理软件、应用、数据、安全服务和国家安全系统组成。第二部分是各军种运维、管理的军种作战基地网络,由战略到战术入口点(Strategic to Tactical Entry Points,STEPs)、电信港(Teleport)、区域性枢纽节点、地区处理中心组成。第1层由作战指挥官所有的战场设备组成,直接连入全球信息栅格第0层,并延伸国防信息系统网络(DISN)服务进入战场飞地。第1层将向已部署的战术部队提供战时访问国防信息系统网络和战场特别信息服务的能力。第2层是已部署的军种部队的战术网络,支持作战单元的指挥与控制,该战术网络在战区指挥官的作战控制之下。作者认为,战场网络的各组成部分是第1层,而已部署的部队的战术网络是第2层,两者将组成战区指挥官的战场信息栅格。

2. 平衡战区作战司令部和全球信息栅格集中化控制的需求

2009年,美国陆军皮特·J. 贝姆发表《战区作战司令部在网络作战中所应扮演的角色》,介绍了全球信息栅格网络作战的基本任务,分别从各军种、战区作战司令部、战略司令部三个视角,以及从全球性事件、非全球性事件、战区性事件三个维度,描述了当前网络作战的指挥控制关系。作者认为全球信息栅格的集中化控制和战区作战司令部的切实需求是导致各军种、各作战司令部对网络作战持有不同观点的原因,应寻求集中化控制和战区需求之间的平衡。

作者认为要解决这一问题需要解决三个问题,一是"谁对网络作战负第一领导责任";二是"网络作战进行集中化指挥具体在哪个层面上得到体现,全球层面、战区层面还是其他层面";三是"网络效能仅仅是作战司令部指挥官向全球网络作战联合特遣部队请求的一种服务,还是战区作战司令部指挥官需要获得战区内的网络指导和优先权"。针对上述三个问题,作者个人的观点如下。

一是创建一个单一的、明确的网络作战指挥链,保证战略司令部作为所有网络作战被支援司令部的地位。这就可以解决刚才提到的"谁负第一领导责任"的问题。单一的指挥链可以保证参加网络作战的部队知道自己应该听从谁的指挥、应该向谁报告,在这条指挥链中,必须包括战区作战司令部。

二是赋予地理作战司令部在其责任内的指挥权。修正《统一指挥计划》以明确战区作战司令部在其责任区内对网络作战的职责。修正已有的全球信息栅格网络作战概念,以明确在战区中没有军种战区网络作战与安全中心的军种可通过全球网络作战与安全中心向战区作战司令部提供直接支援。明确全球网络作战联合特遣部队的所有指令都要通过战区作战司令部来执行。

三是合并战区网络作战控制中心(TNCC)和战区网络作战中心(TNC),建立联合网络作战中心(JNC)。将联合网络作战中心作为战区内网络领域的联合组成司令部,由J6部门负责。战区作战司令部J6部门将有双重职责:一个是在战区作战司令部作战控制下的战区J6部门,另外一个是作为战区网络作战权威机构,在全球网络作战联合特遣部队的战术控制下作为联合网络作战中心。所有军种战区网络作战与安全中心都将在联合网络作战中心的战术控制下。任何在战区内没有军种战区网络作战与安全中心的军种,都将通过其全球网络作战与安全中心直接支持联合网络作战中心。

3. 建立类似战区特种作战司令部的联合网络职能组成司令部

2011年,美国陆军战争学院哈利·M. 弗里贝里发表《论美国网络司令部对战区作战司令部的支持》。作者认为,目前战区作战司令部中没有相应的机构来统一战区网络作战力量的指挥控制,使得战区作战司令部无法快速响应网络事件,导致战区网络作战的极度被动。针对这种情况,作者提出应参照战区特种作战司令部,成立联合网络职能组成司令部,负责战区内网络作战。该司令部指挥官主要有三种职责:一是战区内网络部队的联合部队指挥官;二是战区作战司令部指挥官的网络作战顾问;三是联合部队网络职能组成司令部指挥官。

三、体制逐渐明晰

美军在对网络空间作战指挥控制体制的讨论中吸取经验教训,在不同利益攸关方中寻求有效平衡,伴随2009年美国网络司令部的成立,美军相继出台了《网络空间作战指挥控制暂行作战概念》《网络空间作战条令》,其网络空间作战指挥控制体制逐渐明晰。

(一) 开始正规

2012年3月,美军联合参谋部颁布《网络空间作战指挥控制暂行作战概念》,遵照联合作战对特种作战的指挥控制架构,制定了网络空间过渡性的指挥控制组织架构,标志着网络空间作战的正规化。网络空间过渡性指挥控制组织架构如图4-2所示。

《网络空间作战指挥控制暂行作战概念》要求国防部在国防部信息网络运维、防御性网络空间作战和进攻性网络空间作战这三大网络空间作战线担负作战任务的所有单位必须建立合作关系,并强调这种合作的重要性。在临时框架中,美军网络司令部按照战略司令部司令的授权负责管理日常的全球性网络空间行动。在通常情况下,网络空间作战需要战区行动和全球行动之间的协调,战略司令部/网络司令部司令和战区作战司令部构成支援与被支援关系。获得支援的指挥官需要把网络空间作战融合到自己的作战概念、详细作战计划和命令以及具体的联合进攻和防御性作战行动中,以确保实现统一协同。如果网络空间作战的一阶效应发生在某个责任区之内,该责任区的战区指挥官就是获得支援的指挥官。同样,如果网络空间作战的一阶效应是全球性的或跨战区(跨越责任战区)的,那么

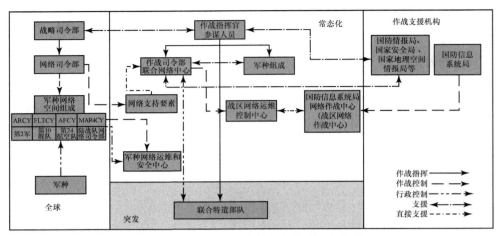

图 4-2　网络空间过渡性指挥控制组织架构

战略司令部/网络司令部司令就是获得支援的指挥官。国防部信息网络运维和防御性网络空间作战的指挥控制可能需要在一定条件和某些情况下采取预先确定、预先授权的行动,这些行动可能要求快速响应且可以人为或自动执行,联合部队指挥官和规划人员应该了解这些行动的指挥关系,知道它们如何形成,应该如何使用,如何在不影响其他作战行动的前提下协调冲突问题。

（二）奠定基础

1. 指挥控制架构

2013 年 2 月,美军内部发行联合出版物 JP3-12《网络空间作战》,并于 2014 年公开发布,其网络空间作战指挥控制框架基本参照《网络空间作战指挥控制暂行作战概念》的过渡性指挥控制架构,如图 4-3 所示。《网络空间作战条令》指出,在过渡性框架基础上可以通过更多研究建立一个持久的指挥控制架构;以后的控制架构应能够为全球、战区和功能性网络空间作战定义作战通道（Operational Lane）;实现统一行动;支持战区作战司令部使用目前的授权及时实施作战。

2. 角色和职责

2013 年版《网络空间作战》明确了战略司令部、网络司令部、军种、战区作战司令部等机构在网络空间作战方面的具体职责。

战略司令部具体职责包括 5 项,其中网络司令部职责 1 项。①与参谋长联席会议主席、军种参谋长和作战司令部指挥官协调,全面负责国防部信息网络的运维和防御。战略司令部按照总统或国防部部长的指示,通过网络司令部,负责网络空间作战以保障、运维和防御国防部信息网络,保护美国关键网络空间资产、系统和功能,免受入侵或攻击。在总部一级,战略司令部与其他作战指挥官协调,评估和报告国防部信息网络的战备状态。此外,美国战略司令部负责国防部各部门之间的标准化工作,实施问责制,并根据需要,通过作战司令部与伙伴国合作建设

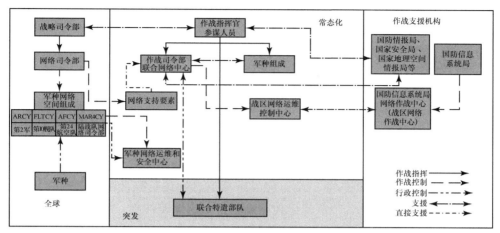

图 4-3　网络空间作战指挥控制架构图

网络空间联合作战方能力。②、③战略司令部卫星通信职能。④支持《统一指挥计划》分配的任务。与情报界、作战司令部、军种、机构和相关的合作伙伴进行协调，促进网络空间接入能力的发展，支持规划和作战；提供共享的网络空间作战态势感知和征候与预警态势感知；根据指示，向美国的国家机构、商业实体和国际机构派驻军事代表，处理网络空间问题；通过适当的手段，将当前或发展中的威胁和异常情况，通知到各作战司令部，以降低潜在的风险，确保系统、网络、服务、电磁频谱使用的有效集成，并使各作战司令部遵守美国国防部规定的配置标准；分析国防部信息网络面对的威胁，根据威胁评估的有关结论，改变全球信息环境配置；计划并根据指示协调关于关键基础设施和关键资源的防御性网络空间作战行动；对于全球性事件，美国战略司令部是被支援司令部。⑤网络司令部职能。作为战略司令部的网络空间作战执行机构，计划、协调、整合、同步和开展国防部信息网络安全、运维和防御，准备并在接到指示时，进行全谱军事性网络空间作战；对于全球性事件，战略司令部司令是被支援的指挥官，对于战区性事件，网络司令部司令可以是一个提供支援的指挥官；网络空间支持要素由网络司令部抽组构建，接受网络司令部的作战控制，作为作战司令部和网络司令部之间的协同接口，部署到作战司令部直接支持战区联合网络中心（JCC），协助其开发网络空间需求，把网络空间作战协调、整合进入司令部规划过程，防止发生冲突；充分利用情报界，建立和共享网络空间的全面态势感知，以支持国防部和作战司令部指挥官；在战场环境联合情报准备和目标系统分析产品中网络空间部分的发展和建设方面，支持各作战司令部；向受支援的作战司令部提交意向目标，以纳入候选目标列表；向受支援的作战司令部目标选定参谋人员提交一个目标意向清单。

作战司令部指挥官具体职能包括以下 10 项。①运维和防御各自司令部内的战术网。②将网络空间作战能力整合到所有的军事行动；把网络空间作战纳入计划(概念规划和作战计划);与联合部队、战略司令部/网络司令部、军种组成部队和国防部机构紧密合作,创建完全集成的能力。③各战区作战司令部与战略司令部/网络司令部协调网络空间作战的规划工作,指明网络空间作战的预期效应,并确定在各自责任区内支持战区作战司令部任务进行网络空间作战的时序和节奏。各职能作战司令部指挥官负责指导国防部信息网络运维和防御,使其与职责相一致。④战区作战司令部通过联合司令部战区网络控制中心(TNCC)或类似机构,牵头、安排和指导战区具体的防御性网络空间作战,响应网络安全事件。当一个网络安全事件被网络司令部归类为"全球性的",各作战司令部指挥官将按照战略司令部的要求和国防部部长的指示,支持战略司令部指挥官(作为受支援指挥官)完成所需的响应工作和任务。⑤作为国防部信息网络运维的多国合作联络点。⑥根据国防部部长指示,为作战行动制订通信系统保障计划,并确保国防部部队与非国防部任务伙伴在设备、程序和标准方面的互操作性。⑦保留审批权限,批准或拒绝国防部相关部门针对国防部信息网络提出的对战区有影响的改造要求。⑧战区作战司令部与国防部资产所有者、国防部构成机构的领导和国防部基础设施部门牵头负责人三方协调,采取措施防止其责任区内的国防部拥有的国防关键基础设施的损失或降级。对于非国防部拥有的国防关键基础设施,与参谋长联席会议主席和负责政策的助理国防部长协调,且只有在得到国防部部长的指示后,才能采取行动以防止或减轻国防关键基础设施的损失或降级。⑨与战略司令部协调,提供网络空间能力和资源,以支持作战指挥官的任务。⑩为电磁频谱用户提供监管和业务指导,确保用户按照美军与东道国之间的协议使用所需频率。

军种具体职能包括 5 项。①为分派给或配属于作战司令部的网络空间力量提供适当的管理和支持。②按照国防部部长指示,训练和装备网络空间作战部队,部署/支持作战司令部。按照国防部部长指示,各军种将提供网络空间作战能力,部署/支持作战司令部。③按照美国战略司令部的指示,继续负责国防部信息网络的运维和防御。④与战略司令部协调,确定网络空间任务需求和部队能力的优先级。⑤通过陆军(陆军频谱管理办公室)、海军(海军和海军陆战队频谱中心)和空军(空军频谱管理办公室)的授权,为用户提供电磁频谱管理以及使用无线电频率的操作指南。

(三)逐步成熟

随着 133 支网络任务部队作战能力日益成熟,美国网络司令部升级为一级司令部,美军网络空间作战进一步正规化。为进一步规范网络空间作战指挥控制关系,2018 年 6 月,美军颁布新版联合作战条令——联合出版物 JP3-12《网络空间作战》,标志着美军网络空间作战的成熟化。

1. 2018 年版和 2013 年版的区别

与 2013 年版《网络空间作战》条令相比,2018 年版条令在发布形式上,从保密版本变成非保密版本(仅附加一个保密的附录),在内容上,主要有以下变化。

一是进一步突出网络司令部的职能作用。2017年8月,美国总统特朗普宣布,将美国网络司令部从战略司令部下属的次级联合司令部,升级为负责网络空间作战行动的一级联合作战司令部。2018年5月,网络司令部举办升级和指挥官更替仪式,正式成为联合作战司令部。新版条令在其升级后出台,因此强调了网络司令部的统领地位,规定网络司令部负责"计划、协调、整合、同步、执行网络空间作战行动,指挥国防部信息网络安全、运维和防御,根据指示在国防部信息网络外部实施军事网络空间作战行动"。"网络司令部司令对所有属于《全球兵力管理执行指南》的网络空间部队有作战指挥权,与所有其他作战指挥官有支援关系。"可见,美国网络司令部升级有助于争取更多的政策、权力与资源支持,便于有效推动网络空间作战力量建设,进一步强化了美军网络空间作战行动的统一指挥协调,加速网络空间作战与传统作战的融合进程。新版条令以正式文件形式规定了其职责界定,明确其全权负责美军网络空间作战的统领地位,体现了其职能作用的提升。

二是阐述了各类网络任务部队的作用和职责。美军于2014年开始组建133支共计6187人的网络任务部队,重点打造专司网络攻防作战的精英部队。截至2018年5月,133支网络任务部队(包括陆军41支,海军40支,空军39支,海军陆战队13支)已形成全面作战能力。新版条令充分体现了美国网络任务部队建设成果,新增阐述网络空间作战力量内容,规定美国网络司令部司令对网络任务部队行使作战指挥权,各军种为网络空间部队提供人员、训练和装备。网络任务部队分为三类:一是保护国防部信息网络或其他己方网络的网络防护部队;二是保护国家关键信息基础设施、开展威胁响应的国家任务部队;三是执行进攻任务的作战任务部队。美国网络司令部通过下属总部对网络任务部队和其他网络空间力量实施指挥和控制,这些总部包括国家任务部队总部、国防部信息网络联合部队总部、网络空间联合部队总部和军种网络空间组成部队总部。在网络任务部队已具备完全作战能力的背景下,新版条令明确了对各部队职能作用及其关系,将为其发展建设和组织运用提供指导依据和法规保障。

三是完善了网络空间作战指挥控制机制。近年来,美军网络空间作战指挥关系一直处于不断变化调整之中。2013年版条令采用了规范网络空间指挥控制机制的临时框架,初步规范了网络空间作战融入联合作战的指挥控制架构。新版条令进一步细化完善网络空间作战指挥控制模式,明确网络空间作战主要采用集中计划和分散实施的方式,重点是统筹协调全球和战区网络空间作战,建立支援/被支援指挥关系,区分常规和危机/应急时,提供了两个指挥控制模型。鉴于网络空间作战的专业性,美国网络司令部把"控制权"交给下属各总部,由各总部对相应的任务部队进行作战控制,同时通过"网络空间作战–综合计划要素"向战区联合作战指挥官提供直接支援。当出现危机/应急时,网络司令部采用"任务定制兵力包"形式向战区联合作战指挥官提供直接支援。任务定制兵力包是网络司令部定制的一种支援能力,根据特定危机或应急任务需求,组建一支量身打造的部队,交由被支援的指挥官进行战术控制。有效的网络空间作战指挥控制还需要通用作战态势图的支持,因此需要保持网络空间态势感知能力。网络空间作战分队必须能够灵活地进行前出部署和回撤,才能有效提供全球网络空间作战支援。

四是把信息作为一种联合职能进行了阐述。美军非常重视信息的作用,认为网络空间是信息环境的一部分,是一种媒介,通过网络空间可以使用军事信息支援行动或军事欺骗等。新版条令新增管理应用信息职能,指出信息职能包括信息的管理和应用及其与其他联合功能的紧密整合,以影响相关行为体的感知、行为举止、是否采取行动,并为人工和自动化决策提供支持。强调信息职能可以帮助指挥官和参谋人员在军事行动中更好地理解和利用信息,必须统筹网络空间作战与其他信息活动的关系,突出网络空间作战的信息融合,提升网络空间作战评估、决策水平。

2. 指挥控制架构

2018 年版《网络空间作战》进一步明确网络空间作战分级指挥与控制模式,分为全球与战区分级指挥与控制模式以及日常和应急状态指挥与控制体系。

(1)全球网络空间作战的指挥与控制。如图 4-4 所示,美国网络司令部司令是负责跨战区和全球网络空间作战以及管理日常全球网络空间作战的被支援指挥官,同时还是一个或多个地理或职能作战指挥官行动的支援指挥官。通过下属国防部信息网络联合部队总部、军种网络空间司令部、网络空间联合部队总部、网络国家任务部队总部四类总部具体实施。

(2)战区网络空间作战的指挥与控制。作战司令部是战区网络空间作战的被支援方,指挥所属网络力量,开展战区网络空间作战;并通过网络空间作战综合计划要素,接受网络司令部下属总部支援。

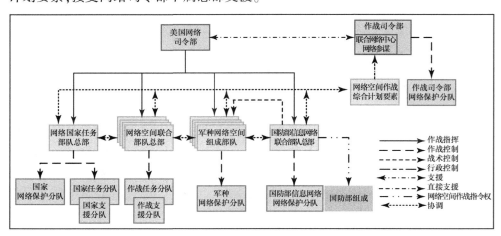

图 4-4 日常网络空间指挥与控制

（3）日常和危机/应急状态指挥与控制体系。如图4-5所示,日常状态下,网络司令部司令对编配的网络空间部队履行作战指挥权,为作战司令部提供支援;网络国家任务部队总部指挥官对网络国家任务分队拥有作战控制权;网络空间联合部队总部指挥官对网络作战任务分队行使作战控制权;军种网络空间组成部队总部指挥官对军种网络防护分队和网络司令部司令指派的部队(如网络安全服务提供商)拥有作战控制权;国防部信息网络联合部队总部指挥官对国防部信息网络防护分队拥有作战控制权,并在特定情况下,对军种网络组成部队拥有战术控制权。作战司令部对编配的网络空间部队拥有作战指挥权,并对作战司令部的网络防护分队拥有作战控制权。危机/应急状态下,日常指控关系仍将继续保持。此外,网络司令部在得到指示时组建任务定制部队,为作战司令部提供支持,网络司令部保持对任务定制部队的作战控制权,作战司令部对任务定制部队拥有战术控制权。该任务定制部队将在网络司令部与被支援作战司令部协调后撤回。

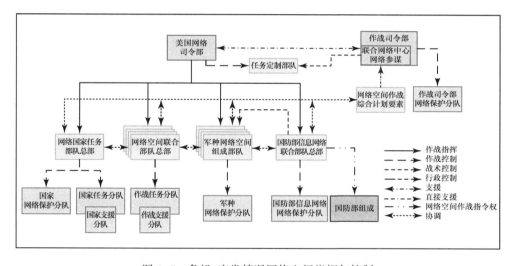

图4-5　危机/突发情况网络空间指挥与控制

3. 网络司令部角色和职责

2018年版《网络空间作战纲要》继续细化了网络司令部、军种部和作战司令部在网络空间作战的职责权限。军种部和作战司令部职责与2013年版变化不大,而随着网络司令部升级和内部组织架构的调整,其职责变化较大,因此不再叙述军种部和作战司令部职责,重点讲解网络司令部职责(总计14条)。

（1）作为网络空间作战的协调机构,负责计划、协调、集成、同步并开展两项活动:①指导国防部信息网络的安全、运维和防御;②准备并在得到指示的情况下,在国防部信息网络外部(包括灰色和红色网络空间)实施军事网络空间作战,为国家目标提供支持。

（2）依据国家和国防部的政策消除网络空间利用与网络空间攻击行动之间的冲突。

（3）对于需要跨多个地理责任区行动和效果的网络空间作战事件,美国网络司令部司令是被支援指挥官。对于战区特定的事件,网络司令部司令可以被指定为支援或被支援指挥官,这取决于下达的命令。

（4）利用情报界（IC）传感器,并指导国防部信息网络传感器,以建立和分享全面的红色和灰色网络空间态势感知,为指定任务提供支持。

（5）与情报界、作战司令部、各军种、国防部各局和外勤机构以及多国合作伙伴进行协调,以有利于更好地进入网络空间,为计划工作和行动提供支持。

（6）根据指示,向美国的国家机构、商业实体和国际机构派驻军事代表,处理网络空间问题。

（7）向作战司令部通报当前的或正在发展的网络空间威胁和异常情况,以降低潜在风险,有效集成系统、网络、服务和电磁频谱的使用,并确保符合国防部规定的国防部信息网络配置标准。

（8）对国防部信息网络受到的威胁进行分析,包括对外国网络空间恶意活动威胁的分析。按照威胁评估的要求,在作战司令部的协调下,改变国防部信息网络的全球保护态势。

（9）计划并按照指示协调或执行美国关键基础设施/关键资源的防御性网络空间作战。

（10）国防部信息网络联合部队总部指挥官。与所有作战指挥官和国防部其他部门协调,对全球的国防部信息网络运维和防御性网络空间作战-内部防御措施任务进行战役级的规划、指导、协调、执行和监督。维护由美国网络司令部司令确立的支援关系,包括负责战区/职能性国防部信息网络运维和防御性网络空间作战-内部防御措施的所有作战指挥官。指挥官,是全球国防部信息网络运维和防御性网络空间作战-内部防御措施的被支援指挥官。在责任区或职能任务领域受到影响的作战指挥官,是国防部信息网络运维和防御性网络空间作战-内部防御措施的被支援指挥官。根据美国网络司令部司令委派,指挥官对国防部所有部门和机构执行网络空间作战指令权。

（11）网络国家任务部队总部指挥官。在得到指示时,通过规划、协调、执行和监督战役级防御性网络空间作战-响应行动,实施本国的网络空间防御,此外得到指示时,在国防部信息网络之外的关键蓝色网络空间内,针对专注于其内部威胁的防御性网络空间作战-内部防御任务,指挥官可以使用国家网络保护分队。

（12）军种网络空间组成部队指挥官。在国防部信息网络联合部队总部指挥官的协调下,对其军种部分国防部信息网络运维和防御性网络空间作战-内部防御措施进行战役级规划、指导、协调、执行和监督。按照指示,为了实现国防部信息网络保护工作的统一行动,对军种编成内采取网络空间安全和网络空间防御行动的组织机构行使网络空间作战指挥权。对军种网络空间部队进行行政管理,包括那些被指派给美国网络司令部的《全球兵力管理实施指南(GFMIG)》所属部队。

(13)网络空间联合部队总部指挥官。分析、计划和执行网络空间作战任务,为作战指挥官提供支持。专注于细化情报需求(IR),提供有关行动方案可行性方面的战术专业知识,以及将网络空间作战纳入作战指挥官的计划和命令。

(14)美国网络司令部的网络空间作战-综合计划要素(CO-IPE)。在作战指挥官网络空间作战支援参谋编成内进行整合,为美国网络司令部提供网络空间专业知识和后援能力。网络空间作战-综合计划要素由来自美国网络司令部、国防部信息网络联合部队总部和网络空间联合部队总部的人员组成,并与各个作战司令部配置在同一地点,以便与它们的参谋机构充分融合。网络空间作战-综合计划要素为作战指挥官提供网络空间作战计划人员和其他所需的专家,从而为确定作战司令部的网络空间作战需求提供支持,并协助作战司令部的计划人员协调和集成网络空间作战并消除冲突。

第三节　美军网络空间防御作战指挥控制关系

一、概述

美军目前按照网络空间三大作战任务:国防部信息网络运维、防御性网络空间作战、进攻性网络空间作战,形成了三条不同的复合式指挥控制链,即国防部信息网络运维和防御性网络空间作战-内部防御措施(简称内部防御措施)指挥控制链、防御性网络空间作战-响应行动指挥控制链、进攻性网络空间作战指挥控制链。其中防御性网络空间作战-响应行动和进攻性网络空间作战分别由网络国家任务部队总部和网络空间联合部队总部指挥下属网络任务部队实施,作战指挥关系相对简单,并且在第二节中已经有所涉及(图4-4和图4-5),本节不再赘述。

此外,2018年版《网络空间作战》明确指出国防部信息网络运维和防御性网络空间-内部防御措施通常由相同人员执行(网络防护分队和作战司令部/军种保留网络空间部队),当网络空间安全措施受到损害时,执行人员要根据权限开展网络空间防御行动。网络防护分队通常由网络司令部下属总部和作战司令部直接指挥,相对简单;然而作战司令部/军种保留网络空间部队的指挥控制通常由各级企业运维中心以及网络运维和安全中心的密切配合,高度协同,指挥关系相对复杂。因此,本节主要从全球、战区、军种三个不同的视角来分析国防部信息网络运维和防御性网络空间作战-内部防御措施的作战指挥关系。

二、全球视角下的国防部信息网络运维和内部防御措施指挥控制

全球性国防部信息网络运维和内部防御措施指挥控制关系如图 4-6 所示。从图 4-6 中可以看出,美国网络司令部司令是负责跨战区及全球性国防部信息网络运维和内部防御措施的被支援指挥官,其他联合作战司令部司令要根据指令,建立与网络司令部之间的支援关系,以促进全球性国防部信息网络运维和内部防御措施的统一协调,消除由于各作战司令部需求与全球性国防部信息网络间的冲突。网络司令部将继续保持全球性国防部信息网络运维和内部防御措施的作战指挥权,将全球性国防部信息网络运维和内部防御措施的作战控制权委托给国防部信息网络联合部队总部(JFHQ-DODIN),具体负责全球性国防部信息网络运维和内部防御措施事宜。

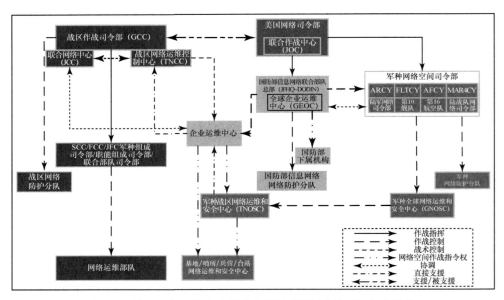

图 4-6　美军网络运维和内部防御措施指挥控制关系(全球视角)

国防部信息网络联合部队总部利用三级运维架构,负责组织协调全球性国防部信息网络运维和内部防御措施行动。三级运维架构指从国防部信息网络联合部队总部全球企业运维中心到企业运维中心(军种全球网络运维和安全中心/军种战区网络运维和安全中心)再到基地/哨所/兵营/台站等军事设施要地网络运维和安全中心的三级指挥控制架构。其中全球企业运维中心是三级运维架构的顶层,负责构建国防部信息网络运维和内部防御措施指挥与控制链路,具体包括:一是对国防部信息网络战略层级全球行动进行统筹、协调与同步;二是提出并实施国防部信息网络全球性挑战的应对解决方案;三是管控配置国防部信息网络全球性外部接口;四是为任务合作伙伴提供国防部信息网络核心技术支持;五是维

持国防部信息网络全球态势感知能力。

全球企业运维中心通过两条指挥控制链路来协调全球性国防部信息网络运维和内部防御措施。一是全球企业运维中心通过国防信息系统局为每个战区作战司令部配属的企业运维中心，指导战区国防部信息网络运维和防御。在这种指挥控制关系下，企业运维中心作为全球企业运维中心和战区作战司令部的联络点，接受全球企业运维中心的作战控制，同时接受战区作战司令部的战术控制，并对军种战区网络运维和安全中心以及军事设施要地如基地/哨所/兵营/台站网络运维和安全中心行使网络空间作战指令权。企业运维中心汇聚并为全球企业运维中心提供战区网络态势感知，确保全球企业运维中心对国防部信息网络战区部分的可见性，为有效协调战区和全球国防部信息网络运维和内部防御措施提供支撑（有关企业运维中心的更多描述可参考战区视角下的国防部信息网络运维和内部防御措施指挥控制）。二是全球企业运维中心通过军种网络空间司令部，指导军种部分的国防部信息网络运维。在这种指挥控制关系下，全球企业运维中心对军种网络空间司令部拥有战术控制权，并通过军种网络空间司令部对其下属军种全球网络运维和安全中心以及军种战区网络运维和安全中心行使作战控制权（有关军种网络运维和安全中心的详细信息可参考军种视角下的国防部信息网络运维和内部防御措施指挥控制）。此外，国防部信息网络联合部队总部对负责全球性国防部信息网络运维和内部防御措施的所有国防部机构拥有网络空间作战指令权。

三、战区视角下的国防部信息网络运维和内部防御措施指挥控制

（一）战区国防部信息网络运维和内部防御措施指挥控制关系

战区国防部信息网络运维和内部防御措施指挥控制关系如图4-7所示。从图4-7中可以看出，战区作战司令部司令负责战区国防部信息网络的运维和防御，是其责任区内国防部信息网络运维和内部防御措施的被支援指挥官，根据国防部部长指令，战区作战司令部与网络司令部之间建立支援与被支援关系。

其中网络司令部对战区作战司令部的支援关系主要体现在以下两个方面。一是日常情况下，通过企业运维中心和网络空间作战-综合计划要素为战区网络运维控制中心以及联合网络中心提供直接支援。网络空间作战-综合计划要素是根据2017年8月美国参谋长联席会议主席更新网络空间作战指挥控制框架的要求，由网络司令部在每个作战司令部建立，并于2019年"网络闪电"演习期间首次参加演习。该机构约40人，来自网络司令部下属各总部，旨在促进网络空间三项作战任务的规划和协调，为联合网络中心的网络空间作战参谋提供直接支持，为战区网络作战机构的实体化以及网络空间作战融入联合作战提供了有力支撑。在战区国防部信息网络运维和内部防御措施方面，网络空间作战-综合计划要素与企业运维中心协调，在国防部信息网络联合部队总部和国防信息系统局的支

下,为战区网络运维控制中心提供直接支援。二是在危机/突发情况下,网络司令部可抽组所属网络空间作战部队、额外的网络空间作战支援人员组成任务定制兵力包,为超出作战司令部的特定危机或应急任务需求提供支援。网络司令部保持对任务定制兵力包的作战控制权,作战司令部拥有对任务定制兵力包的战术控制权。

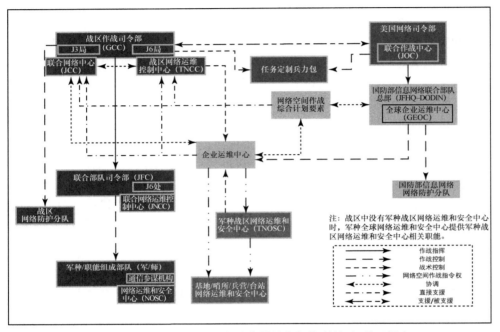

图4-7　美军网络运维和内部防御措施指挥控制关系(战区视角)

战区国防部信息网络运维和内部防御措施可根据战区网络的组成部分(军事设施要地网络以及已部署部队网络)分为以下两种情况。一是战区地理责任区范围内军事设施要地如基地/哨所/兵营/台站的网络运维和防御。在此情况下,战区作战司令部维持着"战区网络运维控制中心→企业运维中心→基地/哨所/兵营/台站网络运维和安全中心"的网络运维和防御指挥控制链,其中战区网络运维控制中心对企业运维中心拥有战术控制权,企业运维中心对基地/哨所/兵营/台站网络运维和安全中心拥有网络空间作战指令权。在需要时,战区作战司令部指挥官可直接指挥企业运维中心为战区网络运维控制中心提供支持,共享国防部信息网络战区部分的态势感知,满足战区作战司令部指挥官对网络的需求。此外,基地/哨所/兵营/台站网络运维和安全中心由军事设施要地所属的单一军种负责,管理要地内的网络运维和安全防御。二是已部署部队网络的运维和防御。在此情况下,战区作战司令部维持着"战区网络运维控制中心→联合网络运维控制中心→军种以及职能组成部队的网络运维和安全中心"的网络运维和防御指挥控制链。战区网络运维控制中心是战区作战司令部指挥官联合作战中的网络运维支持中心,负责防区内的国防部信息网络事件与活动的态势感知。战区作战司令部通过联合网络中心和J6局确定对网络运维和防御的指导和优先事项,并通过战区网络运维控制中心为下属各联合部队司令部及各军种或职能组成部队提供支持。此外,联合部队一般下设联合网络运维控制中心,作为国防部信息网络支持联合部队的运维机构,根据J6处的指导并与其协调,负责管理在作战和演习期间部署的国防部信息网络运维和防御。联合网络运维控制中心接受所保障的联合部队司令部指挥及战区网络运维控制中心的业务指导。美军明确,联合网络运维控制中心对部署于作战区域内的军种或职能组成部队和下属司令部网络服务中心具有直接指导权,还需对隶属于本级和下级司令部的通信控制中心实施技术管理。美军还要求,下属联合部队及军种或职能组成部队指挥官应该在其通信参谋机构中指定专职联络人或办公室,专门负责与联合网络运维控制中心的协调。联合部队所属军种或职能组成部队下辖通信部队中,一般的设有网络运维与安全中心,负责与联合网络运维控制中心协调,以获得技术和互操作性方面的援助,为本级部队提供运维保障,并及时、准确地向联合网络运维控制中心提供通信系统的态势感知数据。美军要求,如果为联合部队指挥官的联合网络提供的支持和为下级指挥官的网络提供的支持出现冲突,网络运维与安全中心不能自行决定优先为哪方提供支持,必须与联合网络运维控制中心协商确定优先顺序。

(二)战区主要作战机构详细职责

从上述内容可以看出,战区国防部信息网络运维和防御的主要作战机构有联合网络中心、战区网络运维控制中心、联合网络运维控制中心、企业运维中心等。具体详细职责如下。

1. 联合网络中心

(1)联合网络中心是作战司令部的作战要素,将战区国防部信息网络运维、防御性网络空间作战和进攻性网络空间作战整合。作为战区作战司令部指挥中心的扩展,联合网络中心为指挥官和企业运维中心提供战区网络态势感知视图和作战影响评估。

(2)联合网络中心和战区网络运维控制中心协调,基于指挥官和J6局的指导以及下属司令部的需求建立网络态势感知视图。

2. 战区网络运维控制中心

(1)战区网络运维控制中心通过技术通道控制配属或支持战区作战司令部的部队所操作的系统和网络。战区网络运维控制中心和联合网络中心协作,以响应网络司令部对全球国防部信息网络运维事宜的相关指令。战区网络运维控制中心负责监控战区网络、确定降级和中断的作战影响、协调对影响联合作战的降级和中断的响应、协调网络行动以支持不断变化的作战优先级。

（2）战区网络运维控制中心聚合来自企业运维中心、军种组成国防部信息网络运维组织以及联合网络作战控制中心的态势感知视图。共享的网络态势感知理解是确保战区作战司令部任务成功的关键。网络态势感知视图应用是企业范围内软件工具集的一部分，但是输入数据需求和输出报告是用户自定义的，以满足每个指挥官的需求。

（3）战区网络运维控制中心通过支持企业运维中心和国防部信息网络运维人员来确定和指导作战行动。战区网络运维控制中心指导战区内系统和网络管理活动以支持战区作战司令部指挥官的国防部信息网络运维决策。为了执行该任务，战区网络运维控制中心将：①与关注国防部信息网络运维的各界开展合作，确保有效的国防部信息网络运维和防御；②跟踪并解决系统和网络中断以及对客户服务不足等问题；③整理和分析来自军种组成部队、国防部机构、联合特遣部队以及已部署部队的报告；④指导国防部信息网络运维事件报告，分析此类事件对作战任务的影响，制定预备的行动方案，就网络降级、中断、事件和需要改进的方面等，向指挥官和其他高级决策者提出建议；⑤为企业运维中心和下属组织确定安装、配置和恢复系统、网络服务的优先级；⑥指导、协调和整合针对战区网络的网络攻击和入侵的响应；⑦指导网络司令部对全球国防部信息网络运维事宜的相关指令的战区响应；⑧和网络司令部协调以消除战区作战司令部国防部信息网络运维优先权和全球优先权之间的冲突。

3. 联合网络运维控制中心

联合部队司令部 J6 处建立一个联合网络运维控制中心作为已部署的国防部信息网络的运维中心，以支持联合部队。它在演习与作战期间管理作战司令部指定的已部署的国防部信息网络的战术通信、网络空间安全和网络空间防御资源。类似于战区网络运维控制中心，联合网络运维控制中心着力于区域性支持作战司令部作战，对战区网络运维控制中心而言，联合网络运维控制中心是其下级支援力量，而战区网络运维控制中心着力于国防部信息网络运维、防御性网络空间作战–内部防御措施以及信息分发管理。作战司令部责任区内的已部署的组成部队司令部和下属司令部的网络服务中心隶属于联合网络作战控制中心，并通过联合网络运维控制中心报告情况。联合网络运维控制中心的详细职责如下。

（1）对属于已部署的联合部队下属单位和下属司令部的通信控制中心实施技术管理。

（2）担当对联合通信网络与基础设施进行管理与作战指挥的单一控制机构。

（3）履行计划、执行、技术与管理职能。

（4）制定/分发标准/程序并收集/呈送通信系统管理统计数据。各职能部队与下属联合部队指挥官应该在其通信参谋部门当中指定一个办公室，以便于联合网络运维控制中心进行协调。

（5）向战区网络运维控制中心提供网络作战态势感知。接受战区网络作战控制中心的指导，并向其报告情况和状态。

4. 企业运维中心

国防信息系统局下辖 4 个企业运维中心，分别为：太平洋企业运维中心（对应太平洋战区）、欧洲企业运维中心（对应欧洲和非洲战区）、中央企业运维中心（对应中央战区）、本土企业运维中心（对应北方和南方战区）。

（1）国防信息系统局运营着企业运维中心，为战区网络提供近实时的监视、协调、控制和管理业务。企业运维中心在作战责任区内整合和分发综合网络态势感知视图。该功能包括共享、查询和向下查看战区军种组成和联合特遣部队有关情况。

（2）企业运维中心根据战区作战司令部或全球企业运维中心的需求开发、监视和维护网络态势感知视图。态势感知视图包括相关战区、战役和战术的系统、网络和内容管理状态信息。重点包括：在其战区内运维和保障国防信息系统网骨干服务；与战区网络运维控制中心合作，协调战区网络支持；与关注国防部信息网络运维的各界开展合作，确保有效的国防部信息网络运维和防御；向军种国防部信息网络运维中心发布技术指令，确保遵守战区作战司令部和网络司令部的指示；通过创建和分发战区网络态势感知视图来支持战区作战司令部、军种和国防部机构，网络态势感知视图包括无线和地面链路、卫星通信系统和企业服务；保持对态势感知的理解，支持当前和近期的行动和成熟的计划；与联合网络中心和战区网络运维控制中心协调，以确保网络态势感知理解的报告需求和视图规范；根据战区作战司令部和全球企业运维中心确定的优先级，持续监控和收集信息资源的性能数据；为战区网络运维控制中心或全球企业运维中心提供信息安全服务，包括：监测、报告和分析入侵事件和物理威胁，以及关联军种组成、下属作战司令部和联合特遣部队的入侵事件；帮助识别降级、终端和国防部信息网络事件对任务的影响；识别和解决影响战区网络资产安全的异常事件；执行事件、入侵监视和检测、战略漏洞分析、计算机取证，以及与战区网络相关活动的响应；确定行动路线，并在需要时指导功能和服务的恢复；指导行动路线，协调事件响应，保证遭受攻击网络的安全；与执法和反情报中心协调，接受其帮助和支持；管理战区无线电频率干扰解决方案；支持卫星异常解决方案；支持卫星通信干扰解决方案。

四、军种视角下的国防部信息网络运维和内部防御措施指挥控制

各军种依托军种全球网络运维和安全中心（GNOSC）以及军种战区网络运维和安全中心（TNOSC），负责国防部信息网络军种部分的运维和防御，并支援战区军种网络作战。

（一）陆军视角

陆军方面,陆军网络作战和集成中心（ACOIC）承担陆军 GNOSC 职责,并依托陆军网络企业技术司令部下属信号司令部和信号旅组建 5 个区域网络中心（本土区域网络中心、太平洋区域网络中心、韩国区域网络中心、西南亚区域网络中心和欧洲区域网络中心）。陆军视角下的国防部信息网络运维和防御指挥控制关系如图 4-8 所示。

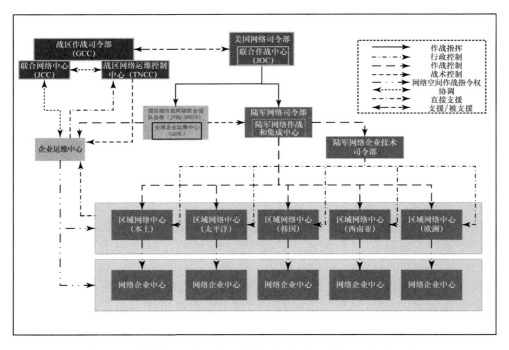

图 4-8　国防部信息网络运维和防御指挥控制关系(陆军视角)

陆军网络司令部所属陆军网络作战和集成中心是陆军网络运维和安全防御的军种顶层机构,接受美国网络司令部的作战指挥,并在全球性国防部网络运维和网络防御方面接受国防部信息网络联合部队总部的战术控制。对于战区陆军而言,主要依托所属区域网络中心开展网络运维和防御,各区域网络中心接受陆军网络作战集成中心的作战控制以及陆军网络企业技术司令部的行政控制。在战区网络运维和防御方面,战区的企业运维中心接受相应区域网络中心的直接支援,并对其拥有网络空间作战指挥权。

（二）海军视角

海军方面,海军网络防御作战司令部承担海军 GNOSC 职责,并建立 4 个 TNOSC（太平洋区域、大西洋区域、欧洲区域、中央区域）。海军视角下的国防部信息网络运维和防御指挥控制关系如图 4-9 所示。

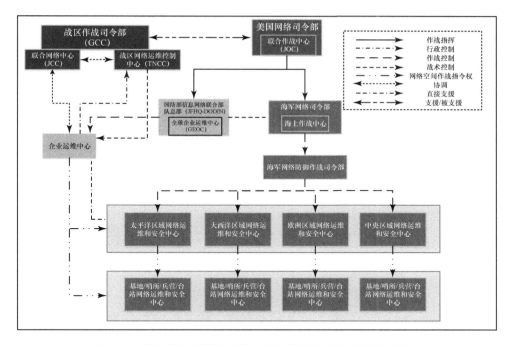

图4-9　国防部信息网络运维和防御指挥控制关系(海军视角)

海军网络司令部设置海上作战中心,负责计划协调海军范围内的网络空间作战,接受美国网络司令部的作战指挥,并在全球性国防部网络运维和网络防御方面接受联合部队总部国防部信息网络的战术控制。其中,网络运维和防御职能由海军网络防御作战司令部承担,接受海军网络司令部的作战控制。对于战区海军而言,主要依托所属区域网络运维和安全中心开展网络运维和防御,各区域网络运维和安全中心接受海军网络防御作战司令部的作战控制。在战区网络运维和防御方面,战区的企业运维中心接受相应区域网络运维和安全中心的直接支援,并对其拥有网络空间作战指挥权。

(三)空军视角

空军方面,空军616作战中心担负空军GNOSC职责,没有组建类似TNOSC的组织,由616作战中心为战区空军提供支援。空军视角下的国防部信息网络运维和防御指挥控制关系如图4-10所示。

(四)海军陆战队视角

海军陆战队方面,海军陆战队网络空间作战大队担负陆战队GNOSC职责,并组建了4个TNOSC(太平洋、大西洋、首都地区、预备役)。海军陆战队视角下的国防部信息网络运维和防御指挥控制关系如图4-11所示。

海军陆战队网络运维和防御职能由海军陆战队网络空间作战大队承担,接受海军陆战队网络空间司令部的作战控制。对于战区海军陆战队而言,主要依托所

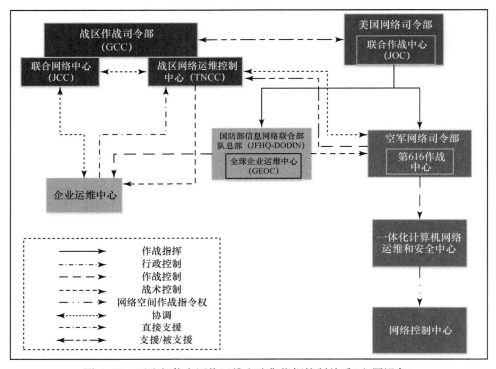

图 4-10　国防部信息网络运维和防御指挥控制关系(空军视角)

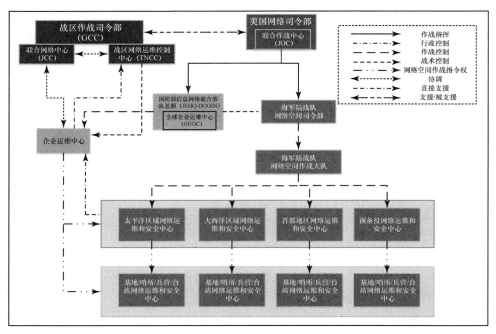

图 4-11　国防部信息网络运维和防御指挥控制关系(海军陆战队视角)

属区域网络运维和安全中心开展网络运维和防御,各区域网络运维和安全中心接受海军陆战队网络空间作战大队的作战控制。在战区网络运维和防御方面,战区的企业运维中心接受相应区域网络运维和安全中心的直接支援,并对其拥有网络空间作战指挥权。

第五章　美军网络空间演习情况

网络空间演习是网络技术和网络攻防态势发展的产物,更是网络空间作战力量运用的训练场和试验场。作为网络大国,美国不仅在网络技术方面长居领先地位,在网络演习方面也更为系统、成熟。多年来,美军网络空间演习随着其网络力量建设、攻防技术发展、演训环境完善、网络安全形势变化等不断演进创新,在发展建设、演习训练、实战运用三者之间形成了良好的协同互促效应,达成训建相长、训战互促。

第一节　美军网络空间演习基本情况

美军网络空间演习功能多样、覆盖面广、参与主体众多,已成为有效检验其网络武器装备、指挥控制、技战术运用、协调机制、体系漏洞的"试剑石",有力推动了美军网络空间作战能力进一步提升。

一、概述

美军网络空间演习起步较早。从公开掌握的情况看,最早可追溯至1997年的"合格接球手(Eligible Receiver)"演习。纵观其发展轨迹,美军网络空间演习多始于近20年,其中2005—2016年为集中爆发期。美军多数网络演习均始于该时期,与美国网络司令部成立及网络力量体系臻于完备时期基本重合。

从数量规模看,与其他国家相比,美军网络空间演习数量更多,规模更大,成熟度更高。与美军传统领域演习相比,美军网络空间演习无论数量和规模均稍逊一筹。数量方面,2019财年,美国全军联合演习共65项,其中联合级网络演习仅1项,即"网络闪电19"演习。规模方面,2023年8月9日至18日举行的"大规模演习"(LSE 2023)参演兵力达2.5万余人;相比之下,网络演习参演兵力多在数百人左右,最多2000余人。这与网络部队规模普遍较小以及网络演习技术性和虚拟性强等有密切关系。这些特点决定了网络演习必须求精求质,不能片面追求规模。

从演习种类看,美军网络空间演习按不同维度可分为多类。按举办方式,演习可分为桌面推演和实兵演习。美军网络桌面推演数量多,且多为闭门推演,外界难窥一斑。如2016年美国国防问责局(GAO)发布报告《国防民事支援:国防部要了解陆军国民警卫队的网络能力,应对其在演习中的挑战》。报告发布后,美国国防部举行了一系列桌面推演,对美军在网络空间领域支援民事当局的诸多问题进行推演,如法律、政策、指挥控制流程以及协调协同机制等。从近年来情况看,实兵演习往往与桌面推演联动举行。如"网络旗帜23-1"演习于2022年10月17日至28日举行,10月27日至28日举行多国研讨和桌面推演。按举办方和参与主体,演习可分为军兵种级演习、联合演习和多国演习等,以联合演习和多国演习居多。军兵种级演习包括陆军主办的"网络探索"演习等。网络司令部组织的具有一定影响力的网络演习基本为联合演习或多国演习。按涉及领域,演习可分为单纯网络演习和多域融合性网络演习,以前者居多。近年来,与传统领域演习融合举行的多域融合性网络演习呈增多之势。"网络旗帜"演习早期曾作为"红旗"空战演习的一部分,"网络闪电"则作为"全球闪电"演习的有机组成举行。按功能,演习可分为普通类、准战备检查类和竞赛类,以普通类居多。准战备检查类演习以"黑进"系列演习为典型,重在通过演习对其重要网络的真实安全状况进行近乎实战化的检验。竞赛类演习重在技战术和技能交流及挖掘网络人才,如"网络探索"的某些活动侧重于潜在漏洞样本分析,检验参与者漏洞分析技能;某些活动则聚焦于网络取证分析、网络数据包捕获分析等。

从演习性质看,研判以防御、运维性演习居多,但正逐步向攻防兼具的综合性演习发展。对于多数演习的实际性质,美军对外透露甚少。由于网络战目前仍处于国际交战规则缺失期,为维持对其有利的国际网络空间秩序,美军对进攻性网络演习一般秘而不宣,尤其涉及进攻性科目和手段运用情况更是讳莫如深。基于此,美军多宣称其网络空间演习为"防御性"演习。如,对"网络旗帜"演习,美国网络司令部官网的宣传式定性是"'网络旗帜'是网络司令部年度防御性网络演习"。从多方情况综合研判,美军网络空间演习进攻属性正逐步增多。以网络防御为主轴的"网络盾牌"在2016年度演习中就曾加入了必要条件下实施网络进攻的内容。"网络旗帜22-2"演习和"网络旗帜23-1"演习更是直接明确分别聚焦欧洲战区和印太战区,"战味"极浓。网络空间防御性演习仍为美军对外公开的网络空间演习的主体,有效推动了其网络空间防御力量的建设发展及运用检验。

二、"网络旗帜"演习

"网络旗帜"(Cyber Flag)是美国网络司令部牵头组织的年度大型多国网络演习。起初每年举行一次,近年来出现每年举办两次的情况(分别为2020财年、2021财年和2023财年)。每届举办时间短则数天,最长达20余天。其规模波动较大,从200余人到600余人不等。美国网络司令部宣称,"网络旗帜"属防御性演习,旨在提高美军与盟友及合作伙伴协同应对网络空间敌对行动的集体防御能力。从历年演习看,"网络旗帜"侧重战术演练,聚焦训练和检验网络任务部队能力建设和战备情况,提升其遂行职能使命任务的能力,强化网络域与陆海空天域的协同与融合。

(一)演习概况

"网络旗帜"系列演习是美国网络司令部"双子星"演习之一(另一个为"网络

卫士"系列演习)。美国网络司令部在网络空间主要有三项使命任务:运维和防护国防部信息网络、准备捍卫美国关键基础设施和支持联合部队指挥官目标。"网络旗帜"系列演习主要目的是训练和验证网络空间任务分队的能力及战备水平,支持其第一和第三项使命("网络卫士"系列演习主要支持第一和第二项使命)。该系列演习自2011年以来每年举办一次,每次演习持续时间大约1周,历次演习情况如表5-1所列。

表5-1 "网络旗帜"历次演习简介表

演习名称	时间	特色	演习地点	演习目的	规模
"网络旗帜12-1"	2011.11	首次"网络旗帜"系列演习	内华达州内利斯空军基地	1. 为未来的作战需求提供框架; 2. 关注网络司令部与各军种网络组成司令部之间的任务整合	来自网络司令部、各军种网络司令部的约300人
"网络旗帜13-1"	2012.10.29—11.08	演习证明在任务规划小组中整合网络情报十分重要,可以有效增强防御姿态	内华达州内利斯空军基地	1. 关注网络司令部与各军种网络组成司令部之间的任务整合; 2. 关注网络司令部和国防信息系统局的合作	来自网络司令部、各军种网络司令部的约700人
"网络旗帜14-1"	2013.11(为期11天)	网络任务部队(CMF)首次参加;国防信息系统局企业运维中心(EOC)首次参加	内华达州内利斯空军基地	1. 演练网络联合部队总部的指挥控制模式; 2. 演练新的战术、技术和程序(TIP); 3. 将网络防御和进攻融合在一起进行全谱作战; 4. 演练JIE NETOPS的战术、技术和程序	500余人参加演习,其中包括美国空军第24航空队50人,美国部分盟国派员参演。
"网络旗帜15-1"	2014.11	评估了网络任务部队和联合作战司令部正在增长的网络空间能力;提出美军需要一个持续训练环境(PTE)	内华达州内利斯空军基地	1. 执行与作战司令部其他域作战行动充分整合的联合网空作战; 2. 识别和保护关键网络地形; 3. 在拒止、竞争的网络环境中作战; 4. 演练战术和战役层面的网络空间作战指挥控制	无信息
"网络旗帜16-1"	2016.06.17—06.30	此次演习重点测试了美军正在构建的网络训练环境和网络部队的网络空间防御能力,以推动网络部队建设和网络联合作战演练	弗吉尼亚州萨福克联合基地	1. 为"五眼联盟"国家进行全方位网络空间作战提供支持; 2. 通过将网络整合到其他域的作战中,为联合作战指挥官提供决策支撑	无信息

续表

演习名称		时间	特色	演习地点	演习目的	规模
"网络旗帜17-1"		2017.06	演习强调真实部署，设定存在真实、有思想的假想敌部队（由军方、政府、合作伙伴和商业行业38个专业机构的100名攻击者组成）；增加了网络安全服务提供商的角色	无信息	1. 确定军方如何将网络空间能力纳入作战； 2. 确定参训团队是否可以在攻击性或防御性环境中识别网络的特征； 3. 了解在关键基础设施受损时应如何反应； 4. 确定军方如何与合作伙伴和盟友共享信息	19支团队参加本次演习，其中12支来自网络任务部队
"网络旗帜18-1"		2018	无信息	无信息	无信息	无信息
"网络旗帜19-1"		2019.06.21—06.28	首次试用持续网络训练环境（PCTE）；首次由非美国军方人员主导，由加拿大皇家空军人员担任组织者；首次将外军和美军进行混合编组	弗吉尼亚州萨福克联合基地	1. 加强网络攻击准备并建立伙伴关系，使关键网络基础设施免遭恶意破坏； 2. 检验"持续交战"和"前沿防御"作战理念	来自美国军方、国土安全部、能源部、邮政局及众议院，以及英国、加拿大、澳大利亚、新西兰四国军队的650名人员参加了此次演习
"网络旗帜20-2"		2020.06.15—06.26	通过持续网络训练环境远程开展；针对欧洲空军基地工业控制系统的集体防御性演习	远程分布式参与	继续建立防御性网络作战伙伴关系，提高"五眼联盟"网络防御整体能力	来自美国各国民警卫队、能源部、英国、加拿大、澳大利亚、新西兰四国的17个团队的500多名人员
"网络旗帜21"	21-2	2021.06	模拟印太司令部虚构的盟军后勤保障栈遭受两个对手的网络攻击；通过PCTE跨8个时区的3个国家开展；第一次评比冠军	跨8个时区3个国家	1. 评估网络保护分队（CPT）的有效构成要素，以重新调整CPT； 2. 关注网络安全事件的跨领域级联效应	来自美国各军种、国民警卫队、联邦机构以及英国、加拿大、澳大利亚、新西兰四国的17个网络保护分队（CPT）的430多名专业人员
	21-1	2021.11.15—11.20	针对SolarWinds渗透举行的多国演习聚焦集体防御；量身定制的综合威慑演练	弗吉尼亚州萨福克联合基地	增强美国及其盟友的集体网络防御能力，深化盟友合作伙伴关系，抵御对关键基础设施和关键资源的网络攻击	加拿大、丹麦、爱沙尼亚、法国、德国、立陶宛、挪威、荷兰、波兰、瑞典、英国等23个国家的200多名网络作战人员，14个国家现场参与，其他国家通过网络司令部国家网络靶场（NCR）参加

演习名称		时间	特色	演习地点	演习目的	规模
"网络旗帜22"		2022.07.20—08.12	设置"情报融合小组",检验情报在网络防御行动中的作用价值及融入模式,虚拟演习规模扩大五倍	马里兰州"梦想港"	不仅应用验证了"持续网络训练环境",还检验各参演部队战备状态,提高了各国应急检测、识别、对抗和互操作性	来自美国、新西兰、英国、法国、澳大利亚等国的约300名网络专业人员
"网络旗帜23"	23-1	2022.10.17—10.28	聚焦亚太战区,首次纳入了韩国和日本	弗吉尼亚州萨福克联合基地	1. 各防御性网络团队独立工作,以检测、识别和缓解各自网络上的敌对存在或活动;2. 开展团队协作并使用创造性解决方案来推进防御措施	来自澳大利亚、法国、日本、新西兰、韩国、新加坡和英国的250多名网络专业人员参演,相关人员组成了13个网络团队
	23-2	2023.07.17—07.28	聚焦海军陆战队的网络战能力建设,重点对美海军陆战队网络空间作战力量攻防能力及与盟友间的协同规程进行检验	无信息	增强网络部队的战备状态和作战能力	美国海军陆战队网络空间作战大队和网络空间作战营参演,英国、澳大利亚、加拿大、新西兰等"五眼联盟"国家也都派员参加

(二)历次情况

该系列演习自 2011 年以来,除 2018 年美军未发布任何有关"网络旗帜"演习的信息外,每年至少举办一次,每次演习持续约 1 周时间。

1. "网络旗帜 12-1"演习

"网络旗帜 12-1"是网络旗帜系列首届演习,也是美国网络司令部成立以来举行的首次重大演习活动。美军认为,中俄等国网络能力提升导致美军传统军事演习已难以模拟对手未来军力运用模式,必须效仿"红旗"演习设立网络空间领域的"旗"类演习。与此同时,网络空间威胁类型不断增多,强度不断增大,要求必须通过专业化网络演习提升应对网络威胁的整体能力。

演习时间及目的:"网络旗帜 12-1"演习于 2011 年 11 月第一周举行,为期一周。主要包括三方面目的:一是为美军网络力量及政府机构在全谱作战领域内的网络空间行动提供真实的训练机会;二是整合进攻性和防御性网络空间行动;三是对网络司令部的指挥控制架构进行验证,重点关注网络司令部与陆军、海军、空军、海军陆战队等军种网络组成司令部之间的任务整合。

参演力量:大约 300 名网络和信息技术专业人士参加演习,主要包括陆军网络司令部、海军第 10 舰队、空军第 24 航空队和美国海岸警卫队网络司令部的现役人员、国民警卫队人员、预备役人员、文职人员和承包商,部分战区作战司令部和国防部其他机构人员也参加了演习。

组织实施:演习主要场地位于内华达州的内利斯空军基地综合靶场,依托名为"演习网"(Exercise Network)的网络安全训练和仿真平台进行。"演习网"由软件工程研究院的计算机响应小组创建,为参与者提供了模拟实时的、现实世界的网络安全场景和挑战。演习人员分为蓝方、红方、白方。蓝方代表己方力量,除了防御自身网络还要对"敌方"网络实施攻击。红方模拟"敌方",渗透和破坏蓝方的计算机网络。

效果评估:演习期间,参演力量每天都要召开简报会,以评估网络行动的整合及同步情况,并收集蓝方的最佳实践经验。时任美军网络司令部演习、训练和战备主管乔治·拉蒙特(George Lamont)上校称:"此次演习是成功的,因为它使得网络司令部在真实的场景中整合和同步了各军种网络司令部的联合作战。"

"网络旗帜12-1"演习指挥控制架构如图5-1所示。

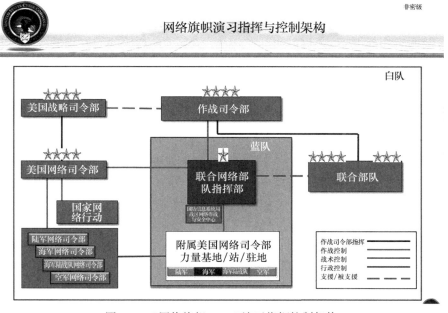

图5-1　"网络旗帜12-1"演习指挥控制架构

2."网络旗帜13-1"演习

演习时间及目的:"网络旗帜13-1"演习于2012年10月29日至11月8日在内华达州内利斯空军基地举行。主要目的是为美军多个司令部提供真实的训练机会,阻止并在必要时击败网络攻击,为网络作战人员提供了解和体验网络对手战术、技术和程序的机会,并验证美军网络作战的技战术和作战流程,检验其攻防协同和军种联合作战能力。

参演力量:约700人参加本届演习,比上一届增加一倍多。其中,美国空军第

24航空队派出一支由全美各地70余名现役、预备役和空军国民警卫队网络战人员组成的团队参演,美国舰队网络司令部暨第10舰队(FCC/C10F)和陆军第780军事情报旅等单位也派员参加。

组织实施:本届演习突出强调网情分析对任务规划的重要价值,力图通过复原"敌方"网络入侵技战术和流程,模拟真实网络事件场景进行红蓝对抗演练,检验美军技战术及作战流程,并强化与兄弟单位的协同合作。

效果评估:美军评估认为,该演习主要成效在于强化了任务规划小组与网络情报分析师的协同,提升了网络情报对任务规划的支撑,最终增强了防御态势。通过强化网络入侵检测团队与网络响应团队之间的协同,有效提升了应对网络攻击的能力。此外,演习还增进了美盟网络伙伴关系。

3. "网络旗帜14-1"演习

演习时间及目的:"网络旗帜14-1"演习于2013年11月5日举行,为期11天,地点位于内华达州内利斯空军基地综合靶场。该演习主要包括三方面目的:一是为美军网络力量及政府机构提供虚拟环境训练机会,通过切合实际的配套训练改进网络作战战术,并提升单兵及团队技能;二是利用演习验证联合信息环境(JIE)对支持网络指挥控制、作战流程、协调和报告的作用;三是识别和防御国防部网络,检测和减轻网络威胁,规划和执行网络活动。

参演力量:500余人参加演习,其中包括美国空军第24航空队50人,美国部分盟国派员参演。网络任务部队首次作为整体力量参加演习。

组织实施:本届演习与美国空军"红旗"演习同步举行,并在部分科目中突出演练了网络战与空中作战的协同。参演力量分为红队、蓝队、白队和演习支援团队。演习在大规模空中作战行动中融合了网络防御和网络进攻,网络司令部所属网络任务部队和盟国团队在演习中应用了新的技战术和行动流程。

效果评估:演习检验了美军网络空间作战的指挥控制架构,重点验证了空军和海军网络作战力量的协同能力。据美国网络司令部官员称,新的网络作战技战术和行动流程将使网络空间作战人员能够快速检测、评估、修复和实时响应针对国防部网络的威胁。国防信息系统局在此次演习中展示出其作为业务服务提供方和领导国防部信息网络运营和防御任务的能力,该局当时新成立的企业运维中心在演习中发挥了重要作用。

4. "网络旗帜15-1"演习

演习时间及目的:"网络旗帜15-1"演习于2014年11月7日举行,主要包括三方面目的:一是遂行与陆海空一体的联合和联盟网络行动;二是识别、优先考虑并防御关键网络阵地,抵御紧迫的或观察到的网络威胁;三是在被拒绝、被操纵或有争议的网络环境中行动;四是演练美盟战术和战役层面对网络空间部队实施指挥和控制,以应对地区危机。

参演力量:网络国家任务部队、网络作战任务部队和网络保护部队等均派出团队参演。演习还邀请了一支可模拟运用对手一系列战术和武器专业化的红队参加,模拟了一系列网络空间威胁行为者,以检验网络任务部队的战备状态和动态响应能力。

组织实施:演习假想是某区域爆发重大危机,假想敌国家和非国家行为体在网络空间实施重大破坏活动,美军组建联合特遣部队处置应对。此次演习在专门构建的封闭网络上进行,该网络可模拟美军和盟军信息网络及对手的网络。

效果评估:演习提升了网络任务部队及指挥部个人技术和集体技能,锻炼了总部参谋人员整合、协调指挥控制和任务规划的能力。本届演习暴露出一个明显的局限性,即尽管"网络旗帜"是美军的重要演习,但并非所有网络任务部队的个人或团队都有机会参加类似的重大演训活动。为了针对性解决该问题,美军提出了建设"持续训练环境"的设想。"持续训练环境"能够满足美军对小型团队训练及补充性个人训练日益增长的需求,且能够将不同地点与实时网络相结合,进行现场的或分布式的训练。

5. "网络旗帜 17-1"演习

"网络旗帜 17-1"演习的具体信息外界知之甚少。

演习目的:"网络旗帜 17-1"属战术性演习,共设定了四项训练目标。一是验证军队如何将网络效应纳入联合作战行动中;二是验证网络团队能否在网络进攻和网络防御中根据任务识别网络阵地特征;三是了解当关键基础设施受到损害时团队如何反应;四是验证军队如何与合作伙伴和盟友共享信息。

参演力量:美军原计划派 12 支网络任务部队参加"网络旗帜 17-1"演习,实际参演数量达到了 19 支,涵盖了网络司令部的全部能力,包括防御性的网络保护分队、以分析和情报为重点的战斗支援分队、进攻性的国家任务分队以及被指派给作战司令部的战斗任务分队。

组织实施:"网络旗帜 17-1"采取了拆分式的组训方式,将演习拆分成 19 个小型演训或由每支团队遂行的行动,使各个分队均能充分展示其能力,同时也在演训中检验其能力。"网络旗帜 17-1"演习的另一个突出特点是网络安全服务提供商(CSSP)参演,其基本考虑是网络保护分队在网络事件响应时需要与网络安全服务提供商协同合作。

效果评估:美国网络司令部曾在 2017 财年中期专门开会总结了该演习的经验教训,主要包括:一是防御力量的部署方式有待完善;二是工具不够统一;三是后勤保障存在实际困难。

6. "网络旗帜 18-1"演习

演习时间及目的:"网络旗帜 18-1"演习在 2017 年 11 月前后举行,主要包括 4 项目标:一是将网络手段更好地融入作战行动;二是行动小组有能力根据任务确定攻防态势;三是明确关键基础设施遭入侵时行动小组可采取的应对措施;四是建立起美军与伙伴和盟友间的情报共享机制。

组织实施:演习根据使命任务配置针对性场景,如为太平洋司令部(2018 年 5 月 30 日更名为印太司令部)的作战人员为欧洲司令部指战员安排了涉及波罗的海的场景。演训内容方面,演习旨在及时调整训练内容,使各支小队获得最佳训练成效。对每支小队的考核分为 19 场小规模演练或任务行动,确保其获得充分的机会展示技战法的熟练程度。

7. "网络旗帜 19-1" 演习

演习时间及目的:本届演习于 2019 年 6 月 21 日至 28 日在弗吉尼亚州萨福克联合基地的联合参谋部训练场举行。演习旨在增强美盟应对网络攻击的准备能力,并与关键基础设施利益相关方建立伙伴关系,防止恶意行为者侵入关键基础设施,提高美国与伙伴国的整体网络防御能力。

参演力量:来自国防部、其他联邦机构和伙伴国家的 650 余名网络专业人员组成 20 支团队(包括跨国或跨机构团队)参演,其中红队规模约 100 人。联邦机构方面,包括国土安全部和能源部、联邦调查局、邮政署等,盟友和伙伴则包括英国、澳大利亚、新西兰和加拿大等。此次演习由加拿大皇家空军军官负责指挥,这也是 "网络旗帜" 演习首次由非美国军官领导,演习筹划也首次由非美国籍军人负责。演习普遍采取混合编组,超过一半的团队配备了非美国籍人员。

组织实施:演习模拟美国某港口的工业控制系统/监控与数据采集(ICS/SCADA)网络设施遭到恶意攻击,网络防御团队彼此独立实施防御行动。"网络旗帜 19-1" 标志着美国在该演习中首次试验性运用 "持续网络训练环境" 对参演人员进行训练。其演习现场如图 5-2 所示。

图 5-2 "网络旗帜 19-1" 演习现场

8. "网络旗帜 20-2" 演习

演习时间及目的:本届演习于 2020 年 6 月 15 日至 26 日举行,重点演练各网络保护分队针对试图破坏、拒止和削弱空军基地运行的网络攻击的应急响应能力。

参演力量:跨越全球9个不同时区的500多名人员合计17支团队参演(见图5-3),包括美军各军种网络部门、空军国民警卫队、海岸警卫队、陆军工程兵团、美国邮政署、能源部及英国、加拿大、新西兰3个盟国。

图5-3 "网络旗帜20-2"演习

组织实施:演习假想黑客攻击了美盟驻欧洲各地空军基地,并获得敏感系统、信息、控制和关键基础设施的访问权限,与此同时还对航空燃料场、电网、空中交通管制雷达和电子访问控制系统的工控系统实施攻击。网络司令部首次正式启用"持续网络训练环境"(PCTE)。PCTE利用3000多个虚拟机仿真构建出25个逼真且互联的网络靶场,并使用4000多个存储及共享数据的静态网站来模拟开放的互联网流量。

效果评估:由于使用"持续网络训练环境"系统,"网络旗帜20-2"演习规模创下该系列演习的新纪录。

9."网络旗帜21-1"演习

演习时间及目的:"网络旗帜21-1"演习于2020年11月15日至20日在弗吉尼亚州萨福克联合基地举行。该演习直接支持加强国际防御性网络行动的国家目标,旨在提高美盟识别、同步和响应恶意网络空间活动的能力,通过演习加强网络空间集体防御,展示开放、可靠和安全的网络空间的重要性。

参演力量:来自加拿大、丹麦、爱沙尼亚、法国、德国、立陶宛、挪威、荷兰、波兰、瑞典、英国等23个国家的200余名网络战人员参加,其中14个国家的网络防御团队现场参演,其他国家使用美国网络司令部的实时虚拟训练环境"国家网络靶场(National Cyber Range)"线上参演。

组织实施:演习的现实背景是美国受到"太阳风"网络攻击。据美国网络司令部战略、计划和政策总监海蒂·伯格表示,演习是对"太阳风"攻击活动的反应之一。演练重点之一是加强网络空间集体防御,突出开放、可靠和安全的互联网的重要性。参演的多国力量通过国家网络靶场(NCR)进行协作,使用定制化的虚拟网络阵地模型进行演练,检验参与者探测"敌人"、驱逐"敌人"及强化模拟网络解决方案的技能。通过国家网络靶场,所有合作伙伴之间可进行现实世界中的战术重点培训及战术、技术和程序的信息共享。演习最后一天,参演单位和观察员参加了战略网络空间兵棋推演。

10. "网络旗帜21-2"演习

演习时间及目的:本届演习于2021年6月通过线上方式举行。主要目的是演练网络防护分队面对毁瘫目标、窃取数据等网络攻击时的响应能力。

参演力量:合计430余人参演,主要来自美国国防部、陆军、空军、海军、海军陆战队和国民警卫队,众议院等联邦机构以及英国和加拿大。参演人员共组成17支网络防护分队,其中美国11支、英国3支、加拿大3支。

组织实施:演习假想美军及其盟军位于太平洋地区某处后勤保障基地同时遭受两个对手的网络攻击。其中,一个对手掌握高级网络技术,以瘫痪目标设施、破坏网络系统为行动目标;另一个对手技术水平相对较低,以窃取技术秘密和用户隐私信息为行动目标。演习期间,各网络防护分队运用一系列先进防御手段,检测、定位、隔离并遏制不同网络威胁,检验相关网络防御手段和装备的有效性。

效果评估:网络司令部的演习评估人员对各团队的网络防御行动进行了评估,记录其采取的最佳举措和战术、技术和程序,其后与所有参演力量分享,旨在达成共同进步。演习期间,"持续网络训练环境"项目团队专门针对此次演习设置"定制化帮助台",协助参演人员处理从忘记密码到重大工程修复的各类问题。

11. "网络旗帜22"演习

演习时间及目的:"网络旗帜22"演习于2022年7月20日至8月12日在网络司令部位于马里兰州哥伦比亚市的"梦之港(Dream Port)"创新园区举行。演习旨在构建一个跨国协作环境,让美国和国际合作伙伴可以共享工具、战术、技术和程序,加强伙伴关系,同时实现集体网络训练准备目标。

参演力量:主要包括来自美国网络司令部及澳大利亚、加拿大、新西兰和美国邮政局的17个网络行动小组275人,其中网络防护分队15支约169人,红队60余人,由美英网络人员组成。一支由美国、英国和新西兰专业情报人员组成的"情报融合小组(Intelligence Fusion Cell)"在演习期间为各个网络防护分队提供实时情报分析支持。另有5个国家通过远程连线方式参演。

组织实施:演习主要设置三个科目,一是进攻性网络空间作战,主要是对美盟主要网络实施模拟攻击;二是防御性网络空间作战,包括检测、识别、隔离和对抗网络上的敌对行为,其中事件响应由网络防护分队实施,主要是寻找恶意软件、将其从系统中清除,并快速、安全地缓解网络攻击;三是多国研讨会和桌面演习,主要围绕美盟网络互操作性和各方协同等进行研讨。演习中,红队的任务是破坏虚构设施的网络。"五眼联盟"的专业人员充当网络防护分队,来自新西兰、英国和美国的情报专家为网络防护分队提供情报支持。

效果评估:在本届演习中,美国网络司令部部署在"梦之港"的"持续网络训练环境"的规模已扩大至此前的近6倍。本届演习评估了该系统扩容后的训练处理能力,检验美军各支团队应对网络突发事件的入侵检测、定位识别、隔离防范和对抗反制能力,有利于提升美军的全方位网络协同防御能力。

12. "网络旗帜23-1"演习

演习时间及目的:"网络旗帜23-1"演习于2022年10月17日至28日在弗吉尼亚州萨福克联合参谋部训练基地举行。本届演习有两大现实背景:一是俄乌冲突仍在持续,美国为支持乌克兰向乌派出网络力量执行"前出狩猎"行动;二是中期选举即将举行,通过演习可强化美国网络司令部与国土安全部和司法部的跨部门合作。演习首次聚焦印太战区,旨在通过美军与其亚太盟友协同实施防御性网络空间作战,强化网络战备态势及美盟网络空间作战的互操作性。与此同时,强化美国网络司令部与美国政府其他部门及私营部门之间的网络防御策略和经验交流,以改善美国本土的网络防御。

参演力量:由美国、澳大利亚、法国、日本、新西兰、韩国、新加坡、英国8个国家250余名网络人员组成,13支团队参演。美军方面,除网络司令部外,陆军网络司令部、海军舰队网络司令部和陆战队网络司令部人员也派员参演,国防部信息网络联合部队总部提供行动支持。盟国方面,韩国首次派员参演。

组织实施:演习分两阶段实施。2022年10月17日至28日举行"网络旗帜23-1"多国战术演习,10月27日至28日举办多国研讨会和桌面推演。在多国战术演习阶段,参演团队通过"危机之路框架"跟踪各种场景,以应对各类复杂而持续的网络威胁。网络防御团队独立行动,检测、识别和减轻各自网络上的威胁。为期两天的跨国研讨会和桌面推演主要包括一系列简报、协调讨论和会议,重点关注印太战区的互操作性和网络空间挑战以及与区域内伙伴和"五眼联盟"伙伴相关的问题。

效果评估:通过演习设置的培训课程,相关网络人员接受了较为全面的培训(如佛罗里达州彭萨科拉的联合网络分析课程)。经培训后,网络战人员能够对违规行为做出快速反应,在虚拟"沙箱"中隔离和分析受影响的网络系统。

13. "网络旗帜23-2"演习

美盟"网络旗帜23-2"演习于2023年7月下旬至8月初在美国某秘密地点举行,有关该演习的信息极少。演习聚焦海军陆战队网络战能力建设,主要目的是提升美网络战备和网络战能力。美国海军陆战队网络空间作战大队和海军陆战队网络空间作战营均派员参演,检验其应对各种网络攻击场景的数字防御技能。韩国网络战司令部以远程方式参加。演习中,每支团队均在战略上定位为进攻性或防御性角色,分别在不同的网络攻击和网络防御场景中遂行相关职责。

（三）特点分析

历年"网络旗帜"系列演习主要呈现以下特点。

一是紧跟作战需求，突出专项演练。随着美战略转向"大国竞争"，愈发重视网络空间发展，美国网络司令部以"持续交战""前沿防御"等作战概念为指导，紧跟作战需求开展专项网络演习演练，推动网络演习向更深更实发展。"网络旗帜"系列演习虽然是年度例行演习，但目的性强，持续检验、推动美军网络作战能力。美国网络司令部成立前期，演习重点在于厘清美军内部机制，通过"网络旗帜12-1""网络旗帜13-1"聚焦明确作战需求和探索网络司令部与各军种组成、国防信息系统局等机构的任务关系；美国网络司令部形成完全作战能力后，演习向联合作战整合转变，"网络旗帜14-1""网络旗帜15-1"重点关注联合指挥控制模式，致力于将网络作战能力整合到联合作战能力中；自2016年持续网络训练环境实施以来，演习着眼应用验证PCTE以推动网络部队建设，从"网络旗帜16-1"到"网络旗帜20-1"，PCTE从原型开发到1.0版本，为分散的网络任务部队提供贴近实战的训练环境；而近年来，受安全事件和美战略转型影响，演习紧盯"太阳风"等事件，开展"网络旗帜21-1"至"23-1"演习，日益突出专项训练，持续检验部队作战能力和战备水平，大幅提升作战部队的网络攻防能力。

二是依托线上平台，提升作训能力。"网络旗帜"系列演习已持续开展11年，演习规模逐渐扩大，参演人数日益增加，内容更加贴近实战，传统的红蓝队线下演习模式已无法满足演训需求。为更好地联合分散的参演部队和盟友，提升作战演训能力，"网络旗帜"逐渐依托线上网络平台"国家网络靶场（NCR）"和"持续网络训练环境（PCTE）"开展。一方面通过线上网络平台满足演习需求，创造实战化网络作战场景。PCTE和NCR能够搭建高度仿真的虚拟战斗环境和威胁行为体，为分散在全球各地的网络任务部队和盟友提供敏捷访问国防部网络训练资源的服务，还能模拟演练各种网络防御作战样式，不断提升其网络对抗和整体防御作战能力。另一方面是通过实战演练完善平台功能，更好地保障训练需求。自"网络旗帜19-1"首次试验性运用PCTE以来，美国网络司令部根据总结的演习经验教训和参演人员反馈，不断完善、优化、改进平台功能，实现支持盟国网络操作套件接入、建立"自定义帮助台"等功能，使线上网络平台与演习深度融合，持续提升美军演训能力，平台建设与力量建设互为促进。

三是重视联合盟友，谋求作战优势。2022年10月，美国新版《国家安全战略》提出联合盟友，以确保网络空间战略优势。10月27日，新版《美国国防战略》更是强调需联合盟友以应对复杂的网络挑战。美军"网络旗帜"演习十分重视同盟友的关系，致力于联合盟友，谋求网络空间作战优势。一方面是积极寻求盟友合作，提升联合网络防御能力。"网络旗帜"演习起步较早，演练规模由小到大发展至今，参演对象也逐渐由少到多，涵盖美国国防部、各军种、各联邦机构和学术业界以及盟国等人员，通过不断进行磨练配合、技战术训练，有效提升了美国和盟友的网络防御作战能力。另一方面是愈发重视发挥盟友作用,塑造地区威慑效应,夺取网络空间主动权。"网络旗帜"演习会先整合各方参演力量,统筹能力特点后,再进行编组演练。近年来"网络旗帜"演习在欧洲地区整合参演力量设立"情报融合小组",在亚太地区首次吸纳日本和韩国,通过开展培训和信息共享,力图充分发挥盟友作用,深化多国协作和地区互操作性,应对地区网络空间挑战。

三、"网络卫士"演习

"网络卫士"(Cyber Guard)系列演习是由美国网络司令部、国土安全部、联邦调查局等联合举办的一年一度的网络空间演习,主要演练在遭受针对美国关键基础设施的破坏性网络攻击时的全国一体化响应。"网络卫士"演习根据美国国防部任务和国家安全的需求而不断进化、不断拓展。首届"网络卫士"演习于2012年组织实施。主要目的是促进联邦和州政府之间在网络安全事件响应方面的相互协调,探索国民警卫队作为"力量倍增器"在网络空间的潜力。随后两年的"网络卫士"演习扩大到州、联邦政府以及盟友范围,目的是共同建立应对网络攻击的协调响应机制。2105年的"网络卫士"演习增加了私营部门参与,代表演习从一个网络安全协调和响应方面的全政府范围扩展成为全国范围。2016年起,"网络卫士"演习增加了联盟伙伴国的参与。

（一）演习概况

"网络卫士"演习通常是模拟美国国内灾难性网络事件而开展的全美范围的防御演练,以检验IT行业及相关重要民用设施突发重大安全事件时国防部派遣网络战力量进行支援的能力。该项演习也是网络部队能力建设的重要检验平台之一。美国国防部确定了网络空间三大使命,一是运维并防御国防部网络,二是防护美国关键基础设施,三是为联合部队达成作战目标提供能力支持。相对而言,"网络旗帜"演习关注第一和第三项使命任务,而"网络卫士"演习则聚焦第一和第二项使命任务。该系列演习自2012年以来每年举办一次(2017年以后未见媒体报道),每次演习持续时间1～2周,历次演习情况如表5-2所示。

表5-2　"网络卫士"历次演习简介表

演习名称	时间	特色	演习地点	演习目的	规模
"网络卫士12-1"	2012.08 为期一周	战术层面的国家网络防御性演习,推动美国网络司令部/国家安全局和国民警卫队任务整合,发掘国民警卫队的潜力	米德堡	1. 演练国家防御性网络空间作战指挥控制; 2. 建立国防部/国家安全局与国民警卫队之间的持久关系,以增加网络空间能力和增强态势感知,更好地支持国土安全部和联邦调查局保卫国家	来自网络司令部、国家安全局、国民警卫队、国土安全部和联邦调查局,约500人;国民警卫队约100人

演习名称	时间	特色	演习地点	演习目的	规模
"网络卫士13-1"	2013	战术层面的协作性演习,聚焦联邦政府和州政府的防御协同	无信息	无信息	网络司令部、国土安全部国家网络安全和通信集成中心、联邦调查局等
"网络卫士14-1"	2014.07 为期两周	实现了联邦政府、国防部、州政府的协同防御,22个州的国民警卫队成为演习的主要力量,网络司令部网络保护分队(CPT)首次参演	弗吉尼亚州匡蒂科的美国联邦调查局国家学院	检验军队和联邦机构如何在战役和战术层面相互配合	来自军队、执法部门、民间机构、学术界、商业界和国际盟友的550余人参演
"网络卫士15-1"	2015.06.08—06.26	模拟了南加利福尼亚州大地震后遭遇网络攻击,导致石油和天然气管道破裂、电力中断、自动取款机故障、粮食短缺,探索了集全国之力实施网络联合防御的模式	弗吉尼亚州萨福克联合基地	一、在军队层面 1.提高部队保卫国防部信息网络及其数据的能力; 2.支持国防部做好使命准备,确保美国本土和切身利益免遭干扰性或破坏性网络攻击的风险; 3.建立和维持国防部内部进行网络空间作战的能力和战备准备; 4.在国防部为网络空间力量建设一个持久性的训练环境 二、在国家层面 1.提高政府机构、私营部门和盟国合作伙伴之间的共享态势感知能力; 2.改进快速检测和有效应对影响美国关键基础设施的干扰性/破坏性网络攻击的流程和跨部门协同机制	来自美国军、政、商的共计100多个机构的超过1000余人参演。 军队:美国北方司令部、美国战略司令部、美国网络司令部(包括联合作战中心、网络国家任务部队总部和国防信息网络联合部队总部),以及陆军、海军、空军、海军陆战队和海岸警卫队网络司令部,17个网络保护分队和各军种计算机网络防御服务分队; 政府:国土安全部、联邦调查局和联邦航空管理局,国家网络安全和通信集成中心、基础设施保护办公室,16个州的国民警卫队,12个州的联合行动/紧急行动中心/融合中心和情报界的代表; 私营:3家私营行业信息共享和分析中心(金融、电力、州际)、金融和能源部门的私人行业合作伙伴等

续表

演习名称	时间	特色	演习地点	演习目的	规模
"网络卫士16-1"	2016.06.10—06.18	演练了国防部对民间机构的防御支持,重点模拟针对美国电力和运输设施的网络攻击,造成停电、石油和天然气泄漏、港口遭袭,并威胁北美防空监控系统以及雷达安全	弗吉尼亚州萨福克联合基地	1. 保障国防部信息网络的正常运行,缓解网络攻击对关键基础设施造成的危害; 2. 完善信息共享和合作机制,加强对民间机构的防御支撑; 3. 建立和维持国防部的网络,并继续努力建设网络持续训练环境	来自美国军、政、商以及国际合作伙伴的100多个机构,800多人。 军队:美国北方司令部、美国网络司令部等; 政府:国土安全部、联邦调查局和联邦航空管理局,13个州的10支国民警卫队; 私营:行业合作伙伴、互联网服务供应商、电力公司以及港务局等; 国家合作伙伴:英国、加拿大、澳大利亚等盟友
"网络卫士17-1"	2017.06.12—06.19	此次演习突出了国际合作,模拟了网络攻击破坏了水电站大坝、航运港口和电力网	弗吉尼亚州萨福克联合基地	无信息	来自美国政府和军队的700多名参演人员,以及学术界、行业界和世界各地的合作伙伴参加了此次活动

(二)历次情况

1. "网络卫士12-1"演习

演习时间及目的:首届"网络卫士"演习于2012年8月中旬在马里兰州米德堡举行,为期一周。演习旨在促进联邦政府和州政府之间协调响应网络事件,挖掘国民警卫队作为网络空间赋能者和力量倍增器的潜力。美国国防部和国家安全局希望通过演习建立起与国民警卫队的持久合作关系,在动态的持续网络训练环境中进行任务整合,全面提升网络空间作战能力和态势感知能力,发挥国民警卫队在国家网络防御中的关键作用,为国土安全部和联邦调查局履行国土防卫职责提供强大支撑。

参演力量:约500人参演,包括各军种、预备役、国民警卫队、政府文职人员和承包商,其中约100人来自12个州的国民警卫队。

组织实施:演习在封闭网络靶场上的战术虚拟环境中进行,模拟水处理设施、天然气管道和电网等关键基础设施遭受网络威胁的场景。演习采取红蓝对抗方式进行,另设有监督指导组,负责把控演习进程。演习中,蓝队紧密协作,采取各种防御响应行动和恢复措施以应对各种网络事件。

效果评估:此次演习为网络司令部、有关联邦机构和国民警卫队提供了难得的训练机会,包括将防御作战流程付诸实践并制度化,为未来作战提供支撑。

2.“网络卫士 13-1”演习

作为一项协作性的战术级演习,2013 年举行的“网络卫士 13-1”演习聚焦国家和州层级的防御性网络空间作战,旨在提升针对网络攻击的协同响应能力。本次演习扩大了参演范围,国土安全部下属的“国家网络安全与通信一体化中心(NCCIC)”和联邦调查局等联邦机构,州政府以及相关组织均有参加。其中,国民警卫队针对模拟网络事件积极开展防御性行动,协助市政部门和私营企业进行网络威胁态势分析。

3.“网络卫士 14-1”演习

演习时间及目的:“网络卫士 14-1”于 2014 年 7 月在弗吉尼亚州美国联邦调查局国家学院举行,为期两周。演习的目的是检验军队和联邦机构如何在战役和战术层面相互配合,共同保护美国国家网络基础设施安全,预防和减轻国家基础设施面临的网络攻击,提高受攻击网络基础设施迅速恢复运行的能力。

参演力量:来自军队、执法部门、民间机构、学术界、商业界和国际盟友的 550 余人参演。来自 22 个州的国民警卫队人员是演习的主要力量,此外,网络司令部所属的“网络防护分队”也首次参演,其职能任务是保护国防部的信息网络,同时为国家防御提供情报支持。

组织实施:演习设想,“敌方”针对美国关键基础设施开展破坏性网络攻击,美国采取措施进行全国性应对。演习重点是强化响应处置流程,美国联邦各机构按照担负的角色任务,对针对美国国家关键基础设施的网络攻击快速反应。根据演习任务分工,国土安全部承担着协调、保护、预防、减缓和事故恢复的领导责任;司法部和联邦调查局负责调查、追查、阻止和起诉国内网络犯罪,以及收集、分析和分发国内网络情报;国防部负责保护美国免受攻击,收集、分析和分发威胁情报,并为国土安全部提供支持;国民警卫队则负责为受网络攻击影响的州提供援助,使联邦军队能够专注于完成传统的核心任务。本届演习还要求各支团队将相关信息同时报送给未参加演习的州政府和联邦政府网络中心,使演习更加贴近现实。

效果评估:通过本次演习,提升了应对更为真实和复杂的攻击场景,各机构加强了团队合作和沟通,提高了网络防御能力和效率,增进了国民警卫队与私营部门和学术界的关系,促进了信息共享。

4.“网络卫士 15-1”演习

演习时间及目的:“网络卫士 15-1”演习于 2015 年 6 月 8 日到 26 日在弗吉尼亚州萨福克联合基地举行。演习目的主要包括五个方面:一是提高美军保卫国防部信息网络、保护国防部数据和安全的能力,降低国防部遂行任务的风险;二是防范对美国国土和重大利益造成重大后果的破坏性或毁灭性网络攻击;三是提高政府机构、私营部门、企业和联盟伙伴之间的共享态势感知;四是改进能力和流程,以快速检测并有效应对破坏性威胁或影响美国关键基础设施的破坏性网络攻击;

五是继续努力为整个网络空间部队构建持久的训练环境。

参演力量：与往届相比，本届参演规模有所扩大，来自政府部门、学术界、产业界和盟友100多个机构的网络空间和关键基础设施从业人员和专家合计1000余人参加。其参与者主要包括三支力量：一是政府重要部门，包括国土安全部、联邦调查局和美国联邦航空管理局、联合作战中心、网络国家任务部队总部、国防部信息网络联合部队总部；二是军方参与者，主要包括美国网络司令部及所属机构或力量（联合作战中心、网络国家任务部队总部、国防部信息网络联合部队总部、网络任务部队），陆军、海军、空军、海军陆战队和海岸警卫队的计算机网络防御服务分队；三是地方相关部门，在国土安全部基础设施保护办公室部门联络与项目部的协调下，不少私营部门也参与了演习，包括金融和能源部门的私人行业合作伙伴。

组织实施：演习场景设定在遭遇大地震的加利福尼亚州南部，针对石油和天然气管道、英国大型商业港口、美国国防部网络、电力供应网、银行和食品供应商等实施模拟打击，并导致其成为媒体关注的焦点。演习分三个阶段实施：第一阶段，按照国家应急响应框架和国防部对民事当局的防务支持，重点演练面对各种自然灾害和突发事件时如何保护国有关键基础设施；第二阶段，运用攻击对抗方式测试联邦机构、重要基础设施的网络防护效能；第三阶段，重点训练和检验国防部各支网络队伍和联合网络司令部组成部队应对网络攻击的能力，并提供认证。

效果评估：此次网络演习与历次演习相比，在加强参与力量、促进信息共享、构建持续网络训练环境等多个方面有了进一步提高，建立了集全国之力实施网络防御、保护关键基础设施以及加强信息共享的演习模式。增强了国防部网络防御、保障数据安全和降低任务风险的能力，促进了政府机构、私营部门之间态势感知数据的共享，加强了政府和私营部门之间的合作。

5. "网络卫士16-1"演习

演习时间及目的："网络卫士16-1"演习于2016年6月9日至18日在位于弗吉尼亚州的萨福克联合基地举行，演习目的主要包括三方面：一是提高美军网络防御能力；二是使美国国防部及政府更好地防止重要基础设施遭遇毁灭性攻击；三是在遭受攻击时演练国防部如何支援民事当局。

参演力量：本届演习参演力量约800人，涉及100个组织，主要包括美国网络司令部、北方司令部、国土安全部、联邦调查局、联邦航空管理局、11个州的13支国民警卫队、互联网服务供应商、电力公司等行业合作伙伴，以及英国、加拿大、澳大利亚等盟国的专业人员。

组织实施：本次演习由参联会主持，美国网络司令部、国土安全部和联邦调查局联合组织实施。演习场景由国土安全部主导设计，设置了极为复杂的大规模网络入侵场景，包括东北部电网受攻击造成停电、海湾石油和燃气设施遭攻击导致油气泄漏、加利福尼亚州海湾三大港口遭攻击致使商船和集装箱装运陷入停顿，以及军用航空航天控制中心受到攻击造成空中资产数据失窃等。演习以网络对抗形式展开,提供了专用的国防和非国防网络模拟环境,并将800多名参演人员划分为红蓝两方和15支特殊队伍。红方对美国电力和运输设施展开猛烈攻击,造成东北部地区轮番停电、海湾地区石油和天然气泄漏、加利福尼亚州三大港口上的船只停滞等一系列恶性事件,蓝方负责保障关键基础设施网络和响应各种网络事件,特殊队伍负责为工业控制系统的私营企业和国防部任务负责人提供实时训练、援助和建议。通过对这种大规模、更复杂的网络攻击事件的响应与恢复,有助于加强政府机构与社会各界特别是私营企业的合作,并进一步建立彼此间的信任。

效果评估:与前四届演习相比,本届演习有如下变化:一是往届主要侧重单兵技能的掌握,而本届演习各支队伍均体现出更强的团队意识和更高的能力水平,这是四年来共同训练的成效,且红队模拟敌手威胁的能力得到提高;二是演习覆盖面更广,除现场演习还有很多人员在全球各地通过远程方式参演;三是国防部通过四年的演习与其他联邦机构和私营企业均建立了良好的合作关系。

6.“网络卫士17-1”演习

演习时间及目的:“网络卫士17-1”演习于2017年6月12日至6月19日在位于弗吉尼亚州的萨福克联合基地举行。目的是演练美国遭全国性网络攻击,导致水电大坝、航运港口和电网正常运行遭扰乱,黑客入侵金融业引发纽约证券交易所大跌等紧急状况下,联邦政府、国防部、私营部门的联合应急响应能力。

参演力量:来自网络司令部、国民警卫队和预备役、情报机构以及政府与私营部门的700余名网络战人员和关键基础设施专业人士参加了此次演习。其中,网络任务部队5支,来自22个不同国家(包括多个北约盟国)的40多人受邀观摩。

组织实施:演习由美国网络司令部、国土安全部和联邦调查局共同组织实施。演习在全封闭网络环境中进行,并模拟了不同难度的多个网络事件场景,参演团队必须在有限时间内完成响应处置,各支参演团队间可协同应对网络威胁,从简单的破坏性到近乎灾难性的威胁。不过参演方可实时向演习策划中心反馈难度情况并进行动态调整。在演习中,5支网络任务部队接受完全作战能力考核,考核人员根据相关标准对网络任务部队实施网络行动的速度、敏捷度和精准度进行评估。并且此次演习首次对“双重状态指挥官(Dual-status Commander)”机制进行探索。演习中,马里兰州国民警卫队下属一支分队的指挥官同时兼任网络司令部网络国家任务部队总部下属一支网络防护分队的指挥官。作为国民警卫队指挥官,根据相关法律授权对涉及马里兰州航空管理局空中交通管制系统的安全事件做出响应,同时基于后一角色法律授权,负责保护某区域性内部电力网的核心控制系统。

效果评估:时任网络司令部训练和演习主任、海岸警卫队少将戴维·M.德马尼利安认为“演习的成熟程度令人印象深刻”。演习使网络作战人员在网络和场景方面体验最真实的培训环境,提高了网络任务部队的作战能力。

(三)特点分析

历年"网络卫士"系列演习主要呈现以下特点。

一是重视演练对网络安全事件的国家响应能力,提高了跨机构协调水平。美国将网络安全事件视为影响其国家利益的严重威胁,并初步建立起国防部向民事当局提供网络支援的响应机制。但美军认为,其支援时机、权限、政策依据、与民事当局的协调以及美军内部的组织实施关系等仍不够明晰。因此,演练跨机构协调机制及内部指控关系,就成为美军的重要任务。国家安全局、国民警卫队、国土安全部和联邦调查局均参加了"网络卫士"系列演习,以检验美国应对大规模网络安全威胁时的跨部门、跨国合作程序与机制。

二是聚焦威胁、目标牵引,重在以演练促进能力提升。应对与网络空间紧密相关的现实安全威胁,是推动美军持续实施网络空间演习的直接动力。美军在设计演习想定时,首先考虑美国面临的现实安全威胁,或未来可能遇到的最大安全挑战。在设置攻防对手时,美军注重将假想敌与现实潜在的安全挑战相结合。在制定演习目标时,明确把威胁应对作为第一考虑因素,特别是对国家安全造成影响的威胁。随着网络威胁的日益凸显,美国主要以现实网络威胁为想定组织实施"网络卫士"演习,在演习过程中提升应对威胁的核心能力,成为美军关注的焦点。

三是训练内容多样,训练主体丰富,充分发挥了演习的效能。"网络卫士"系列演习场景想定多、演练场所多、参演单位多、检验内容多。虽然每次演习的内容有所不同,但均充分体现了上述特征。训练内容包括参演单位战备、防御和应对网络攻击的能力,以及实施现行网络安全计划的能力等。美军通过演习从操作层面加强军地部门之间、公共部门与私营部门之间的网络空间合作。参演单位涵盖与网络相关的几乎所有机构,包括网络空间部队、联邦政府机构、州和地方政府机构、关键基础设施部门、信息技术和通信领域私营公司、国际合作伙伴等。这种做法体现了美国企图借助其"军地融合"和"国际联盟"优势,维持网络空间霸权的战略考虑。

四、"网络盾牌"演习

"网络盾牌"演习最初是美国陆军国民警卫队组织的一年一度的以防御为重点的网络演习。演习始于2012年,最初只有来自8个州的75个参与者参加。几年来,该演习的规模迅速扩大,参与度也越来越高,已经发展成为一项由国防部主导的全国性的网络演习。

(一)演习概况

"网络盾牌"演习立足于国家层面的网络事件响应,旨在训练美国陆军国民警卫队、空军国民警卫队和陆军预备役部队的网络力量以及美国执法、情报和信息技术机构的文职人员,检验国民警卫队网络战力量的计算机网络防御措施、网络事件响应流程和协同机制,提升其应对现实网络攻击的能力,确保军事设施及制造业、公共事业、教育、医疗、食品等重要领域关键基础设施的网络安全。与此同时,强化国民警卫队与行业伙伴之间的协作,促使合作企业能够利用国民警卫队的技术手段应对网络入侵。

(二)历次情况

"网络盾牌"演习始于 2007 年,从 2012 年开始每年至少举行一次以上,历次演习情况如下。

1."网络盾牌 2014"演习

演习时间及目的:"网络盾牌 2014"演习于 2014 年 4 月 22 日至 5 月 2 日在位于阿肯色州北小石城的陆军国民警卫队职业教育中心举行,重点演练陆军国民警卫队应对网络入侵的防御协同能力。

参演力量:来自 35 个州、波多黎各、关岛和哥伦比亚特区的 300 多名陆军及空军国民警卫队人员和文职人员参加演习,另有多州联合部队指挥部通过线上方式参演。

组织实施:演习场景模拟快速猛烈的恶意网络攻击活动,使网络防御人员获得现实般的体验。参演的国民警卫队成员组成 3 支团队,对网络攻击做出响应,包括使用病毒检测等多种工具防御网络入侵。

效果评估:培训课程增多是此次演习的一大亮点,陆军国民警卫队职业教育中心下的信息技术训练中心已开设 35 门 IT 课程,为参演人员提供培训,以满足各州国民警卫队网络防御分队人员的培训需求。

2."网络盾牌 2015"演习

演习时间及目的:"网络盾牌 2015"演习于 2015 年 3 月 9 日至 20 日在印第安纳州阿特伯里兵营举行,旨在培养和训练国民警卫队网络力量,提升防御性网络空间作战要素、威胁分析团队、报告机制和网络空间领导者整体能力。

参演力量:46 个州和地区,包括美国陆军国民警卫队、空军国民警卫队和陆军预备役部队人员及来自州政府机构、联邦机构的文职人员、行业合作伙伴和学术界人员参加了本年度演习。

组织实施:演习模拟州政府网络安全情况,评估网络部队的使命任务,验证其应对网络安全事态的处置机制,重点提升负责计算机网络保护的陆军和空军国民警卫队的防御技能。参演力量分为红、蓝、白三队。红队访问或破坏蓝队网络活动,制造网络安全问题,蓝队由网络防御分队扮演,主要是应对各类网络安全问题,白队成员负责监督红队和蓝队的行动,并评估演习情况。

效果评估:此次演习有助于国民警卫队对网络防护分队遂行基本任务的情况及国民警卫队应对国家网络安全事件的情况进行准确评估。未来,国民警卫队将根据所评估的情况,针对相关任务进行训练。

其演练现场如图 5-4 所示。

图 5-4　"网络盾牌 2015"演习网络防御行动演练现场

3. "网络盾牌 2016"演习

演习时间及目的："网络盾牌 2016"演习于 2016 年 4 月 18 日至 29 日在印第安纳州阿特伯里兵营举行,主要目的是通过集体培训对网络防御分队行评估和认证。

参演力量:主要包括陆军和空军国民警卫队、陆军预备役、海军陆战队成员以及联邦和州政府机构、行业合作伙伴和学术界的 900 余人。本年度演习首次引入水处理和电力设施等多家行业合作伙伴。

组织实施:演习立足于国家层面的网络事件响应,重点模拟应对针对工控系统等基础设施的网络威胁。演习分两周进行:第一周为培训课程,主要是为参演者提供重新认证或继续教育,培训方式包括付费课程、知识分享或邀请学术合作伙伴提供指导等,内容包括入侵检测、数据安全和威胁分析。第二周为正式训练演习,负责蓝军各团队利用其技术技能(包括在第一周掌握的技能)实施网络防御,阻止对手破坏或利用,并在必要时发动进攻性网络行动。

"网络盾牌 2016"演习简报会如图 5-5 所示。

4. "网络盾牌 2017"演习

演习时间及目的："网络盾牌 2017"演习于 2017 年 4 月 17 日至 5 月 5 日在犹他州威廉姆斯兵营举行,主要包括三方面目的:一是通过集体培训活动,为团队评估网络行动设定条件;二是强化国民警卫队防御性网络空间作战要素的能力,尤其是支持地方各级政府应对网络事件的能力,对现实网络威胁做出快速反应;三是检验网络管理准则和涉及运营商的法规,并通过团队协作妥善处理地区性和非地区性任务的冲突。

参演力量:主要包括陆军国民警卫队、空军国民警卫队、陆军后备役、州和联邦政府机构的文职人员、行业合作伙伴以及院校。其中,参演国民警卫人员来自

图 5-5 "网络盾牌 2016"演习简报会

44 个州,包括得克萨斯州陆军国民警卫队第 102 信息作战营和得克萨斯州空军国民警卫队第 273 信息作战中队。

组织实施:演习分两阶段举行:第一周为培训和准备阶段,第二周红蓝对抗为正式演习阶段。演习中,红队成员模拟敌对黑客,试图入侵并破坏计算机网络,蓝队成员试图保护网络免受红队攻击。此次演习中,得克萨斯州网络保护分队的第 102 信息作战营情报分析师为蓝队作战人员提供嵌入式情报支持,包括预测分析、情报摘要及转发融合中心发布已知威胁信息。演习还设立了金队和白队,前者负责辅导和指导蓝队成员,后者对蓝队的表现进行评估。

"网络盾牌 2017"演习红队演练现场如图 5-6 所示。

图 5-6 "网络盾牌 2017"演习红队演练现场

5. "网络盾牌 2018" 演习

演习时间及目的："网络盾牌 2018"演习于 2018 年 5 月 6 日至 18 日在印第安纳州阿特伯里兵营举行。

参演力量：约 800 人，主要包括陆军国民警卫队、空军国民警卫队、陆军预备役部队网络战人员、多个联邦和州政府机构以及 50 多个行业合作伙伴。

组织实施：演习模拟运输业基础设施承包商网络系统遭攻击的场景，在一个由 22 个独立网络构成的虚拟靶场中实施，分两阶段进行，第一周为关键网络技能培训，第二周为网络对抗演习。在网络对抗中，红队成员扮演敌方或恶意黑客，利用网络漏洞窃取数据，并试图破坏网络。据统计，红队针对蓝队防御团队实施了 512 次网络活动，期间共产生 1900800 兆字节流量。期间，蓝队在相关领域私营企业的协作下，对网络进行持续动态检测，确定对手利用漏洞和窃取数据的手法方式，及时进行处置，确保基础设施免受严重影响，并在攻击事件后采取一系列恢复措施保持网络弹性。金队成员负责指导蓝队，白队成员则负责评估蓝队的表现。

效果评估：在本届演习中，军事人员与机构间合作伙伴和私营部门密切合作，军方从业界公司引进许多基于先进技术的专用工具和应对措施，将其整合进自身业务，有效提升了任务遂行能力及支持地方政府网络事件响应的能力。

"网络盾牌 2018" 演习现场如图 5-7 所示。

图 5-7　"网络盾牌 2018"演习现场

6. "网络盾牌 2019" 演习

演习时间及目的："网络盾牌 2019"演习于 2019 年 4 月 5 日至 20 日印第安纳州阿特伯里兵营举行，主要包括三方面目的：一是提高网络事件响应能力和战备水平；二是增进对网络风险及相关影响的了解；三是确保与国际网络安全利益相关者特别是国家计算机应急响应小组（CERT）之间的持续合作。

参演力量:39 个州和地区的 800 余人参加演习,主要包括陆军国民警卫队、空军国民警卫队和陆军预备役成员及国防部、执法部门和部分网络安全行业合作伙伴。本届演习特别邀请了微软和思科等高科技公司参与培训,并由国际自动化学会(ISA)进行基础设施网络技术培训,由 SANS 技术研究所进行网络防御技术培训。

组织实施:演习模拟真实网络威胁场景,开展针对性演练,注重在防御基础上的进攻手段演练,以达到更好的红蓝对抗效果。演习历时两周,第一周侧重于训练,同时为第二周的对抗性演练做准备。此次演习培训重点是了解对手的进攻技战术,由 SpectreOps 公司等为参演人员提供进攻性内容训练。第二周允许参与者通过一系列基于场景的练习将其在第一周学到的知识付诸行动。本届演习使用了无线和 IPv6 等新技术,使演习筹划人员能够及时将选举相关主题纳入演习场景中。

7. "网络盾牌 2020"演习

演习时间及目的:"网络盾牌 2020"演习原定于 2020 年春季在犹他州威廉姆斯兵营举行,后因故推迟至 2020 年 9 月 12 日至 27 日,并以线上方式在虚拟环境中举行。

参演力量:来自全美 40 多个州的 800 余名陆军和空军国民警卫队成员参加。

组织实施:演习聚焦信息作战和修复网络司令部战备评估中发现的漏洞,针对网络钓鱼、内部威胁和工业控制系统威胁等进行应对,同时针对虚假信息和网络造谣等设置信息作战场景。此前 3 届演习中,信息作战内容占比不大,通常只设置一个场景,而本届演习每天均会安排一个新的信息作战场景。演习时间跨度为两周,第一周侧重于为参演人员提供世界一流的网络防御行业培训,主要培训机构是微软、SANS 技术研究所、加州理工大学和国际自动化学会等技术公司或院校,培训内容包括网络威胁分析、系统分析、信息控制系统和信息作战等。第二周的重点是网络事件响应和网络防御实际操作,相关演练在第 91 网络旅的网络训练靶场"影子网"(ShadowNet)上进行。演习中,红队通过"影子网"平台对蓝队发动网络攻击,蓝队则全力对红队实施阻截。

"网络盾牌 2020"演习认证考核如图 5-8 所示。

8. "网络盾牌 2021"演习

演习时间及目的:"网络盾牌 2021"演习于 2021 年 7 月 10 日至 23 日以线上线下相结合的方式举行,核心人员在犹他州威廉姆斯兵营集结,担任"蓝队"的各州国民警卫队分别在各自基地远程参加。演习重点演练抵御网络攻击的方式和流程,同时向相关运营商提供协助和建议,检验国民警卫队网络部队的网络内部防御措施和网络事件响应能力。

参演力量:陆军和空军国民警卫队、政府和非政府机构以及行业合作伙伴约 800 名网络人员参演,并首次出现外籍人员参演。

图 5-8　"网络盾牌 2020"演习认证考核

组织实施：演习以环境灾难为背景，设想美国发电厂、食品供应系统、供水系统、医疗保健系统、执法部门等受到网络威胁，参演人员采取措施进行响应，阻止网络攻击，并向相关运营商提供协助和建议。分布在各州各基地参演的单位作为"蓝队"，实施网络防御，在犹他州威廉姆斯营参演的人员则分成红队（网络攻击者）、白队（网络所有者）、网络运营人员、法律顾问、咨询师五个小组，根据其角色遂行相关任务。其演习现场如图 5-9 所示。

图 5-9　"网络盾牌 2021"演习现场

9. "网络盾牌 2022"演习

演习时间及目的："网络盾牌 2022"演习于 2022 年 6 月 5 日至 18 日在位于阿肯色州北小石城约瑟夫·T. 罗宾逊兵营的陆军国民警卫队职业教育中心举行，由陆军国民警卫队主办，空军国民警卫队协办。演习旨在提升国民警卫队网络部队应对现实网络攻击、保护关键网络基础设施安全的能力。

参演力量：来自美国本土 20 个州及关岛的约 800 名国民警卫队网络专业人员

参演,其中空军国民警卫队派出第 168 联队和第 176 联队的网络团队参演。美国海军和海岸警卫队、部分执法和司法机构、政府部门及业界合作伙伴也参与演习。

组织实施:演习模拟类似"太阳风"事件的供应链攻击场景,设想黑客组织将恶意代码插入某第三方 IT 监控软件,当安装或更新该软件时,恶意代码启动运行,攻击者借此访问政府和企业内部网络。为使演习更加逼真,还增加了黑客通过社交媒体散布虚假信息的场景。演习分为两个阶段:2022 年 6 月 5 日至 11 日为第一阶段,主要进行演习讲解和模拟训练,包括提供 15 门信息技术课程和军地通用的岗位任职标准认证;6 月 12 日至 18 日为第二阶段,正式进行模拟场景下的红蓝实战对抗演练。其中,红队由业内顶尖网络专家组成,负责网络攻击,蓝队则全力检测、定位并遏制黑客入侵。

效果评估:此次演习与往年的演习有两方面显著不同:一是蓝队获得授权对网络攻击行为做出反击,由守转攻态势更加鲜明;二是增设名为"紫日(Purple Day)"的复盘环节,使得红蓝双方有机会就网络攻防情况进行交流讨论。

10."网络盾牌 2023"演习

演习时间及目的:"网络盾牌 2023"演习于 2023 年 6 月 2 日至 16 日的阿肯色州北小石城约瑟夫·T. 罗宾逊营地的陆军国民警卫队职业教育中心举行,重点针对美国交通系统关键基础设施遭网络入侵的情况下,演练国民警卫队利用技战法抵御敌手恶意活动的能力。

参演力量:来自 36 个州和地区的约 800 名国民警卫队成员参演,包括陆军国民警卫队第 91 网络旅、俄克拉荷马州空军国民警卫队第 137 特种作战联队、马里兰州空军国民警卫队第 175 网络作战大队等。另有 5 个"州伙伴关系计划"成员国地区首次参加演习,分别为波兰(伊利诺伊州伙伴国)、科索沃地区(爱荷华州伙伴国)、亚美尼亚(堪萨斯州伙伴国)、摩尔多瓦(北卡罗来纳州伙伴国)和阿塞拜疆(俄克拉荷马州),均为地缘政治热点国家和地区。斯洛文尼亚和秘鲁 2 个"州伙伴关系计划"国家(斯洛文尼亚/科罗拉多州、秘鲁/西弗吉尼亚州)派人观摩但未派队参加本次演习。

组织实施:演习时间跨度为两周:第一周为技能培训,组织方提供了 15 项培训课程,供参演人员学习并提升技能,主要内容包括 Security+、Linux+、CISSP 等。第二周为红蓝攻防对抗,空军国民警卫队第 175 网络空间作战大队派员扮演红队,实施了 50 多次网络效果行动,海岸警卫队 1790 网络防护分队扮演蓝队,且马里兰州陆军国民警卫队第 169 网络防护分队也派员扮演假想敌,由此可见,美军网络空间演习从性质上具有明显的攻防兼备特点。

"网络盾牌 2023"演习评估团队如图 5-10 所示。

(三)特点分析

历年"网络盾牌"系列演习主要呈现以下特点。

一是网络攻防将随着技术的发展而造成越来越严重的破坏。当今世界网络

图 5-10　"网络盾牌 2023"演习评估团队

作战成了传统作战领域之外的新型作战方式,并且深受众多处于相对劣势国家的欢迎,因为通过致瘫大国的军事网络设施和重要基础设施,可以在战略上摆脱对抗的劣势,且其低成本、技术成熟度高、防不胜防、隐蔽性高的特点,可在一定程度上延缓对手的战略部署,使自己在非对称对抗下赢得战略时间,而针对网络防御和处理的措施,通常需要一定时间去检测和重新部署,随着技术的发展,这种趋势将加剧。

二是网络攻防演习是促进网络技术发展的重要途径。美军包括"网络盾牌"演习在内多年的网络作战演习已经带来较好的技能收益,以国民警卫队为核心的美军网络领域的知识、技能和能力近年来有了显著的提高,并且类似的网络攻防演练在全球范围内越来越多,可以看出全世界都已经看到了网络战带来的相关收益和危害,并且开始加大重视的程度,以促进自身网络技术的发展。

三是网络攻防演习形成的相关方法、规程将为常规作战提供支撑。从美军最新的多域战和联合全域指挥控制理念来看,网络战已经成为其中重要的一部分,由于其发展受行业技术影响较为严重,因此不断通过时代背景下的紧要环境和技术的攻防演练,摸索其中的对抗策略和应对规则,最终反向支持其他作战域的常规行动,将成为未来联合作战和全域作战的重大趋势。

五、"网络风暴"演习

"9·11"恐怖袭击后,美国首次将"恐怖主义"和"网络威胁"认定为国家面临的首要威胁,并认为"关键基础设施"将是"恐怖主义"和"网络威胁"的主要目标。

基于此,布什政府颁布第 13231 号总统行政令《信息时代的关键基础设施保护》,宣布成立"总统关键基础设施保护委员会",由其代表政府全面负责关键基础设施安全工作,该职能后由国土安全部接管。"网络风暴"系列演习就是美国国土安全部为了推动关键基础设施网络安全保护而举行的一个多国家、多联邦政府部门、多安全能力机构、多私营企业等广泛参与的大规模演习活动。

(一)演习概况

"网络风暴"(Cyber Storm)系列演习作为美国国家网络演习历史最长的演习类别,其伴随着网络空间地位价值的不断上升,越来越受到美国政府各相关机构的高度重视。"网络风暴"系列演习自 2006 年开展首次演习以来,总体上保持每两年举行一次的频率,迄今已举行 8 次(2006 年、2008 年、2010 年、2011 年、2016 年、2018 年、2020 年、2022 年、2024 年),第 10 届定于 2026 年春举行。该系列演习是由美国政府主导,美国国土安全部牵头筹划举办,演习控制中心主要设在美国特勤局总部,参加者包括联邦政府相关部门、重要行业、地方州府、国际政府伙伴,以及关键信息基础设施类支撑企业和高科技合作伙伴,演习旨在加强公私领域、跨国间的网络应急协调和情报共享能力,对影响美国关键基础设施安全的网络危机做出快速有效反应。"网络风暴"历次演习情况如表 5-3 所列。

表 5-3 "网络风暴"历次演习简介表

演习名称	时间	组织机构	特色
"网络风暴Ⅰ"	2006. 2. 6—2. 10	国土安全部国家网络安全局	首次由美国政府组织的大规模演习,标志着网络响应共同体首次合作以检验国家对网络安全事件的响应能力
"网络风暴Ⅱ"	2008. 3. 10—3. 14	国土安全部国家网络安全局	注重演练个体响应能力和领导决策能力
"网络风暴Ⅲ"	2010. 9. 27—10. 1	国土安全部国家网络安全局	演练新制订的"国家网络事件响应计划",并对新成立的国家网络安全与通信集成中心(NCCIC)组织首次检验
"网络风暴Ⅳ"	2011. 11—2014. 1	国家网络安全与通信集成中心	包含小型研讨会、桌面推演、大型实战演练等在内的一系列 15 个较小规模、重点突出的演习
"网络风暴Ⅴ"	2016. 3. 7—3. 11	国家网络安全与通信集成中心	全球各地约 1200 人参与其中,且零售和医疗等新行业加入了此次演习
"网络风暴Ⅵ"	2018. 4. 10—4. 13	网络安全和基础设施安全局(CISA)	聚焦应对非传统 IT 设备的安全事件,交通运输和关键制造业等新行业加入了此次演习

演习名称	时间	组织机构	特色
"网络风暴Ⅶ"	2020.8.10—8.14	网络安全和基础设施安全局	来自全球约 210 个组织的 2000 多人远程参加了此次演习,提高了参演者对长期存在且将持续存在的核心基础设施漏洞的安全意识
"网络风暴Ⅷ"	2022.3.11—3.13	网络安全和基础设施安全局	检验关键基础设施网络安全事件响应的各个方面,包括针对关键基础设施的协同网络攻击的潜在和实际物理影响
"网络风暴Ⅸ"	2024.4.16—4.18	网络安全和基础设施安全局	聚焦食品供应链安全,首次模拟针对农业领域的网络攻击场景

(二) 历次情况

1. "网络风暴Ⅰ"演习

演习时间及目的:"网络风暴Ⅰ"演习是第一个由美国政府牵头组织实施的大规模网络安全演习,于 2006 年 2 月 6 日至 10 日举行,旨在对全国网络事件的响应群体进行训练,具体包括 8 方面目标:演练跨机构之间协调,如标准操作程序、沟通和决策支援机制;演练跨政府和政府内部协调和事件响应;确定阻碍或支持网络安全要求的政策/问题;确定公共和私营部门协调机制,以提高网络应急响应能力水平,并确定两者间关键信息共享路径和机制;演练公共和私营部门向关键利益相关者及公众发布适当信息时的方式方法;确定具有政治和经济影响的基础设施对网络的物理依赖;提高重大网络事件对相关经济和国家安全影响的认识;明确具备网络事件响应和恢复能力的可用工具和技术。

参与力量:共 5 个国家 60 多个地方的 100 多家公共和私营部门机构、协会和企业参演,涉及能源、IT、运输和通信等行业。公共部门包括联邦政府和州政府,私营部门方面共有 30 多家企业和协会全流程参与,国际伙伴主要包括澳大利亚、加拿大、新西兰和英国。

组织实施:演习由国土安全部国家网络安全局负责筹划、实施和协调。演习采取分布式方式实施,演习控制中心位于华盛顿特区的国土安全部大楼,参演者分别在各自办公地点参与,演练其网络危机响应系统、政策和程序。主要行动包括:认识并有效使用各类通信渠道;在一系列网络事件升级为重大网络威胁后启动国家网络响应协调小组;启动跨机构事件管理小组,检验国家网络响应协调小组与跨机构事件管理小组之间的沟通关系;通过规划和恢复活动继续对公共和私营参与者进行协调。跨机构协调是演练重点之一,其协调流程如下:美国计算机应急响应小组和国土安全行动中心发布重大预警时,国家网络响应协调小组和跨机构事件管理小组随之启动。国土安全部和国家网络响应协调小组通过情报信息分析总体攻击态势,评估对国家重要基础设施的影响及对国家安全和经济利益的威胁。演习中,美国计算机应急响应小组充当响应信息中转中心角色,不仅为国土安全部和国家网络响应协调小组提供情报信息支撑,且在国家网络响应协调小组技术人员不足时负责分析总体攻击态势。各行业的信息共享和分析中心则会与该行业的参演人员相互沟通。

效果评估:该演习是当时规模最大、最复杂的跨国、跨部门网络演习,通过演习联邦机构之间实现了前所未有的合作和信息共享,演习首次测试了全方位网络响应政策、条令和现实危机中的沟通方法,并且强化了公共和私营部门在应对网络事件中的关系。通过演习有 8 个方面的重大发现:①机构间的协调非常重要,需进一步完善机构间事件管理小组(IIMG)和国家网络响应协调小组(NCRCG)的协调程序;②明确的应急响应计划、常态化风险评估以及各机构角色和职责清晰的切分非常重要;③跨多个基础设施以及公共和私营部门之间的多起安全事件关联处置仍然是一个重大挑战;④演习活动有助于加强公共和私营机构对网络事件响应、角色、政策和程序的共同理解;⑤随着网络事件数量的增加,应对协调工作变得更具挑战性,凸显了行业内合作与沟通的重要性;⑥需要建立通用的应急响应和信息获取框架;⑦公共信息必须是协作应急计划和事件响应的一个组成部分,以向事件响应社区提供关键信息,并授权公众根据其特定情况采取适当的个人防护或响应行动;⑧需要进一步优化应急响应体系中的过程、工具和技术。

2. "网络风暴Ⅱ"演习

演习时间及目的:"网络风暴Ⅱ"演习于 2008 年 3 月 10 日至 14 日举行,由国土安全部国家网络安全局组织实施,旨在提升联邦和州政府、盟国及私营部门应对重大网络攻击事件的响应能力。具体包括 4 方面目标:检查参与组织准备、保护和响应网络攻击的能力;根据国家级政策和程序,对事故响应进行高级领导决策和跨部门协调;为网络态势感知、响应和恢复信息的收集和分发,验证信息共享关系和通信通道;以安全可靠而不危害国家利益的方式,检验跨标准、跨边界共享敏感和机密信息的方法和流程。

参与力量:参演方包括"五眼联盟",美国国防部、能源部等联邦机构以及加利福尼亚、科罗拉多等多个州相关机构,私营部门则涉及 IT、化工、运输等行业。

组织实施:此次活动着重评估参演各方应对网络攻击的前期准备、临敌防御、事后响应等能力,以及决策、协调与信息共享机制。在演习协调联动方面,参演人员在模拟场景中通过标准化操作流程及伙伴关系协同应对网络风险。演习过程中,国家网络响应协调小组作为威胁行动小组的战略顾问,为该小组提供相关信息,帮助评估事件影响并制定响应要求,而威胁行动小组则负责指挥应急响应。各个行业的信息共享和分析中心和美国计算机应急响应小组作为协同的重要部分,帮助参与者进行沟通。

效果评估:演习总结报告指出了 8 方面的重要发现:①标准操作程序(SOP)和

机构间关系的建立具有重大意义,能够实现快速信息共享;②物理和网络具有互依赖性,破坏物理特性会影响网络功能,破坏网络功能也会造成物理损伤,需要加强关键基础设施物理危机处理和网络事件响应的融合;③可靠且经过检验的协同手段对于网络事件响应至关重要;④自"网络风暴Ⅰ"演习以来,网络事件响应的跨机构整合和协调取得实质性进展,机构的角色、职责的明晰将大幅提升响应能力;⑤通过特定形式加强各组织间平时的沟通和互动,增强组织间的联系,对明确响应职责、固化协同渠道具有重大意义;⑥各个组织的政策和程序直接关系组织间信息流动的效率和有效性,需完善对信息流动至关重要的政策和程序;⑦需要在大规模网络事件中有效处置公共事务,通过技术专家和信息共享引导和教育公众;⑧需要更加熟悉现有的信息共享流程,以加快信息共享。

3. "网络风暴Ⅲ"演习

演习时间及目的:"网络风暴Ⅲ"演习于 2010 年 9 月 27 日至 10 月 1 日举行,旨在检验新成立的国家网络安全与通信集成中心(NCCIC),演练新制订的"国家网络事件响应计划"(NCIRP),评测协调和决策机制,找出信息共享中的问题等。

参与力量:参演方包括中情局、商务部等联邦机构,加利福尼亚、特拉华等州政府部门,澳大利亚、加拿大、新西兰、英国等 12 个"国际监视和预警网络(IWWN)"成员国,还有涉及化工、能源和运输业的私营实体。

组织实施:演习重点关注根据国家级框架实施的响应,并进行国土安全部下属国家网络安全与通信集成中心首次运行测试(从"网络风暴Ⅳ"到 2018 年年底 CISA 成立前,演习均由该机构牵头实施)。在演习的协调联动方面,参演人员按照国家网络事件响应计划应对影响重要基础设施的网络安全威胁以及网络攻击活动。演习的协调机构主要包括国家网络安全与通信集成中心和网络统一协调小组(UCG)。化工、电力、IT 和运输行业公司还可通过信息共享和分析中心(ISAC)、贸易协会、行业代理等进行跨行业网络安全信息分享。如在运输领域私有企业通过信息共享和分析中心与国家网络安全与通信集成中心协同响应。

效果评估:演习主要有 5 方面的重要发现:①国家网络事件响应计划(NCIRP)为正常状态和网络事件之间的过渡提供了一个可行的框架,但计划中的流程、程序、角色和职责需要进一步完善;②针对性举措和互相理解使得机构间的网络响应合作取得了进展,由于缺乏及时和有效的态势感知共享、角色和责任的不确定性,会导致机构间协作变得复杂;③态势感知共享分发对危机期间达成共识和有效决策是至关重要的;④必须清晰定义国家网络风险警报级别(NCRAL)间的阈值,明确各风险警报级别下应该采取的安全行动,并形成标准操作程序(SOPs);⑤有效的公开声明对于协调网络响应及维护公众信心至关重要。

4. "网络风暴Ⅳ"演习

演习时间及目的:在历届"网络风暴"演习中,第 4 届演习较为特殊。由于联邦应急管理署(FEMA)拟举行"国家级演习(NLE)2012",为避免重复,"网络风暴"演习筹划组决定调整"网络风暴Ⅳ"演习举办方案,采用由小型研讨会、兵棋推演、实战演练等15个规模较小但重点突出的演练活动组成的方案。演习时间跨度较大,从2011年11月一直延续到2014年1月。此次演习旨在提高国家网络事件响应计划(NCIRP)中的处理流程、程序、合作机制和信息共享机制,评估国土安全部及其相关部门在全球网络事件中的作用,演练协调机制,评估信息共享的能力以及决策程序。演习侧重于帮助业界和各州政府提升事态升级情况下的网络响应能力。

参与力量:参演方包括澳大利亚、加拿大、法国等国际监视和预警网络成员国,缅因州、俄勒冈州等多个州政府及部分企业。

效果评估:演习总结指出,参演方发现信息共享和沟通中仍存在问题,且一些参演方不了解信息资源情况及获取资源的渠道。

5."网络风暴Ⅴ"演习

演习时间及目的:"网络风暴Ⅴ"演习于2016年3月7日至11日举行,包括3天的实战化演习,主要涉及IT、通信、医疗卫生、商业等领域。主要目的包括4方面:继续深化网络事件响应团体在协调机制、信息共享、态势感知和决策流程方面的演习;评估与网络事件响应机构、资源分配密切相关的政策、法规和财政问题;为参演者实践、评估提供论坛,完善组织内部或组织间的信息共享机制;评估国土安全部及其他政府机构应对网络事件的角色、职责和能力。

参与力量:约有1200人参加了本次演习,参演方包括国土安全部、国防部等联邦机构,亚拉巴马多、科罗拉多等州,12个国际合作伙伴以及约70家私营企业(亚马逊、沃尔玛等)和协调机构(统一协调小组UCG等)。

场景构设:"网络风暴Ⅴ"演习的假想敌是75个不同的松散组织,攻击的主要目标是路由器、用于域名和IP地址相互映射的域名系统以及提供加密和数字签名服务的公钥基础设施。

组织实施:本届演习假想75个不同的松散组织,攻击路由器、用于域名和IP地址相互映射的域名系统以及提供加密和数字签名服务的公钥基础设施。参演人员根据内部的策略和程序以及外部的报告要求和协调机制进行响应。

效果评估:演习总结了4方面的发现:①一个国家级计划或框架已经得到广泛的认可、采纳和整合,将在演习期间正式形成并优化网络事件响应;②围绕信息共享的挑战——阈值、路径、共享速度和责任问题——仍然存在,需要有针对性地予以关注;③参演者对NCCIC在信息共享和共享态势感知中的作用有了更高的认识,并越来越多地期待DHS、NCCIC和US-CERT整合信息并提供反馈;④作为该系列演习的首次参与者,医疗和公共卫生部门以及零售部门都注意到了加强部门内部协调、扩大信息共享的价值,以及通过行业信息共享与分析中心(ISAC)等实体建立更正式的协调和报告机制的价值。

6.“网络风暴Ⅵ”演习

演习时间及目的:“网络风暴Ⅵ”演习于 2018 年 4 月 10 日举行,历时 3 天,主要涉及 IT、交通、通信以及重要制造业。演习主要目标是通过演练相关政策、流程和程序,加强美国应对大规模网络事件的能力。具体目标包括:一是运用和检验协调机制,评估美国国家网络事件响应计划指导事件响应的效果;二是评估信息共享门槛、途径、及时性、信息有效性以及网络事件响应各方共享信息的障碍;三是鉴于美国国土安全部与受影响实体协同响应网络事件,演习旨在继续评估国土安全部的角色、职责与能力;四是为演习参与各方提供论坛,旨在实施、评估并完善相关框架、流程、程序以及组织机构内部或相关组织之间的信息共享机制。

参演力量:来自 100 多个组织的 2000 余人参加了本次演习,包括联邦机构、州、国际合作伙伴、执法部门、情报机构和国防部等。

组织实施:演习聚焦关键基础设施,特别是重要制造业和运输业,应对影响非传统 IT 设备的事件,尤其注重从多个领域响应重大突发网络事件,使网络安全事件应急响应获得尽可能广泛的社会参与。重点演练协调机制,评估国家网络事件响应计划的效果及信息共享机制,评估国土安全部的角色和职能,帮助参演方提高处理流程、程序、协作能力及信息共享机制。

效果评估:演习总结报告指出了 4 方面的重要发现。①网络攻击领域继续扩大,延伸到非传统 IT 领域,这对响应人员、流程和技术带来影响,需要加以考量。②传统媒体和社交媒体继续提高人们对网络事件的认识,同时也成为响应措施中越来越重要的组成部分。③国家网络事件响应计划(NCIRP)为联邦协调提供了框架,但在响应的早期阶段,与关键基础设施和私营部门的联系有限。这种差距在关键基础设施部门之间和内部造成了不确定性,并可能导致响应延迟或不一致。④事实证明,在演习中,可信且已建立的信息共享路径是最有效的。了解内部和外部可用资源的参与者可以更有效地验证和共享数据。

7.“网络风暴Ⅶ”演习

演习时间及目的:“网络风暴Ⅶ”演习于 2020 年 8 月 10 日至 14 日举行,包括 3 天的实兵演习,这也是美国网络安全和基础设施安全局(CISA)成立后首次组织该演习。演习旨在加强信息共享和协作机制,加强公私领域的合作关系,完善有关通信网络应急响应的协作策略,具体目的包括:检查国家网络安全计划和政策实施的有效性;在网络事件期间,加强网络生态系统的信息共享和协调机制;加强公共和私营机构的伙伴关系,提高及时信息共享的能力;检验网络事件响应中的通信能力,不断完善通信策略。

参与力量:包括联邦机构、州和地方政府以及重要基础设施领域合作伙伴等 200 余家单位的 2000 多人参与,演习规模达到历届之最。

组织实施:演习测试了国家网络事件响应计划并评估其实际效果。除了往届涉及的化工、通信、金融服务和IT领域外,医疗保健和公共卫生、运输及关键制造等行业也被纳入演习。

效果评估:演习总结报告指出了4方面的重要发现:①演习提高了公众对互联网核心基础设施长期存在漏洞的认识;②演习能够测试国家网络事件响应计划的组织流程并加以完善;③在日益分布式的工作环境中,事件响应可能会由于组织的分布式而延迟;④广泛的信息共享对于事件响应至关重要;⑤成功的事件响应需要有计划的整体组织协调。

8."网络风暴Ⅷ"演习

演习时间及目的:"网络风暴Ⅷ"演习于2022年3月11日至13日由网络安全和基础设施安全局(CISA)组织,旨在评估网络安全准备情况并检验事件响应流程和信息共享机制。

参演力量:演习汇聚了来自33个联邦机构、9个州、100家私营公司和10多个伙伴国家的2000多名参与者。

组织实施:演习场景涉及工业控制系统运营机构和传统企业遭受勒索软件与数据外泄等恶意入侵。组织方为参演方提供了一个场所,可以模拟发现和响应大规模网络攻击事件,而不会对现实世界造成严重后果。

效果评估:演习通过模拟对影响美国关键基础设施的网络危机的响应,旨在评估网络安全准备情况并检查事件响应流程、程序和信息共享的能力。它为政府发起的网络安全演习提供了框架,检查国家对影响关键基础设施的重大网络事件的反应,助力推动网络安全政策和计划的改进,是迄今较成功的一届"网络风暴"演习。

9."网络风暴Ⅸ"演习

演习时间及目的:"网络风暴Ⅸ"演习于2024年4月16日至18日,此次演习聚焦食品供应链安全,模拟针对农业和食品行业的网络攻击场景,旨在检验新版国家网络安全指南(于2023年3月制定)的实施效果,强化跨部门协同防御能力,并提升关键基础设施在复杂网络威胁下的弹性。

参演力量:演习汇聚了来自11个国家2200多名参与者,涵盖美国联邦政府、35个联邦部门、各州政府、国际合作伙伴及80余家私营企业。此次演习由网络安全和基础设施安全局(CISA)主导,联合FBI、国防部等联邦机构,并整合国际资源。

组织实施:演习采用分布式"参与式"模拟模式,构建覆盖食品生产、运输及零售全链条的虚拟攻击场景。参与者在本职岗位实时响应模拟攻击,通过标准通信渠道进行协助。中央控制团队在中央演习控制地点统筹演练进程,记录并评估相应流程的效率和漏洞。此次演习首次纳入国际协同机制测试,并在演习后与美国交换情报与经验,检验跨国情报共享与应急协调能力。

效果评估:此次演习不仅验证了新版国家安全指南(2023年3月制定)的实操

性并优化了跨行业威胁情报共享效率,还通过暴露供应链安全标准缺失问题推动后续政策制定,同时整合国际协同响应经验至全球防御框架,为区域性合作提供参考。

（三）特点分析

"网络风暴"演习作为美国经典演习之一,通过研究其相关经验做法,有以下几点认识。

一是参演力量上,呈现"全政府""全社会"特点。美国认为只有"全政府""全社会"的广泛参与,才能有效应对网络空间多变复杂的安全威胁。因此,作为美国规模最大的国家级网络演习活动,"网络风暴"系列演习很好贯彻了这种"全政府""全社会"的思路理念,在参演力量上涵盖了盟友国家、联邦政府、州政府、行业组织和私营部门,且参演力量规模呈现逐次递增的趋势,具体参演规模如表 5-4 所列。从参演人数看,只有"网络风暴Ⅰ"演习少于 1000 人,其他演习均超过 1200人,2018 年"网络风暴Ⅵ"和 2020 年"网络风暴Ⅶ"更是超过了 2000 人;从参演私营企业看,参与演习的私营企业数量均保持在 30 个左右,2020 年"网络风暴Ⅶ"更是达到 90 个以上,从侧面反映了美国网络安全领域公私合作的良好发展态势;从参演 ISAC 看,历次"网络风暴"演习均纳入一定数量的信息共享和分析中心,体现了信息共享在网络事件应急响应中的重要作用;从参演国家看,"网络风暴"系列演习主要以"五眼联盟"国家为核心,并从 2010 年"网络风暴Ⅲ"演习开始,逐渐拓展至国际观察和预警网络相关国家,规模达到 10 个国家以上,体现了美国寻求将现实世界中的联盟关系映射为网络联盟的意图。

表 5-4　"网络风暴"系列演习参演力量规模统计表

演习名称	参演人数	私营企业数量	参演州	信息共享和分析中心数量	参演联邦机构	参演国家	演习领域
"网络风暴Ⅰ"	500+	20+	3	5	12	5	4
"网络风暴Ⅱ"	1575+	40+	9	10	18	5	4
"网络风暴Ⅲ"	1725+	60+	13	7	16	13	5
"网络风暴Ⅳ"	1250+	25+	9	5	14	11	6
"网络风暴Ⅴ"	1200+	45+	22	6	15	13	6
"网络风暴Ⅵ"	2000+	44+	20	8	22	13	4
"网络风暴Ⅶ"	2000+	90+	9	11	30	13	9
"网络风暴Ⅷ"	2000+	100+	9	—	33	10+	4

二是演习目的上,"网络风暴"系列演习主要目的侧重于考察跨国家、联邦政府机构、公私部门在关键基础设施遭到网络攻击情况下的应急协同能力。具体目的随每次演习可能略有不同,如 2008 年"网络风暴Ⅱ"演习目标侧重演练了个体响应能力和领导决策能力;2018 年"网络风暴Ⅵ"演习目标不仅是加强安全应急

协同能力,还将重点放在应急响应能力的评估上。历次演习共性目的主要有三个方面。①演练并完善国家网络事件响应计划(NCIRP)流程机制。国家网络事件响应计划是美国政府主导制定的网络安全事件响应框架,由于网络安全威胁、场景和技术均不断变化,所以对该框架的持续迭代完善是每次演习的重要关注点。②演练跨政府、跨公私机构之间的协调联动。网络事件响应流程机制确定后,机构间的协调联动成为网络事件成功响应的关键所在,因此跨政府、跨公司之间的协调联动成为历次演习的重点。③检验网络事件响应中的信息共享。信息共享过程中所涉及的时效性、信息敏感度、信息质量等都会影响机构间的协调联动,最终影响应急响应的效果,因此在历次网络风暴演习中,信息共享既是关注重点也是难点。

三是演习场景上,紧跟现实威胁具有鲜明的政治导向。历次"网络风暴"演习敌情想定均会指定一些特定的场景和攻击者情况,总体上敌情想定具有三方面的特征。①攻击者均为训练有素的黑客组织。美国清晰地认识到网络空间的威胁主要来自民族国家和非国家行为体,而不仅仅是散兵游勇式的"网络坏小子"。因此历次"网络风暴"演习的假想敌很明确,就是针对训练有素的黑客组织,如"网络风暴Ⅱ"中假象攻击者通过发动一系列联合网络行动,对多个关键基础设施进行渗透攻击,并误导新闻媒体,从而发表政治声明,抗议政府和工业界的行为。从攻击手法来分析,攻击者首先发起互联网中断攻击,破坏互联网的联通,扰乱各行业的运行;然后攻击者对域名服务器和电信路由基础设施发动了分布式拒绝服务攻击,攻击导致了网络接入服务和电信服务的中断;其次攻击者将目标对准了能源、交通等关键基础设施行业,通过对关键基础设施的攻击,造成特定运营链的环节中断,进一步产生连锁反应;紧接着攻击继续升级,攻击者将矛头对准政府机构,渗透政府在线服务,导致敏感信息泄露,政府遭遇信任危机。从一连串的攻击流程看,攻击者思路清晰、手法连贯,显示出高超的网络攻击能力。②攻击者具有鲜明的政治诉求。美国政府将政治领域的意识形态划线延伸到网络空间,煽动盟友搞网络空间利益联盟,历次"网络风暴"演习中假想敌均有鲜明的政治特色。如"网络风暴Ⅰ""网络风暴Ⅱ"演习强调假想敌是一个资金充足、具有政治目标的"黑客"联盟;又如"网络风暴Ⅲ"演习强调假想敌是一个名为"FdIE"的黑客组织,该组织是南美的一家小型IT公司,为恶意网络活动提供非法在线服务,并且在最后特意强调该组织的创始人是一位才华横溢的计算机工程师,与某国政府机构有紧密联系,具有强烈的反西方情绪;再如"网络风暴Ⅶ"强调假想敌是两个国家级对手,并指出攻击动机一方面可能仅仅是意识形态偏见。且在攻击者目标方面,系列演习均强调破坏特定关键基础设施和降低公众对政府的信心,为其蒙上鲜明的西方政治色彩。③攻击场景涉及范围广,符合其全政府、全社会参与的理念。历次演习假想敌攻击的范围都非常广泛,涵盖政府机构、关键基础设施行业、私营部门等。如"网络风暴Ⅲ"演习场景就多达八项。一是破坏服务更新场景。攻击者破坏了 IT 和通信供应商的服务更新通道,产生了大量的恶意软件感染、网络钓鱼攻击和逻辑炸弹。二是能源管理系统损害场景。攻击者对能源管理系统发动攻击并触发了逻辑炸弹,影响了系统正常控制功能,对电网可靠性造成破坏,电网产生了服务中断。三是化工和交通行业场景。攻击者对化工和运输公司的订购系统和面向用户的网站发动攻击,攻击影响了货物的生产和运输。四是联邦政府场景。攻击者攻击了相关网站和国土安全部"Chatter"账号,借此开展网络钓鱼活动,通过分布式拒绝服务(DDoS)攻击破坏合法流量,导致政府敏感数据外泄。五是国际伙伴场景。在澳大利亚,攻击者通过一系列行动,建立了复杂的网络指挥和控制基础设施,覆盖金融、能源、交通、水、政府和其他关键部门系统。在加拿大,伴随一场大规模的网页破坏活动,定向的恶意软件被分发到政府 IT 资源和"智能手机"企业服务器。在国际观察和预警网组织相关国家,边境蠕虫的传播导致敏感数据跨政治边界大量暴露,造成安全通信完整性受损、通信大范围中断以及带宽资源的消耗。六是国防部执法和情报场景。一名国防承包商将一台笔记本电脑插入国防部信息网格,造成恶意软件传播,导致国防部军事网站及无人机(UAV)供应链受损。七是公共事务场景。相关网站报道了攻击情况,引发了大范围的民众恐慌。八是州政府场景。攻击者以几个州为攻击目标,重点是扰乱组成部门的服务和获取个人身份信息(PII),试图制造对政府的不信任。可以看出这些演习场景的设定是层层嵌套的,旨在演练跨机构的协同联动,场景广泛,契合美国网络安全全政府、全社会参与的理念。"网络风暴"系列演习场景设置如表 5-5 所列。

表 5-5　"网络风暴"系列演习场景设置

演习名称	场景设置	关键基础设施领域
"网络风暴 I"	利用网络攻击,摧毁能源和交通运输基础设施;利用网络攻击,破坏联邦政府、州政府一级"五眼联盟"政府正常运转	4 个——主要集中在能源、信息技术和交通行业,有少量攻击场景涉及电信行业
"网络风暴 II"	互联网中断、通信中断、破坏控制系统	4 个——信息技术、通信、化工、交通(特别是铁路和管道)
"网络风暴 III"	攻击域名系统(DNS)和互联网信任链[证书和证书颁发机构(CA)的有效性],包括破坏服务更新、能源管理系统、化工和交通行业、联邦政府、国际伙伴、国防部、公共事务、州政府等几大场景	5 个——信息技术、通信、能源(电力)、化工、交通
"网络风暴 IV"	包括国家网络事故响应计划演习、网络中心董事研讨会、公共事务桌面演习 1、缅因州演习、州际网络协调演习、公共事务桌面演习 2、参议院网络安全桌面演习、俄勒冈州演习、华盛顿州演习、爱达荷州演习、国际观察和预警网演习、密苏里州演习、密西西比州演习、常青(Evergreen)演习、内华达州演习等 15 个子科目	6 个

演习名称	场景设置	关键基础设施领域
"网络风暴Ⅴ"	利用互联网通用协议和服务中存在的漏洞攻击路由协议、域名系统(DNS)和公钥基础设施(PKI),从而实现攻击企业、政府系统、医疗设备和支付系统的目的	4个——信息技术、通信、医疗和公共卫生、商业设施(零售)
"网络风暴Ⅵ"	利用嵌入式微处理器中的一个模拟漏洞,攻击非传统IT设备底层固件,导致汽车无法启动、工厂机器人故障、公司或政府物联网设备故障,攻击对多个行业造成影响,迅速上升到国家层级的影响	4个——通信、关键制造、信息技术、交通(航空和汽车)
"网络风暴Ⅶ"	攻击互联网的三大骨干服务——DNS、CA和BGP	9个——化工、商业设施、通信、关键制造、能源、金融服务、医疗和公共卫生、信息技术、交通
"网络风暴Ⅷ"	模拟工业控制系统运营机构和传统企业遭受勒索软件攻击与数据被泄等场景	4个——关键制造、通信、化工、信息技术

六、"网络扬基"演习

"网络扬基"(Cyber Yankee)演习是一项跨机构、跨部门、跨军种的区域性年度演习活动,旨在为国民警卫队下属各网络防御团队提供跨州的训练机会,强化其戒备状态,以便在发生重大网络事件时作为增援力量迅速发挥作用;同时促进机构间沟通协作,与行业合作伙伴建立工作关系并提高熟悉度,以共同应对网络攻击。

(一)演习概况

"网络扬基"演习始于2015年,每年举办一届,每届持续时间约两周,号称全球第二大规模同类演习,主要参演对象为州一级的国民警卫队网络力量,最初主要针对美国联邦紧急事务管理署(FEMA)第1区即美国东北部的"新英格兰"地区6个州的国民警卫队。与美军其他侧重于保护国防部信息网络的演习不同的是,"网络扬基"演习聚焦关键基础设施和关键资源保护,主要对美国国防部、州和联邦机构、主要公共事业公司进行训练。

(二)历次情况

1. "网络扬基2018"演习

演习时间及目的:"网络扬基2018"演习于2018年6月上旬在马萨诸塞州科德角联合基地举行。演习旨在提升各参演团队针对本土区域性关键网络攻击事件的响应与防御能力,磨练实操技能、团队协作能力和危机处置中的抗压能力。

参演力量:马萨诸塞州国民警卫队、罗得岛州国民警卫队、新罕布什尔州国民警卫队、佛蒙特州国民警卫队网络战单位和多个非军事组织总计超过400名人员参与此次演习。

组织实施:演习场景设置为应对供水管网系统、电力公司和国防部网络遭受的网络攻击。

2. "网络扬基2019"演习

演习时间及目的:"网络扬基2019"演习于2019年8月6日至7日在新罕布什尔州彭布罗克市爱德华十字训练中心举行,为期2天,演习主要包括三方面目标:训练如何应对和保护关键基础设施免受网络攻击,提升防御性网络空间作战单元(Defensive Cyberspace Operations Element,DCOE)成员的整体技能水平,力争为国民警卫队、各级政府和基础设施管理机构打造多元化的网络安全人力资源体系;刺激新英格兰地区网络资源的发展建设,并促进各级政府和关键基础设施企业深化伙伴关系;演练利用情报人员进行事件报告的流程,以检验从蓝队到上级指挥部直至国民警卫局(National Guard Bureau,国民警卫队最高领导机构)指挥官的事件响应与协调机制。

参演力量:来自亚拉巴马州、康涅狄格州、缅因州、马萨诸塞州、新罕布什尔州、罗得岛州、佛蒙特州等七个州的陆军国民警卫队和空军国民警卫队网络安全专业人员通过线上线下相结合的方式参演。

组织实施:主办方根据现实世界中的各类信息平台复制构建出一个模拟网络,设置恶意行为体趁自然灾难之机对电力、供水、通信、交通等系统发动网络攻击的场景。

3. "网络扬基2020"演习

演习时间及目的:"网络扬基2020"演习于2020年7月21日至31日在新罕布什尔州举行,旨在检验国民警卫队和关键基础设施运营机构相关人员的网络技能。

参演力量:来自新英格兰地区各州的200多名国民警卫队成员和联邦政府机构人员参演。

组织实施:演习模拟全球威胁态势及真实互联网环境中通过社交媒体发布事件消息,参演人员需从海量信息中辨别有价值内容以支持决策及规避风险,定位并接管遭入侵站点及回溯攻击源,从而保护计算机系统中的文件不被窃取或利用等。参演人员分为一支红队、四支蓝队和一支白队,其中红队负责实施网络攻击,蓝队模拟同时应对来自两到三个威胁行为体的恶意活动,白队负责监导和评估事件响应操作。

4. "网络扬基2021"演习

演习时间及目的:"网络扬基2021"演习于2021年6月14日至18日在马萨诸塞州科德角联合基地举行。演习旨在训练国民警卫队和民事机构抵御针对供水、电力、交通和天然气等公用事业的潜在网络攻击,加强国民警卫队与公共事业机构及私营部门之间的网络防御合作,强化网络战人员打击数字空间恶意行为体的能力。

参演力量:整个新英格兰地区的国民警卫队参加了此次演习活动,联邦调查局、国土安全部网络安全与基础设施安全局、联邦能源管理委员会等协作单位与行业合作伙伴大多通过线上方式参与。网络司令部网络国家任务部队总部派出专人对这次演习进行督导。

组织实施:此次演习主要针对日益猖獗的勒索软件攻击,攻击者意图达成对信息和数字系统的控制,恶意干扰交通、供水等公共服务,甚至影响学校秩序和市政管理。演习按照红蓝对抗方式组织,由海军陆战队第 6 通信营和第 8 通信营下属的各支防御性网络空间作战-内部防御措施连队与该军种预备役人员共同担任演习"红队",模拟针对美国西海岸公共基础设施的网络攻击,并向该国东北部的新英格兰地区蔓延。"网络扬基 2021"演习首次使用美国网络司令部开发的"网络 9 线(Cyber 9-Line, C9L)"系统。国民警卫队各网络战单位可按照 C9L 提供的模板,及时将疑似网络攻击的具体细节上报给网络司令部,以便其更快速有效地对攻击事件进行研判,并将信息反馈给报告单位。后者可在受影响地区的政府机构和相关行业伙伴之间分享这些情报,包括提交恶意软件样本等非涉密信息至商用协作平台进行分析,供全美安全领域公私部门共享该网络事件的威胁信息。

效果评估:多样化的演习科目使得海军陆战队在网络战技能上保持与时俱进,并增进其现役人员与非现役人员的力量融合。随着演习日益聚焦那些直接影响新英格兰地区广泛社群或民众生活的重要政府机构和民间组织,大多数攻防对抗都涉及模拟的公共事业单位,市政当局在演习中的作用越来越突出。

5."网络扬基 2022"演习

演习时间及目的:"网络扬基 2021"演习于 2022 年 6 月 5 日至 18 日在康涅狄格州内特营举行,旨在演练关键基础设施遭到国家行为体网络攻击时新英格兰地区六个州国民警卫队的应急响应能力。

参演力量:来自新英格兰地区六个州的国民警卫队、海军、空军、海岸警卫队和海军陆战队的网络战人员以及业界合作伙伴参加了本次演习。

组织实施:本次演习场景设置为美国东北部输电网系统遭受来自某假想民族国家的网络入侵,并请求陆军国民警卫队的援助。演习模拟了勒索软件攻击、恶意软件攻击、针对人机管理界面的攻击等多种威胁程度不同的攻击方式。演习中设有六类团队:一是负责防御的多支"蓝队";二是"橙队",是配合蓝队行动的行业合作伙伴;三是负责监控和评估的"白队",评估蓝队的演训活动;四是扮演恶意进攻方的"红队";五是"灰队",负责演习所用网络靶场的运作和维护;六是"联合作战中心(JOC)",模拟现实世界中的 JOC,负责实施行动指挥。

6. "网络扬基 2023" 演习

演习时间及目的:"网络扬基 2023" 演习于 2023 年 5 月 14 日至 28 日在康涅狄格州举行,从俄乌冲突网络对抗中吸取经验教训,利用虚拟环境检验国民警卫队遂行任务的基本技能。

参演力量:陆军国民警卫队网络战人员,全美各地陆军、海军、空军、海军陆战队和海岸警卫队的预备役人员,联邦和州政府相关机构以及主要基础设施运营商参加此次活动。

组织实施:在组织筹备本届演习的过程中,陆军国民警卫队从俄乌冲突网络对抗中受到启示,并根据联邦调查局提供的相关情报模拟针对关键基础设施的网络威胁,设置了更贴近实战的训练场景。参演人员分为红蓝两方,红队作为假想敌,试图通过网络攻击渗透美国关键基础设施;蓝队由军方和行业合作伙伴组成,联合抵御红队的破坏行动。

效果评估:通过演习,陆军国民警卫队与业界同行建立合作关系并确立事件响应的标准处置流程,从而使其为在大规模网络攻击期间充当网络安全与基础设施安全局(CISA)的第一响应者做好准备。

（三）特点分析

"网络扬基" 系列演习主要呈现以下特点。

一是参演力量上以陆军国民警卫队为主。"网络扬基" 系列演习最主要的目的是提升陆军国民警卫队所属网络力量的应急处置能力。演习举办之初只有新英格兰地区亚拉巴马州、康涅狄格州、缅因州、马萨诸塞州、新罕布什尔州、罗得岛州、佛蒙特州等七个州的陆军国民警卫队和空军国民警卫队网络人员参加。伴随演习逐渐成熟,国民警卫队也逐渐认识到应对关键基础设施网络攻击事件需要多方协同配合,因此逐渐吸纳政府机构、军队以及私营部门参加演习,但总体上仍以国民警卫队为主。

二是重点聚焦关键基础设施网络安全。发展至今,"网络扬基" 系列演习已成为美国国防部、政府机构和主要公用事业部门演练预防和响应网络威胁的大型活动。与美军其他网络演习重点关注国防部信息网络安全不同,"网络扬基" 演习重点聚焦国家关键基础设施,是唯一关注关键基础设施和关键资源网络安全的军事演习。演习重点演练国民警卫队网络威胁处置能力,并检验其标准操作程序以及与行业伙伴的协同关系,以确保关键基础设施网络安全。

七、"网络圣殿" 演习

（一）演习概述

"网络圣殿" 演习是由空军第 16 航空队第 67 网络空间联队第 867 网络空间作战大队下属的第 341 网络空间作战中队组织举行的一项非涉密进攻性网络演习活动。演习自 2019 年开始举办,每次为期三天,主要依托持续网络训练环境开展实战演练,为网络国家任务部队训练培养高级网络技术人才,有效履行打击网络空间特定民族国家行为体的使命。

(二)历次情况

历次"网络圣殿"演习情况如下。

1. "网络圣殿 2019"演习

首届演习于 2019 年 3 月举行,旨在让 341 网络空间作战中队成员熟悉情报分析和网络战手段与流程。此次演习还使用了尚处于研发阶段的"持续网络训练环境(PCTE)"的 B 版原型系统,以便向陆军 PCTE 项目办公室提供用户反馈。

2. "网络圣殿 2021"演习

"网络圣殿 2021"演习于 2021 年初举行,为期三天,演习涉及网络国家任务部队所属国家任务分队和国家支援分队的 6 个主要岗位,包括分析员、情报员和操作员等。重点演练国家任务分队从战场态势感知、作战计划制订、情报收集以及对模拟目标实施反制或开展进攻性网络行动的全过程。值得注意的是,演习组织方打破了传统人员力量编组的模式,尝试将情报员与操作员混编在一起,以便让操作员第一时间获得情报支持,并让情报员对作战实操有更直观的体验。

3. "网络圣殿 2023"演习

演习时间及目的:"网络圣殿 2023"演习于 2023 年 8 月 21 日至 23 日举行,旨在通过虚拟场景检验对抗网络敌手的能力,同时促进岗位间及分队间的协作。

参演力量:第 867 网络空间作战大队下属第 315 网络空间作战中队,第 70 情报、监视和侦察联队下属第 70 作战保障中队,第 363 情报、监视和侦察联队下属第 36 情报中队,空军预备役第 512 情报中队和空军国民警卫队第 175 网络空间作战中队,以及第 67 网络空间联队所属其他相关力量参加了此次演习。

组织实施:本次演习设置了名为"Erusian"的假想敌,参演团队需要侦察对手的基础设施,制订作战计划并请求上级批准,执行网络战行动,攻击目标基础设施以消除其潜在的侵略活动能力。重点对网络司令部 8 类作战人员岗位进行演练,包括全要素分析师、目标数字网络分析师、联合目标分析师、恶意软件分析师、操作员兼利用分析师、数字网络利用分析师和任务指挥员。

效果评估:此次演习,情报人员的加入有效弥补了传统空军网络战人员技术经验丰富而情报意识欠缺的不足。空军情报人员充分发挥其优势,对未知场景展开情报收集与分析,成功指导实施网络战行动。

(三)特点分析

"网络圣殿"系列演习开展次数不多,主要呈现以下特点。

一是参演力量上以空军为主体,突出网络攻击演练。"网络圣殿"系列演习作为一项非涉密进攻性网络演习,由第 341 网络空间作战中队组织实施。其参演力量主要集中在空军所属的国家任务分队和国家支援分队,与美军大部分演习突出网络防御不同,该演习重点突出网络攻击,旨在提升空军国家任务分队和国家支援分队的实战能力。

二是环境设置上注重实战,磨练参演人员技能。网络司令部制定的联合训练标准属于普适意义上的训练手册,"网络圣殿"演习则希望聚焦实战任务。通过设置实战场景,让网络战人员熟悉情报及网络方面的手段和流程,尤其是体验从战场态势感知、作战计划制订、情报收集以及对模拟目标实施反制或开展进攻性网络行动的真实作战流程,建立团队协同意识,从而提升操作技能,为胜任岗位做好充分准备。

三是演练内容上聚焦岗位职能,突出情报赋能。"网络圣殿"演习重点对国家任务分队和国家支援分队岗位进行演练,比如"网络圣殿2021"演习就针对6个岗位进行演练,到"网络圣殿2023"演习扩展到了8个岗位。且演习注重融合情报力量,将情报员和操作员混编,有效弥补了传统空军网络战人员技术经验丰富而情报意识欠缺的不足。

八、"网络闪电"演习

(一)演习概述

"网络闪电"(Cyber Lightning)演习始于2010年,最早为空军太空司令部举办,后改由国防部主导,参演方是空军国民警卫队,近几年作为网络司令部参与其他作战司令部大型演习的子演习而存在。"网络闪电"演习前期侧重网络防御技能训练,与大型演习合并举行后更注重网络手段融入联合作战及力量运用实践。

(二)历次情况

"网络闪电"演习总共举办4届,后续可能作为其他大型演习的子演习,2020年后未见报道,历次情况如下。

1. "网络闪电2010"演习

2010年10月15日,美空军太空司令部第460太空联队(职责是抵御针对巴克利基地的网络攻击并保障指挥控制顺畅)在科罗拉多州巴克利空军基地举行首届"网络闪电"演习,旨在检验部队在对抗性网络环境中的作战能力。

这次网络演习是空军太空司令部乃至整个空军范围内的第一次,演习为期一天,模拟了网络降级和中断、网络钓鱼及其他试图入侵基地网络的黑客活动。

2. "网络闪电2016"演习

演习时间及目的:"网络闪电2016"演习于2016年6月举办,为期三天,旨在提升空军预备役和国民警卫队人员网络防御水平。这些空军预备役和国民警卫队人员均在所属部队的基地通信中队从事传统的计算机系统维护工作,缺乏网络防御技能的培训和实践。

参演力量:主要有三支力量参加了此次演习,包括宾夕法尼亚州匹兹堡国际机场空军预备役驻地的第 911 空运联队和部署于匹兹堡国际机场的第 171 空中加油联队,以及俄亥俄州扬斯敦-沃伦空军预备役驻地的第 910 空运联队。

组织实施:本次演习为期 3 天,第一天是培训,由专家介绍演习平台使用规则并介绍演习设置的网络威胁场景。第二天是练习,参演人员在工作人员的指导下为比武阶段进行任务规划,研究讨论了专为演习提供的情报信息、比拼场景和对抗规则,并利用学到的知识技能练习网络扫描和漏洞分析。第三天是对抗,三支团队正式开展网络比武,主要根据前一天任务规划和实操训练中获得的线索,检测模拟网络中的恶意网络流量和活动。

3.“网络闪电 2019”演习

美军欧洲司令部于 2019 年 3 月 13 日至 26 日举行“严峻挑战”演习,有来自战略司令部、运输司令部和多个北约国家的 4500 人参加。“网络闪电 2019”作为美网络司令部参与本届演习的部分科目被合并举行,旨在检验各作战司令部新设置的“网络空间作战-综合计划要素(CO-IPE)”运作情况。

美军各军种于 2017 年被授权设立 CO-IPE,空军方面设立的三个 CO-IPE 分别为欧洲司令部、战略司令部和运输司令部提供支持。此次是空军三个 CO-IPE 首次共同参加战区作战司令部级别的演习活动,也是它们作为各作战司令部内常设实体的第一次大型演习。

4.“网络闪电 2020”演习

美国战略司令部于 2020 年 1 月 23 日举行“全球闪电 2020”演习,这是一项年度性作战指挥演习,旨在训练国防部部队并评估美国战略司令部所有任务区的联合作战准备情况。“网络闪电”是作为网络司令部参加该项演习的部分科目而合并举行的。该项演习此后未见报道,研判继续合并至美军其他大规模联合演习中进行。

(三)特点分析

历次“网络闪电”演习主要有以下特点。

一是演习侧重技能训练。参演各队都通过实操掌握检测并抵御网络威胁的各种技能,并连同演习中的经验教训一并带回所属部队。同时,演习成本低,内容新,参演各方均有先进网络训练机会。

二是演习采用“培训+演练”的模式开展。演习一般分阶段开展,第一阶段进行理论培训,第二阶段模拟演练,最后进行实战式攻防对抗。在培训阶段,参训人员和团队接受基准训练指导,并在高水平训练结束后分享所掌握的信息与战术、技术和规程。

三是演习融合程度高愈发贴近实战。演习最开始由太空司令部举办,参演人数和规模较小,演练普通网络攻防行动。随后逐渐由国防部主导,参演规模逐渐扩大,且演习场景设置愈发真实,已成为大型作战演习的一部分,演练内容也从普通的网络攻防转为网络空间对抗。

九、"网络探索"演习

（一）演习概述

自 2016 年以来，陆军网络卓越中心（CCoE）每年定期举办"网络探索"系列演习，针对美国陆军新研发技术进行运用测试，试验新武器装备的技术效能发挥情况，对纳入训练与条令司令部电子战能力管理计划的技术进行评估，提升美军作战能力。虽然该演习传统上是一年一度，但后续的迭代将包括全年中开展多项小型试验活动。

（二）历次情况

"网络探索"演习自 2016 年举办以来，已陆续开展 4 届，历次演习情况如下。

1. "网络探索 2016"演习

"网络探索 2016"演习于 2016 年 6 月至 7 月期间举行，由陆军网络卓越中心主办，汇集了众多陆军下属单位和产学界组织。演习旨在应对太空、网络电磁作战和战场通信保障的挑战。

2. "网络探索 2017"演习

"网络探索 2017"演习于 2017 年 6 月 5 日至 30 日举行，为期 26 天。参演力量包括来自陆军旅战斗队和情报单位的作战人员。此次演习旨在发现网络电磁领域的作战需求，验证新的作战概念并适时引进成熟的装备系统。同时，演习为承包商提供了一次机会，针对当前网络空间作战的挑战展示创新解决方案，并致力于将这些成果集成到陆军现有系统中。

3. "网络探索 2019"演习

演习时间及目的："网络探索 2019"演习于 2019 年 6 月举行，旨在最大限度地提高陆军电磁频谱和网络能力的发展与实践，探索成熟技术装备的快速交付模式，以应对未来战争中的新兴威胁。

参演力量：参演方包括陆军各项目管理办公室、各能力管理办公室、陆军跨职能团队（CFT）、第 101 空降师（已改组为空中突击师）第 3 旅级战斗队，以及 18 家获得政府资助的行业合作伙伴。

组织实施：演习主要包括 4 方面内容，强化对网络态势信息的理解、分析和利用；探索防御性网络空间作战行动的自动化；实施战术电子战及电子战资产的本地和远程管理与规划；拓展战术网络的覆盖范围。

4. "网络探索 2021"演习

演习时间及目的：2021 年 3 月，陆军在艾森豪威尔堡（时称"戈登堡"）举行"网络探索 2021"和"陆军远征勇士实验"联合演习，这是两项演习的首次合办。

参演力量：陆军第 4 步兵师（陆军第一个全数字化步兵师，绰号"长青藤"）、陆军第 1 装甲师、陆军网络防护旅、第 915 网络战营等陆军网络战力量参加了此次演习。

组织实施:演习首次允许连以下级别单位到旅以上部队验证网络空间领域新理念和新技术,参演人员在演习环境中使用战术无线电和电子战系统,以测试装备技术性能。演习还测试了多种网络技术,包括一款反溯源工具,它能够在软件代码被拦截的情况下,混淆网络操作,扰乱敌方的溯源定位操作。

(三)认识分析

"网络探索"演习属技术验证类演习,经分析研究,形成以下几点认识。

一是演习聚焦测试装备技术性能,有力推动网络战技术的提升。演习主要验证作战概念和测试成熟的装备技术,不仅限于传统作战武器性能的测试,还十分注重网络战技术,相关成果用于增强电子战、网络战,积极探索网络态势展示、反溯源、电磁干扰等网络战工具的运用效果,寻求与陆军传统战术系统有机融合,提升网络作战能力。

二是能够获取一线部队现实需求,有利于探索装备技术应用趋势。参演人员除技术测试人员外,多为美军一线作战部队,"网络探索2021"演习更是首次允许连以下单位参与试验验证。演习中,参演人员反馈操作问题和作战需求,通过"问题反馈—优化完善—测试试验"模式,不仅能使装备技术最大限度地贴合部队的作战实际,还能使技术人员掌握一线需求,更好把握新兴技术的发展应用。

三是演习具备良好的平台效应。演习测试结束后,美国陆军会给各供应商反馈相关产品测试情况,同时各供应商可通过演习定期与测试人员和陆军负责采购的高层领导会面,介绍其产品和讨论技术领域问题。目前,"网络探索"演习不仅是新兴技术操作测试的舞台,还逐渐成为陆军与产学界的交流平台。

十、其他演习

(一)陆军版"网络闪电战"演习

陆军版"网络闪电战(Cyber Blitz)"演习是由美国陆军通信电子研究、开发与工程中心(CERDEC)和陆军网络卓越中心共同主办的陆军年度网络防御演习。演习旨在促进陆军网络电磁活动在作战理论、组织、训练、物资、管理、教育、人员、设施和政策等各方面的发展,提升陆军网络战和电磁战能力。演习侧重于在实际多域战场中评估武器装备尖端技术并根据反馈进行改进。

历次"网络闪电战"演习分别于2016年4月、2017年4月、2018年9月、2019年9月、2020年8月举行。2021年,"网络闪电战"演习更名为"实时多域作战",主要支持多域特遣部队的情报、信息、网络、电子战和太空分遣队,作为更大的"太平洋守卫者"演习的一部分。

(二)国民警卫队版"网络闪电战"演习

国民警卫队版"网络闪电战(Cyber Blitz)"演习由马里兰州空军国民警卫队第175联队主办,演习地点位于马里兰州沃菲尔德空军国民警卫队基地。该演习是一项攻防兼备且不断迭代的演训活动,聚焦关键基础设施保护和网络认知战实施,旨在提高国民警卫队网络攻防技能。

"网络闪电战21"演习于2021年5月中旬举行,马里兰州空军国民警卫队第175网络空间作战大队与该州陆军国民警卫队第169网络防护分队开展对抗演练,演习场景基于2021年5月上旬发生的美国最大成品油输送管道运营商科洛尼尔遭勒索软件攻击事件。此次演习是该项活动首次邀请陆军国民警卫队单位参演,体现了国民警卫队网络作战训练对跨军种能力融合的要求。

"网络闪电战22-3"演习于2022年3月下旬举行,此次演习规模进一步扩大,马里兰州空军国民警卫队第175网络空间作战大队、第175情报中队、第275网络空间作战中队、第275作战支援中队、陆军国民警卫队第169网络防护分队和第110信息作战营等单位参演。据一位空军官员介绍,该活动已发展成一项重要的综合性联合演习,每2个月举行一次。

(三)"黑进"系列演习

"黑进"系列演习由美国国防部国防数字服务局(Defense Digital Service,DDS)负责组织实施,由知名网络安全公司HackerOne承办,旨在邀请被称为"道德黑客"的独立安全研究人员对国防部部分网站和公共网络进行测试性攻击,以发现、研究及报告潜在的安全漏洞。

首届"黑进"系列演习于2016年4月启动,名为"黑进五角大楼(Hack the Pentagon,HtP)"计划,这是美国国防部首次发起此类网络"捉虫"竞赛,通过使用漏洞赏金(Bug Bounties)这一创新方式保护国防部关键系统和国防资产。近年来,美国国防部逐步扩展"黑进五角大楼"计划,将满足国防部特定任务需求的定制化产品或系统也纳入该活动中,陆续开展了"黑进陆军(Hack Army)"、"黑进空军(Hack the Air Force)"和"黑进海军陆战队(Hack the Marine Corps)"等一系列漏洞奖励项目,目前已迭代至3.0版本。

"黑进"系列演习实际上是一项"白帽黑客"漏洞赏金计划,是一种兼有演训和准实战化检验性质的网络活动,是美国国防部落实网络安全战略的重大举措,其目的是通过主动邀约黑客对美军方网络体系进行测试性攻击,及早发现重大网络漏洞,以防患于未然。该项活动不仅极具特色,且成效显著,其主要特点包括以下几方面。

一是严控风险。某种意义上看,"黑进"系列活动类似于受控试验,参与活动的黑客并不能不受限制地实施攻击。报名参赛的黑客首先必须通过国防部的严格背景审查,获得资格的选手才能参与一个受控且有期限的项目,在事先指定的系统中寻找漏洞,而不能访问那些正在执行任务的关键系统。

二是规模较大。从覆盖面看,美国国防部迄今已开展40余项此类活动。从参与人数看,首次"黑进陆军"活动为期两个月,共有371名"白帽"黑客参加,其中包括25名政府职员和17名现役军人。据国防部官网数据,参与"黑进五角大楼"活动的网络安全人员迄今已超过1400人。

三是成效显著。"黑进五角大楼"活动从启动至今已报告 2100 余个漏洞,涉及多个军用网络或设施,包括飞机、下一代安全硬件、电力和暖通空调系统、供水设施等。"黑进陆军"首届活动就产生了 416 份报告,发现了 118 个有效漏洞。

四是金钱激励。该活动充分利用市场杠杆作用,通过丰厚的奖金吸引各界高手积极参与。"黑进五角大楼"活动迄今已支付 65 万美元奖金。首届"黑进陆军"支付的奖金是 10 万美元,第二届为 27.5 万美元。2018 年"黑进海军陆战队"参赛黑客共找出 75 个新漏洞,累计获得 8 万美元奖金。

(四) 美澳"网络哨兵"联合演习

"网络哨兵"联合演习由美国网络司令部和澳大利亚国防军联合组织的机密级军事网络演习,旨在帮助数字战人员开展网络空间战术行动,以及为应对该领域不断变化的威胁做好准备。

首届"网络哨兵(Exercise Cyber Sentinels 23)"演习于 2023 年 10 月在堪培拉举行,为期 12 天。澳皇家海军 90 多名作战人员以及来自美国舰队网络司令部和海军陆战队网络空间司令部的 60 名人员参加,新西兰、加拿大和英国国也派出观察员出席活动。演习依托美军"持续网络训练环境(PCTE)"平台,模拟现实世界的网络攻击事件,参演人员在这些场景中商议制定战略,开展团队行动和基础设施防御等任务演练,以此对其网络作战能力进行检验。

澳大利亚网络战负责人安娜·邓肯(Ana Duncan)少将表示,澳新版《国防战略评估》明确提出,必须加强网络作战能力建设,以构建全方位的响应能力体系,有效支持澳国防军各类作战行动。澳军方致力于以更好的连贯性和复原力遂行网络任务,"网络哨兵"对实现这一目标具有重要价值,它为壮大并优化澳大利亚网络和信息作战力量确立了一个很好的标杆。同时,美国舰队网络司令部指挥官克雷格·克拉珀顿(Craig Clapperton)中将指出,"网络哨兵"演习强化了美国在太平洋地区的优势。此次与澳方的历史性合作进一步深化了两军的伙伴关系,双方将为实现"安全稳固的印太地区"这一共同目标而持续加强战备。

(五) 美以"网络穹顶"联合演习

"网络穹顶"联合演习由美国网络司令部和以色列国防军陆军网络通信和防御部(Cyber-Communications and Defense Division)下属联合网络防御部(Joint Cyber Defense Division,JCDD,J6)联合举行。演习通常利用"持续网络训练环境(PCTE)"平台设置训练环境,模拟现实世界的高级网络威胁,以锤炼参演部队,促进伙伴国网络行动的协同性和互操作性。

第 7 届"网络穹顶(Cyber Dome Ⅶ)"演习于 2022 年 12 月 4 日由美国网络司令部在位于美国佐治亚州奥古斯塔的佐治亚州网络中心举行,为期 5 天。"网络穹顶Ⅶ"是美以两国首次开展全方位网络作战(Full-Spectrum Cyber Operations)联合演练,兼顾"蓝队"防御技能和"红队"攻击手段,将传统动能作战行动与网络战、多域战等新型作战样式相结合,体现了美国网络司令部与以色列国防军在网络空间领域的深度合作。美方参演团队包括来自网络司令部、网络国家任务部队、陆军联合部队网络总部和陆军网络司令部的现役和文职人员。以方参演团队包括以色列国防军联合网络防御部门、网络防御局和 J2 情报大队相关成员。演习中，网络作战规划人员虚构了一个地中海岛屿独裁政权及其支持的黑客联盟，检验两国网络部队防护重要网络阵地并有效打击高水平网络威胁行为体的能力。

第二节　美军网络空间演习主要特点

美军网络空间演习起步早、类型多、覆盖面广，经过多年发展已形成系列性演习，在施训理念、组训模式、演训环境、演训机制等诸多方面有其鲜明特点。

一、坚持求严求实的施训理念，切实提升整体作战能力

美军网络空间演习的施训理念脱胎于传统领域演习理念，其理念内核及指导思想与传统领域演习不乏一脉相承之处。

一是注重"实"。美军网络空间演习既有对抗性质，也有非对抗性质。不论哪类演习，除了紧贴实战之外，其共同特点是不追求演习表现的圆满，而是通过演习找问题、找漏洞、找解决方案。"黑进"系列演习就是该理念的典型体现。美军网络任务部队在起步发展阶段参与的某些演习就侧重于提升训练效果。美国网络司令部还特别指出，演习的目的不在于争夺模拟对抗的胜负，而是及时调整训练内容，使各支分队获得最佳训练成效。即使是某些带有对抗性质和评优活动的演习，美军也能从"实"出发，不追求虚名。2016 年美国派团参加北约"锁定盾牌"演习，结果美国在当年演习的 19 国代表队中排名垫底。

二是突出"严"。美军传统领域演习向来以"严"著称。此前，曾有参加过伊拉克战争的美军人员表示，"红旗"演习的强度高于其实际作战强度。美军网络空间演习对该理念一以贯之，突出强调以严治训，通过高强度的严格训练锤炼和检验部队。"网络卫士 17"演习为参演团队营造了实战般的巨大压力，参演团队必须在有限时间内完成网络事件响应处置。美军还采取多种举措对演习情况进行如实严格记录。除了利用相关演习记录技术和手段，美军还采取跟随式记录方式，真实记录参演人员的技战术运用表现，为后续演习评估和经验分享提供支撑。

三是讲究"变"。美军网络空间演习求严讲变，在严的同时也注重讲科学，讲实际，重实效，拿捏好"严"与"变"的平衡。其演习通常按照所谓的"爬—走—跑"三步走方式进行，即根据参训人员实际能力水平，先训后演、循序渐进，同时允许根据实际情况对演训难度设置进行动态调整。"网络卫士 17"演习参演方可实时向演习筹划中心反馈难度情况并做出动态调整。"网络旗帜 17"演习筹划人员和评估人员对各支分队的表现是否达标进行测评，并实时调整演习难度，避免出现消极训练现象。

四是追求"新"。网络空间技术发展一日千里。如何使演习始终与网络空间技术发展同步和契合至关重要。从美军诸多网络演习看,其主要做法是"求新",即大胆锻炼新人、主动设置新场景、积极验证新技战术等。锻炼新人方面,美军网络空间演习不仅一般参演人员普遍年轻,演习指挥官也呈明显年轻化。"网络扬基2020"演习总指挥是陆军国民警卫队中校,"网络旗帜19"演习指挥官是加拿大皇家空军上尉。设置新场景方面,美军网络空间演习极为注重及时将最新的网络事件纳入演习场景中。根据"太阳风"网络事件、科洛尼尔公司遭攻击事件等设置演习场景,"网络圣殿2023"演习则纳入了近两年新发现的网络漏洞。验证新技战术方面,"网络探索21"演习首次允许连以下级别单位验证网络空间领域新理念和新技术,测试多种新型网络技术,包括一款新型反溯源工具。

二、着眼实现演训效能最大化,建好用好网络对抗力量

网络空间威胁的突出特点之一是威胁类型多样化。有效的网络演习必须最大程度模拟相关网络威胁,担负威胁模拟任务的网络红队的能力显得至关重要。美军的解决之道是通过专业化与非专业化相结合方式,建强用好多军种、跨机构、国际化网络演习红队。美军《网络演习桌面推演指南》指出,进攻作战团队(红队)在网络桌面推演中作用重要,选择合适的人员对于确保网络桌面推演效果及高质量推演至关重要。

红队构成和运用方面,美军除建有专业化的网络假想敌部队("信息入侵者"中队),还把包括民间黑客在内的力量纳入红队,形成多元化的红队构成格局。同时,通过联盟演习方式,让己方网络力量与国际性红队对抗,逐步形成不拘一格的红队力量运用模式。参加"锁定盾牌12"演习的红队人员来自芬兰、爱沙尼亚、德国、拉脱维亚和意大利等国家;"网络旗帜17"演习红队由来自美军方、政府、联盟伙伴和商业行业等38个不同专业组织的人员组成,且均经过精心挑选,以确保红队人员具备相当能力,能够模仿从民族国家到黑客等不同网络行为体的网络活动和技战术特点。红队力量配比方面,采取较高的力量配比方式以增强对抗性。"锁定盾牌12"演习参演人员总数250余人,其中红队40人,占比16%;"网络旗帜19"演习参演人员总数为650人,其中红队100人,占比15.3%;"网络旗帜22"演习参演人员总数为275人,其中红队60余人,占比高达21.8%。总体看,美军网络空间演习的红队配比明显高于传统军事演习。红队演训规则方面,采取红队相对自由的对抗规则,对红队的设限相对较少,以实现威胁模拟的最大化和真实化。如"网络旗帜18"演习红队可自主行动,无预设脚本。

三、根据部队长远发展所需,搭建适配性强的演训环境

演训环境直接影响演习质量。美军网络空间演习的演训环境经历了一个渐进发展、逐步规范、不断完善的过程,已从最初的小规模环境发展至当前的多种规

模、多种形式的演训环境,能够适配多种类型的网络演习。

其演训环境发展以 2020 年 6 月"持续网络训练环境"(PCTE)正式启用为分水岭。在此之前,网络司令部缺乏完善的演训基础设施,导致所属部队难以进行持续的、覆盖面广的训练。早期几届"网络旗帜"演习均依托美空军"红旗"演习的内利斯综合靶场实施。2014 年,美国网络司令部曾在"网络旗帜 15-1"演习总结中指出,此次演习暴露出网络靶场规模无法满足网络任务部队日益增长的训练需求问题,网络司令部要着手建设一套"持续训练环境",以充分满足从单兵训练、小组任务协同到大型演习的多层面定制化需求,并能支持线下和线上训练模式。此后数年时间,"网络旗帜"和"网络卫士"演习多在联合参谋部位于弗吉尼亚州萨福克联合基地举行,直至网络司令部完成持续网络训练环境交付并部署到萨福克联合基地。持续网络训练环境在"网络旗帜 20-2"演习中首次启用标志着美军网络空间演习环境臻于成熟。持续网络训练环境具有功能强大、使用灵活、可扩展性强等特点。在"网络旗帜 21-2"演习中,持续网络训练环境平台支持了英军参演团队的网络作战套件,专门增加了针对此次演习的"定制化帮助台",展现出较好的扩展性。2022 年,美军将持续网络训练环境部署至马里兰州哥伦比亚市的"梦之港"(DreamPort)以支持"网络旗帜 22"演习,当年的持续网络训练环境经迭代后规模扩大至此前的近 6 倍。

除了持续网络训练环境,另一重要演习环境是由美国国防高级研究计划局研发的"国家网络靶场(NCR)"。"国家网络靶场"具有安全、可扩展、可重新配置等特点,不仅可服务于新兴技术的测试工作,也是某些网络演习的重要支撑,如 2021年 11 月举行的"网络旗帜 21-1"演习就依托该靶场实施。

四、针对网络演训规律特点,采取灵活多样的组训方式

与陆、海、空、天等传统领域演习不同的是,美军网络空间演习规模相对较小,但组训方式更为灵活多样。主要特点有以下几方面。

一是演习与培训相结合。美军不少网络演习设有培训课程,采取先训后演方式,提倡参演人员将培训中掌握的知识运用到演习中,通过演习检验培训效果。"网络盾牌"演习前一周进行理论培训和模拟演练,参训人员及团队在整个演习过程接受基准训练指导,并在高水平训练结束后就相关的技战术和规程等进行经验分享;"网络盾牌 22"演习分两阶段,第一阶段主要进行演习讲解和模拟训练,共提供 15 门信息技术课程和军地通用的岗位任职标准认证;"网络旗帜 23-1"演习的培训课程中,相关网络人员接受全面培训,使网络战人员能够对网络违规行为做出快速反应。

二是单兵训练与集体训练相结合。美军较大规模的传统领域军演侧重于集体训练。网络演习则多采取单兵训练与集体训练相结合的模式,与传统领域军演明显不同。其原因在于,与传统领域作战相比,网络空间的单兵技能和单兵作战

对整个作战行动的影响更大。持续网络训练环境的使用使得更多个人有机会以单兵训练方式参训。美军某些网络演习则采取将大型演习切割为多个小规模演练的模式,使演习更加精细化。"网络旗帜17-1"演习把对每支网络任务分队的考核分为19场小规模演练或任务行动,以确保各分队获得充分机会展示技战术熟练程度。

三是实兵与推演相结合。与推演相比,实兵演习对网络力量的检验能力更加突出,但也存在某些局限性。因参演兵力所限难以有效模拟大规模冲突条件下的网络空间作战,而这恰恰是推演的强项。基于此,美军网络空间演习常采取实兵与推演相结合方式,以达到效果互补。"网络旗帜21-1"演习最后一天开展了战略网络空间兵棋推演,"网络旗帜23-1"演习举行了为期两天的跨国研讨会和桌面推演。

四是线上与线下相结合。新冠疫情期间,美军网络空间演习受到不同程度的影响。为此,美军采取线上与线下相结合方式,力图最大限度降低疫情冲击。"网络旗帜21-1"演习中,有14个国家现场实地参演,多个国家线上参演。由于能最大限度地纳入更多盟国或伙伴国参演,因此这种原本为临时之举的组训模式未来或成为常态。

五是军政民相融合。在传统领域军演中,政府和民间力量直接参演或在主要科目参演的情况较为少见,而网络演习则相当常见。在美军网络空间演习中,军政民融合的演习以"网络风暴"为典型,其他不少网络演习也或多或少纳入政府和民间力量。"网络卫士"演习参演力量就包括政府部门和私营部门人员。特别是在侧重保护关键基础设施网络的演习中,军政民力量融合的特点更为突出。

五、打通演训与建设和实战的通道,有力促进训建战良性互激

演习的最终目的是要落地,即必须转化为部队建设、转化为实战运用,否则将沦为无用之物。在此方面,美军有一整套成熟做法,打通演习与部队建设及实战运用之间的通道。

一是训建相长。主要是通过演习评估部队发展过程中存在的突出问题,并根据演习情况对部队发展进行调整完善。美国网络司令部2009年成立后极为重视根据演训情况针对性解决存在的突出问题。"持续网络训练环境"(PCTE)项目就是为了解决此前网络演习中暴露的训练环境、训练设施不足问题,而演习则为持续网络训练环境的不断完善提供了切实支撑。在原型设计阶段,美军就利用"网络旗帜"演习的相关数据支持持续网络训练环境的后续改进和完善。

二是训战互促。即通过演训促进作战,通过作战反哺演训。美军"前出狩猎"网络力量运用模式就是根据网络演习萃取的宝贵经验确定的。通过2016年的"网络旗帜"演习,美军总结认为没有必要在所有网络战行动中部署整支网络保护分队(CPT)。2017年5月,时任网络司令部司令迈克尔·罗杰斯在众议院军事委

员会上指出,通过实践,网络司令部得到一条经验,即部署更小规模的作战单元可提高遂行任务的定制化程度和专注度,尤其是有助于提高数据分析和溯源能力。据悉,该原则已在美军位于太平洋地区的网络作战行动中得到贯彻。另一方面,作战行动中所掌握到的对手情况又会融入演习中,使演习能够更真实地模拟对手。美军会及时将"前出狩猎"行动掌握的对手恶意软件等情况融入网络演习中,供参训人员实际处置应对,对其进行实战化锤炼。

第六章　美军网络空间作战力量建设与运用经验特点

一、美军网络空间作战力量建设经验特点

美国是世界上最早组建网络部队的国家之一,从 1998 年建立第一支担负防御的网络战力量,到 2009 年成立网络司令部,再到 2018 年将网络司令部升级为一级联合作战司令部,美军在 20 年时间内打造了一支强大的网络战力量,目前已形成"网络司令部和各总部+网络任务部队+网络兵种"的作战力量布局,其力量建设主要呈现以下特点。

(一) 整合网络力量,建强体系化专业"网络兵种"

美军最先将网络空间作为独立作战域,在广义网络空间作战概念框架下,依托作战指挥链整合各军种分散的网络力量,建设"网络兵种",目前已形成由通信保障、网络防御、网络攻击、ISR 电子情报、电子战、信息作战等类型力量组成的四个集团军约 13 万人规模的体系化网络部队,主要担负联合作战以及作战支援任务。从力量分布上看,通信保障和网络防御力量是网络力量的主体。以陆军为例,陆军网络司令部下属网络作战力量约 2.1 万人,其中负责网络运维和防御的网络企业技术司令部约 1.6 万人,占整体网络力量的 76%。总体来说,美军整合分散的网络力量,建强"网络兵种",为形成体系化作战能力奠定了重要基础。

(二) 聚焦动态网络攻防,打造机动网络任务部队

为应对网络空间与日俱增、快速多变的威胁形势,2012 年美军决定建立专司网络攻防的机动网络任务部队。网络任务部队由各军种负责组建,总计 133 支分队,6187 人,于 2018 年 5 月达成全面作战能力(美军计划在 2022—2024 财年增加 14 支网络任务分队,届时分队数量将增至 147 支,人员将增编约 600 人)。在组织运用上,与"网络兵种"大部分由军种保留不同,而网络任务部队仅由各军种提供人员、装备和行政管理,其训练保障、作战指挥均由网络司令部统一负责。在实战演练上,网络任务部队通过前沿部署,积极参与"打击伊斯兰国""保护中期选举""网络旗帜演习"等各类实战。可以说网络任务部队是美军践行"向前防御""持续交战"理念的核心力量,将极大提升美军网络空间作战能力。

(三) 着眼统一组织运用,建设战略级总部指挥力量

近年来,美军持续探索网络力量组织运用模式,提出指挥权和控制权分离的理念。网络司令部主要保留"基于效果"的指挥权,明确作战指导、作战任务和效

果要求,而把高度技术化的"控制权"交下属四类总部(国防部信息网络联合部队总部、军种网络司令部、网络空间联合部队总部、网络国家任务部队总部)具体实施,实现了战略层级上的统一组织运用。以网络运维和防御为例,美军秉承"技术架构决定组织运用"的理念,因此随着联合信息环境建设的推进,美军网络体系架构趋于统一,内在要求网络防御作战力量的集中组织运用,此外美军认为"网络防御离不开对网络的理解"。基于以上认知,美军依托国防信息系统局组建国防部信息网络联合部队总部,并由国防信息系统局局长担任其指挥官,统筹执行网络防御指挥职能,承担全球性国防部信息网络运维和防御任务,并对国防部所有44个机构(5个军种、11个作战司令部、28个国防部机构和现场活动机构)拥有网络空间作战指令权,进一步推动了网络防御力量的统一组织运用。

(四)完善组织架构,全面融入联合作战指挥体制

为更好履行联合作战指控与协调职能,确保顺利遂行全球网络空间作战、战区网络支援等任务,美军正不断对联合网络作战组织架构进行完善。一方面,推进网络司令部和国家安全局的拆分。网络司令部和国家安全局采取"双帽"体制,然而两个组织法律授权不同,且由不同行动流程驱动。目前网络司令部正在为拆分进行各种准备,未来网络司令部在人员编成、预算编制、装备发展、作战行动上,将拥有更多自主权,可消除网络行动过程中的各种掣肘,更好履行联合作战司令部的各种职责。另一方面,建立"网络空间作战-综合计划要素(CO-IPE)",加强对战区网络作战的支援。网络空间作战-综合计划要素是根据2017年8月美参联会主席要求,由网络司令部在每个作战司令部建立的。该机构约40人,来自网络司令部下属各总部,直接为战区联合网络中心提供支持,以促进网络空间作战任务的规划和协调,为战区网络作战机构的实体化以及网络空间作战融入联合作战提供了有力支撑。

(五)推动信息战转型,加速网电情监侦力量融合

为推动联合部队能力建设,美军正以信息作战为牵引,持续推进网电情监侦一体化力量整合。2019年10月,美国空军合并原24航空队和原25航空队,成立集网络战、电子战、情报监视侦察于一身的第16航空队,统筹网络和信息作战力量在大国竞争中的运用。2019年以来,美国陆军在多域作战概念的牵引下,建立三类网电融合战术分队:成立网络作战支援营,隶属陆军网络司令部,负责对陆军情报、网络、电子战、信号、信息战、火力支援等进行一体化整合和远程网络效应投送;成立"情报、网络、电子战和太空"(ICEWS)多域作战分队,负责融合情报、网络、电子战、太空、信号、信息战与目标定位,为陆军反介入/区域拒止任务提供支持;成立网络电磁行动小组(CEMA),隶属远征作战部队,为陆军战术指挥官提供更强的网络作战能力。未来美军将继续推动信息作战力量整合和能力发展,实现网络战向信息战转变,在大国竞争中全力谋求天网电等多维空间优势。

（六）重视预备役和国民警卫队网络力量建设

美军在重点建设现役网络作战力量的同时,逐渐加强国民警卫队和预备役网络力量的建设。以陆军为例,陆军国民警卫队和预备役网络力量主要包括国民警卫队 91 网络旅和预备役 335 战区信号司令部。91 网络旅成立于 2017 年 9 月。在编制上,下辖 5 个网络保护营,总人数约 950 人,遍布在美国 31 个州。每个网络保护营编有四个下属连队,即一个网络安全连、一个网络作战连和两个网络防护分队。网络安全连编制 35 人,负责网络安全运维;网络作战连编制 32 人,负责情报、监视和侦察等支持行动;网络防护分队编制 39 人,负责网络防御作战。335 战区信号司令部自 2014 年,开始承担陆军预备役网络功能司令部的角色。编制上,下辖第 359 战区战术信号旅、第 505 战区战术信号旅、陆军预备役网络保护大队,总人数约 4000 人。其中网络保护大队成立于 2016 年 10 月,编制超过 700 人,包括陆军预备役 10 支网络保护分队及美国本土五个区域防护中心,负责网络防御和网络安全培训以支持陆军网络司令部。

二、美军网络空间作战力量运用经验特点

（一）依托统一技术架构,统筹总部防御力量的集中运用

美军一向秉承"技术架构决定组织运用"的理念,其网络防御作战力量的组织运用也和网络信息体系架构密不可分。早期,美军网络基础设施大多掌握在各军种手里,网络架构分散,导致网络防御面多,防御力量部署散,网络"防不胜防"。为解决上述问题,2010 年以来,美军着力构建安全统一的联合信息环境。通过采用单一安全架构,整合网络基础设施,使得骨干网接入节点大幅缩减;尤其是广泛采用"数据中心+云计算"模式,将网络资源集中,进一步收缩了网络防御面。骨干节点的大幅缩减以及防御面的收缩客观要求网络防御作战力量的集中组织运用。为促进网络防御作战力量的集中统筹协调,美军依托国防信息系统局组建国防部信息网络联合部队总部,作为美军战略层级的专业网络防御力量,统筹全球国防部信息网络防御作战任务,进一步推进形成整体联动的网络防御作战体系。

（二）指挥权限上巩固提升网络司令部指挥权

作为美军第十个联合作战司令部,网络司令部拥有网络空间作战指挥权。此外,由于网络空间作战具有专业性强、低烈度、平战一致等现实特点,国防部赋予网络司令部一级职能司令部职能,以统筹网络力量建设、训练和组织运用。为使其"职能司令部"权威落到实处,美军于 2017 年 11 月出台新版《联合司令部计划》,进一步巩固和提升网络司令部权限:一是网络司令部将是新网络联合部队的提供者,为作战司令部提供"保持战备状态的网络任务部队";二是网络司令部将是新网络联合部队培训方,为所有网络联合部队制定训练标准;三是网络司令部将具备类似军种司令部的功能,为网络作战部队准备和提交项目预算建议,确认和优先考虑在各个领域使用网络作战力量的需求等。可以看出,网络司令部将不

仅从作战层面,还将从训练、保障等建设层面加强对网络部队的指挥控制,其指挥权威和能力将不断得到提高。

(三)作战理念上更加突出主动性与"持续作战"

美军长期以来坚持有效的敌情假定,美国国家安全局下属信息保护办公室就提出核心观点为"敌已在内,敌将在内"的防御作战想定。在这种敌情假定的引领下,美军普遍认为其主要战略对手定会持续发起网络攻击,且攻击样式已由"窃取、扰乱、破坏"发展为"侵蚀",攻击时间持续更长、攻击行为更隐蔽。2019 年 2月,时任美网络司令部司令保罗·M.中曾根将军在国会证词中强调美军不能坐等冲突发生或遭受攻击以后再做出反应,要树立"战斗精神"和"持续作战"理念,在网络空间与主要战略对手保持不间断接触,积极应对网络威胁。在 2020 年 3 月美国政府提出的"分层网络威慑"中,也再次突出强调了"向前防御"思想,在上述理念的指导下,美军奉行主动防御战略,直面网络威胁,持续开展威胁猎杀,保证美军在网络空间的行动自由;甚至在发生冲突或遭受网络攻击前实施先发制人的攻击,从而为网络空间决定性作战创造条件。

(四)作战行动上更加强调融入联合作战体系

美军联合作战高度依赖其通联全球的网络信息体系,安全可靠的网络是其联合作战获胜的必要前提。近年来美军不断将战区网络作战机构实体化,持续探索将网络空间防御作战融入联合作战体系,为联合作战提供更有效的支撑。"网军"建设初期,美军在网络司令部建立网络支援分队,在战区作战司令部下设网络空间支援要素,协调网络支援分队支援战区网络作战。近年来,随着网络司令部主导的网络作战行动日益增多,2017 年 8 月,美参谋长联席会议主席更新网络作战指挥控制框架,要求网络司令部在每个作战司令部建立网络空间作战-综合计划要素,旨在使网络作战行动与战区作战计划和行动协调、同步和融合。该机构约40 人,来自网络司令部下属各总部,由网络司令部指挥,并接受战区指挥官战术控制,直接为作战指挥官提供支持,为战区网络作战机构的实体化以及网络空间作战融入联合作战提供了有力支撑。在军种内部,各军种也强调通过类似的"多域"融合理念为联合部队提供全域作战能力选项。例如,陆军 2019 年 1 月成立了融陆、海、空、天、网等多域能力为一身的首支"I2CEWS 营",空军将情报、监视和侦察、网络、电子战及信息战力量整合成立第 16 航空队等。

(五)协同机制上更强调与运维力量的紧密配合

2016 年 5 月,美国网络司令部作战部部长承认,在美军组建网络防御作战力量的过程中,一个重要教训是缺乏对网络的理解。而国防信息系统局长期负责国防部信息网络的建设和运维,从设计理念到运维细节,是美军最清楚国防部信息网络的部门。其核心观点是网络防御作战是在建设、运维之上的更高层次的对抗活动,需要运维力量的紧密配合。目前,美军防御性网络空间作战任务分为内部防御措施和响应行动两类,其中内部防御措施在国防部网络内部猎杀网络威胁,需要网络管理员权限以及各类指控业务应用系统的访问权限,与运维力量结合最紧密;而响应行动主要在国防部网络外部溯源反击,需要运维力量在国防部网络边界部署传感器、感知外部网络威胁等方面配合。基于以上考虑,美军将网络防御作战控制权交于国防信息系统局,负责全球国防部信息网络防御和运维,以统筹防御力量和运维力量的协同配合。

(六)增强各军种网络力量的一体化运用

美国网络司令部提出一体化团队概念,要求各军种网络团队相配合,共同融入作战司令部指挥作战之中。美国海军曾于 2017 年 2 月在夏威夷协调组织了名为"网络前沿要素"的一体化网络任务部队(CMF),其中包括 3 个美国空军 CMF 团队和 2 个美国陆军 CMF 团队以及海军 CMF 团队,作为支持美国太平洋司令部的全频谱网络空间行动的一站式站点。海军工作人员的这一扩展为太平洋司令部提供进攻性和防御性的网络空间规划,直到永久性的网络空间作战-综合计划要素(CO-IPE)到位为止。目前,海军正与太平洋司令部、南方司令部和驻韩美军建立三个永久性的联合行动,与作战指挥官合作,确保作战指挥员作战规划时充分把网络空间纳入作战计划,明确战场使用网络空间效果的时机和节奏。

参考文献

［1］ 姚红星,温柏华 . 美军网络战研究-从系统工程学角度探讨美军网络战［M］.北京:国防大学出版社,2010.

［2］ 李健,温柏华 . 美军网络力量［M］.沈阳:辽宁大学出版社,2013.5.

［3］ 郭海,皇安伟,刘海峰,高岩 . 美军网络力量解析［M］.北京:国防工业出版社,2017.

［4］ 姜福涛,赵禄达 . 美军电磁频谱战发展及现状［J］.航天电子对抗,2021(4):60-63.

［5］ 郭海,张玲,叶星,等 . 美军网络空间作战概念及战略法规体系研析［M］.北京:电子工业出版社,2023.

［6］ 雷长誉 . 美陆军战略信号部队编制体制情况一览［J］.知远防务评论,2019(7),21-39.

［7］ 袁文先 . 司令部建设论［M］.北京:国防大学出版社,2003.

［8］ Gregory J Ratray. Cyberpower and National Security［M］.Virginia：Potomac Books,2009.

［9］ 马增军,李健 . 美军网络作战指挥与控制的过去、现在和未来［J］.国防科技,2014(5):73-85.

［10］ 孟凡松,赵欣 . 美军网络战基本概念与战略分析［J］.外国军事学术,2011(2):5-10.

［11］ 周保太 .2009 年美军信息安全建设发展回眸［J］.现代军事,2010(4):19-24.

［12］ 沈逸 . 美国国家网络安全战略［M］.北京:时事出版社,2013.

［13］ 蔡军,王宇,等 . 美国网络空间作战能力建设研究［M］.北京:国防工业出版社,2018.

［14］ 杨继坤,鲁培耿,齐嘉兴,等 . 美军作战概念演进及其逻辑［M］.北京:电子工业出版社,2022.

［15］ 马林立 . 外军网电空间战:现状与发展［M］.北京:国防工业出版社,2012.